近代日本の国際秩序論

近代日本の国際秩序論

The Political Discourse of International Order in Modern Japan

酒井哲哉

Sakai Tetsuya

岩波書店

目　次

序　章　国際秩序論と近代日本研究 ―――― 1
はじめに …… 2
一　本書の狙い …… 3
二　本書の構成 …… 11
おわりに …… 15
第一章　戦後外交論の形成 ―――― 19
――「理想主義」と「現実主義」の系譜学的考察
はじめに …… 20
一　「戦前」の文脈――普遍主義から地域主義へ …… 23
二　「戦中」の文脈――地域主義のなかのナショナリズム …… 42

三　「戦後」の文脈――主権概念の内側で　58
おわりに　66

第二章　古典外交論者と戦間期国際秩序――信夫淳平の場合　89
はじめに　90
一　「新外交」と「国民外交」　92
二　満州事変前後　99
三　戦時国際法の黄昏のなかで　106
おわりに　110

第三章　「東亜協同体論」から「近代化論」へ――蠟山政道における地域・開発・ナショナリズム論の位相　119
はじめに　120
一　発想の原型　122
二　「東亜協同体論」への傾斜　131
三　戦後における再編　142

おわりに……149

第四章　アナキズム的想像力と国際秩序
——橘樸の場合……161
はじめに……162
一　初期橘の関心……163
二　中国国民革命への対応……171
三　「自治」のユートピアと地域秩序……177
おわりに……184

第五章　「帝国秩序」と「国際秩序」
——植民政策学における媒介の論理……193
はじめに……194
一　予備的考察——媒介の論理としての「社会」概念……196
二　文明の興亡——新渡戸稲造の植民政策講義……202
三　社会の発見——帝国再編と植民政策学……206
四　植民地なき帝国主義——広域秩序のなかの植民政策学……215

おわりに …… 221

第六章　日本外交史の「旧さ」と「新しさ」——岡義武「国民的独立と国家理性」再訪 —— 233

はじめに …… 234
一　アジア主義・脱亜・ナショナリズム …… 236
二　大正デモクラシーと国際協調主義 …… 245
三　協同体的社会構成と主権国家秩序 …… 255
おわりに …… 269

あとがき　283

人名索引

序章　国際秩序論と近代日本研究

はじめに

いかなる時代であっても、人は自らの時代を「転換期」と呼ぶ衝動を持つものである。「一身にして二生」という福沢諭吉の著名な言葉は、幕末・維新期を体験した知識人には文字通り実感であっただろう。だが、さほど激動期とはいえない時代に置かれても、過去に見たものと異なる風景に立たされたとき、人はしばしば同様の感慨に耽る。何処から何処へ、自らは向かおうとしているのか。こうした問いに答えることで、「現在《いま》」を定位しようとする欲求が、人々の歴史意識の根源に存在するからである。

『近代日本の国際秩序論』を表題に掲げる本書の背景にあるものが、冷戦の終焉とそれに伴う「戦後」の終わりであることは、言うまでもないだろう。従って、本書はこうした「現在《いま》」を見据えながら、改めて近代日本の国際秩序論の系譜を辿ることで、戦前・戦中から戦後への転換の意味を考えることを究極の目標としている。しかしながら、その最終目標に到達する前に、国際秩序論と近代日本研究とはいかなる形で接点を持ち得るのか。ここでは先ず、最小限の研究史的位置づけを行っておこう。

一　本書の狙い

冷戦後の国際関係論研究を瞥見したとき、そこには何らかの意味での国際秩序論への関心の高まりが窺われる。歴史や規範を重視しながら「国際社会」の態様に関心を払ってきた英国学派の再評価や、国際関係の間主観的構成を強調する構成主義（コンストラクティヴィズム）の登場はその一例であろう[1]。また国際関係史・外交史研究においても、国際法学と国際政治の接点を扱った著作や、帝国法制を国際関係論的視点から分析した業績が頻出している[2]。また伝統的には社会契約説や国家論を中心的対象とし、国際関係に関する問題群を周辺化してきた政治思想史研究においても、近年グローバル化に照応した研究領域の拡張が意識されるようになってきている。こうした「政治思想と国際政治の交錯」を考える試みとしては、筆者自身も関わった『思想』の特集「帝国・戦争・平和」を挙げ得よう[3]。もとよりこれらの業績は、論者により様々なニュアンスの違いがあり、安易に一括りにすることは避けねばならないが、そこには緩やかながらも、国際秩序論への歴史的・思想的接近に対する関心の共有が見うけられるように思われる。

さてこうした傾向は、近代日本研究、とりわけ日本外交史研究にとってどのような意味があるのだろうか。国際関係論の研究者が、日本外交史の著作を繙いたとき、通常予期される外交史像との落差に驚くことがしばしばある。外交史は通常リアリズム国際政治論に親和的な分野と見做されており、「内政」と「外交」の峻別を前提にした叙述が展開されることが当然であろう、と普通は考える。ところが、少なくとも戦前期を扱った日本外交史においては、このような古典的視角による研究(典型的には二国間の外交交渉史)は存外に少ない。研究が最も多いのは、政策決定に関する分野であり、軍部と外務省の二重外交というお馴染みの主題から始まって、更には、大陸政策と政党政治の確立過程、国際協調主義と民主制の崩壊といったマクロな構図から、内政と外交の相互作用を解明する視角が続く。また対外態度・対外認識への関心も持続的に見られる傾向であり、脱亜論やアジア主義まで含めて考えると、思想史研究が持った重みも無視し得ない。すなわち、日本外交史研究は、いささか通常の外交史像とずれたところで研究史が形成されている、という事実を踏まえたうえで、議論を進める必要がある。

こうした日本外交史研究の「特殊性」は、必ずしも負のイメージで捉えるべきではない。それは寧ろ、近代日本における主権国家体系像の本質的不安定さ、という根本的問題を背景にしており、その点にこそ、国際秩序論における近代日本研究の重要性がある、と筆者は考えるからである。そこで先ず、近代日本の国際秩序論の代表例として、一八九三(明治二六)年に出版された、国粋主義的な政論家として知られる陸羯南の『国際論』を取り上げてみよう(4)。当時の日本政府は欧米との不平等条約改正交渉を進めており、そのために欧化主義、すなわちヨーロッパ文化の模倣政策をとっていた。こうした潮流を念頭に置いて、陸は『国際論』で「狼呑」(absorption)と「蚕食」(élimination)という類型を提示している。「狼呑」とは領土の併合など国家による直接的な政治的支配を指すのに対して、「蚕食」とは民間人による資本・商品・文化の移入による影響力の行使を指す。陸は、あからさまな侵略行為として理解される「狼呑」よりも、私人の活動として見過ごされがちな「蚕食」のほうが、国民的独立にとって危険な所以を説いたのであった。そこには、政府の欧化主義に対する、陸の文化防衛論的なナショナリズムの論理が窺える。

このような陸の議論が日本の国際秩序論にとって興味深いのは、次の点にある。陸の議論は、確かに欧化主義に対して日本固有の文化の自立性を説く点では、ナショナリズム論であるが、同時に、先に述べた「蚕食」の概念に見られるように、民間人による資本・商品・文化の移入による影響力の行使、すなわち、国際関係における非国家的主体の活動に対する着目がそこには窺えるのである。国際関係論の研究では、一般的には国家と国家のパワー・ゲームとして国際関係を捉える接近方法が主流であり、これに対して、非国家的主体の国境を越えた活動の重要性を強調するトランスナショナル・リレーションズ論が擡頭してきた、という研究史的な流れがある。ところが、今から百年以上前に出版された陸の『国際論』は、このようなトランスナショナル・リレーションズ論を先取りした側面を持っていたわけである。すなわち、陸の議論は、いわば「早熟なトランスナショナリズム」としての性格を持っていたといえよう。

ここで、「早熟な」という形容詞をつけたのには、理由がある。トランスナショナリズムは、通常は国際関係論におけるリベラリズムの主張と結びつくことが多いが、必ずしもそうはいえないところに近代日本史の問題があるからである。陸の周辺には、アジア主義者として中国大陸で活躍した人物が多いが、こうした民間人は、まさに日本の大陸進出のエージェントであった。すなわち、近代日本外交の主要な舞台であった中国とは、外交官の間で行われるフォーマルな外交関係と併行して、様々なインフォーマルなアクターが、入り乱れた活動を行う場だったのである。日本外交史において、「内政」と「外交」の峻別を前提にした古典外交の準則が、必ずしも準拠基準になり得ない一つの理由はここにある。

渡邉昭夫は、このような東アジアの国際環境の特色を、「国家ぬきの国際関係」という言葉で表現している。[5] すなわち、ヨーロッパにおいては、Anarchical Societyとしてのヨーロッパ内の「国際秩序」と、ヨーロッパの外にある「帝国秩序」は、一応別個のものとして理解できるのに対して、東アジアにおいては、「国際秩序」と「帝国秩序」は重なり合っており、日本外交にとって、「帝国秩序」は外部化できない領域であったといえよう。先に述べたように、近代日本において安定した主権国家体系像を持つことが困難であったというのは、こうした事情を背景としているわけである。

このような「帝国秩序」と「国際秩序」の重層的性格は、近代日本の国際秩序論において、様々な形で表出されている。戦前期日本において、国際現象を扱う学知は大別すると、主権国家間関係を扱う国際法・外交史(及びその発展形態としての国際政治学)と、帝国内関係を扱う植民政策学の二系列が存在していたが、この二系列は無関係に並存していたのではなく、両者はしばしば密接な関係を有していた。欧米圏の国際政治学史においては植民政策学の系譜はほぼ完全に忘却されているが、「帝国秩序」を外部化し得なかった日本の国際関係論の系譜的理解では、戦前期の植民政策学と戦後の国際関係論を媒介した矢内原忠雄の存在を考えれば明らかなように、相対的には、このような偏見を免れている。この意味で、日本の事例をもとにしながら、国際秩序論を捉える視座を拡大する試みは、国際関係論研究にとっても重要な研究課題たり得る筈である。

国際関係論の教科書は、現実主義と理想主義のパラダイムの対立構図から始まり、その起源として、戦間期の議論が紹介されるのが通例である。だがその際、戦間期の主権論の諸相に踏み込んで、国際秩序論の構成を考える視点は極めて稀薄だったのではないだろうか。戦間期の主権論を彩るケルゼン、シュミット、ラスキは、政治思想史や国際法学史の教科書には必ず登場するが、国際関係論の教科書でこれらの名前が言及されることは先ずないといってよい。このことを不思議に思うところから、国際秩序論の研究は出発せねばならない。国際関係論を学んだ者なら誰もが知っている筈のモーゲンソーやカーの著作が、本当のところ彼らの思想形成過程に即して読まれてこなかったことにも、古典の常という宿命論だけでは済まない問題が伏在しているのである。

第一次大戦後の日本においては、このような主権論をめぐる議論は、様々な形で「社会」概念を構成することで国家主権の絶対性を否定する、「社会の発見」と称されるような時代思潮に棹さしていた。当時の日本の国際政治学・植民政策学にも、これらの潮流は波及した。その代表例としては、蠟山政道と矢内原忠雄を挙げ得る。蠟山はフェビアン主義者で、多元的国家論の影響を強く受けた政治学者であった。蠟山は、イギリスのフェビアン協会の国際問題の専門家であったレナード・ウルフの著書に触発されて、一九二〇年代半ばから機能主義的な国際統合論を展開した。そこには、非国家的主体が織り成す国際政治のあり方が、アジア・太平洋の状況を踏まえながら、理論と現実の双方から検証されており、高い完成度を示している。

また植民政策学者であった矢内原は、イギリスのコモンウェルスを念頭に置きながら、植民地議会設置など植民地への自治権の賦与を主張し、日本帝国の自由主義的な再編を主張した。矢内原はまた、国家による植民地の統治政策という性格が強かったそれまでの植民政策学のあり方を批判して、社会集団の広域的な移動に伴う相互作用の解明一般にまで、学問の対象を拡大した。このため、矢内原の植民政策学は、今日でいえば外国人労働者問題のようなグローバル化した社会問題に対応するような領域を扱うものになっている。このように、一九二〇年代の日本においては、先に述べたような「早熟なトランスナショナリズム」の「成熟への道」が、一旦は開かれたかのように思われたのである。

しかしながら、戦前期日本の国際秩序論を考えるうえで厄介なのは、このような第一次大戦後に国家主権の絶対性を批判した人々の多くが、同時に、一九三〇年代に広域秩序論を理論的に下支えする言説を準備したという問題である。このことには、勿論、権力からの強制という外的な要因も存在する。しかし、一九三〇年代の国際秩序論を再検討すると、その理論装置の多くが、第一次大戦後の国家主権概念批判やナショナリズム批判という要素を継承していることも事実なのである。

一九三〇年代の日本の国際秩序論は、一口でいえば、「覇権主義的な地域主義論」といった性格を持っている。すなわち、そこでは日本を盟主とした関係が前提とされている点で、文字通り覇権主義的な性格を持ちつつも、同時に、ナショナリズムや国家主権の絶対性を乗り越える原理として地域主義的なレトリックが多用される、という構成を持っている。そしてこの地域主義的なレトリックは、しばしば、アナキズム的な社会連帯の議論や、地域主義的な福祉政策の論理で正当化されているのである。その意味で、一九三〇年代の日本の国際秩序論は、近代日本の「早熟なトランスナショナリズム」が、リベラルな国際主義としての「成熟」を迎える前に、「帝国秩序」に回収された事例である、ともいえよう。いずれにせよ、大正期における社会概念の析出状況が国際秩序論の構成に与えた影響を内在的に把握することは、この時期の議論の場を理解するうえで不可欠の課題である。

とはいえ、戦中期の日本においても、戦後の国際秩序論の萌芽は擡頭しつつあったことにも注意する必要がある。太平洋戦争の勃発は、欧州宗主国の退場に伴う東南アジアの脱植民地化争点を浮上させた。建て前としてある「アジア解放」とは裏腹に主導国としての日本の地位に固執し、東南アジア諸国への独立賦与に消極的な海軍・大東亜省に対して、重光葵外相を中心とする外務省は、形式的には対等な国家関係を日本とアジア諸国に設定し、普遍的理念を掲げた地域平和機構を設立することで、アジア外交の主導権を奪還しようとした。こうした政府内政治は、理論的には広域秩序論における国家平等概念の位相をめぐる論争として現れた。戦後日本の国際秩序論は、この時期の論争を暗黙裡に前提として出発したことを忘れてはならない。これこそが、「帝国秩序」をめぐる学知と「国際秩序」をめぐる学知が、「国際関係論」に一本化され、戦後の国際関係論研究の主要動機であった「帝国主義と民族」という視角が胎動する過程であった。

戦後日本の国際秩序論は、このような主権概念とナショナリズムとの屈折した議論の系譜を前提としている。だがそれらの多くは、ある時期までの戦後の論者では暗黙裡に前提として意識されてはいるものの、明示的に語られることは必ずしも多くない。戦後の言説空間はいわば隠れた「本歌取り」の世界であり、その奥行きを追体験するためには、一旦は昭和一〇年代に詠まれた歌の数々を知らねばならない。近年の日本思想史研究においては、戦前・戦中と戦後の連続性を強調する議論が多いが、それは確かに、戦後をめぐる議論の空隙を突いている(6)。本書が、戦前・戦中から戦後へと、国際秩序論の継承関係を執拗に問うているのも、一つはそのためである。

ただし、こうした分析視角が単に戦後の議論を貶めるためだけに展開されてはならないし、況や、戦前・戦中から戦後にかけての継承関係が存在することが、恰も日本に特殊な現象であるかのように見做されてはならないであろう。寧ろ重要なのは、近代日本の国際秩序論が二〇世紀の国際関係に通有する普遍的力学のなかに位置していたことを、再確認することである。本書が、近代日本の国際秩序論の系譜を分析するうえで、絶えず同時代の欧米の議論を参照しているのも、単にそれらの「先端的」議論が日本にどのように「受容」されたかを問題にしているのではなく、寧ろ国際秩序論の系譜を辿ることの一般的意義を考えたいからである。そのことにより、日本近代史・政治思想史・国際関係論の三者の交錯する領域を幾許かでも拓くことができれば、本書の狙いは達成されたといってよいだろう。

二　本書の構成

さて、このような研究史的前提を踏まえたうえで、以下簡単に各章の内容を紹介することで、本書の構成を説明しておこう。第一章「戦後外交論の形成――『理想主義』と『現実主義』の系譜学的考察」は、通常国際関係論のパラダイムとされる「理想主義」と「現実主義」の系譜学的考察を試みることで、国際秩序論における戦前・戦中と戦後の継承関係を分析したものである。戦後日本の外交論を論じる際に、日米安全保障条約に依拠した「現実主義」と日本国憲法に依拠した「理想主義」との対峙構図として描き出す視角は、いわば定番的理解であるかのように思われる。そして、この「理想主義」と「現実主義」は、同時に戦間期における国際関係論のパラダイム論争に直結しているかのような印象が何となく持たれているかのように見える。だが、この問題設定には二重の意味で疑問が残る。第一に、多くの「戦後」をめぐる議論がそうであるように、戦後外交論における「理想主義」と「現実主義」の対峙構図に関する理解も、実は六〇年安保期に成立した保革対立のイメージを逆投影した側面が強い。第二に、日本のみならず欧米も含めて、戦間期の国際関係論における「理想主義」と「現実主義」の態様は、思想史的文脈に即して内在的に理解されてきたとは言い難い。本章は、こうした二重の意味での問題のねじれを、戦間期におけるリアリズム国際政治論の思想史的検討を行うことで解きほぐしたうえで、リアリズム的思惟が戦中期日本の広域秩序論と持った微妙な共振関係を指摘し、これらを批判的に継承する形で戦後の議論の場が設定されていることを論じたものである。それ故本章は、「戦後」思想の形成を、固定的な六〇年安保期の保革対立のイメージを遡及させて捉えるのではなく、あくまでもリアルタイムで捉えようとする筆者の関心を示すものであるとともに、政治思想と国際政治の交錯する領域を問題化しようとする本書の基本的視角を提示したものである、といえるだろう。(7)

第二章「古典外交論者と戦間期国際秩序——信夫淳平の場合」は、大正期を代表する国際法・外交史学者信夫淳平の言説を取り上げながら、第一次大戦前の古典外交の実践と規範を重視していた古典外交論者が、戦間期国際秩序をどのような分析枠組で捉えていたか、という問題を論じたものである。信夫にとって、戦時国際法に代表される「古典外交」の精神とは、いわば不動の価値であり、一九三〇年代のリアリスト達のようにアイロニーの感覚を持って選び取ったものではなかった。本章は、こうした古典外交に対する揺るぎない信念故に、広域秩序論の席巻した一九三〇年代の日本の論壇では少数者の地位に押しやられざるを得なかった信夫の位置を描き出したものである。それはまた、第一章で扱ったリアリズム的思惟を広域秩序論のなかに読み込んでいった、信夫より若い世代の国際法学者の位置を、裏から確認することにもなろう。

第三章「『東亜協同体論』から『近代化論』へ——蠟山政道における地域・開発・ナショナリズム論の位相」は、日本における国際政治学の定礎者であった蠟山政道の戦前・戦中・戦後の軌跡を追いながら、フェビアン主義に繋がるような地域的福祉への関心の日本的展開を俎上に載せたものである。一九二〇年代の蠟山は多元的国家論の影響を受けながら、アジア・太平洋地域における機能的統合論を展開していた。だが、この極めて現代的な問題設定は、帝国秩序が残存し、国民国家の未形成なこの地域では常に理念と現実の緊張関係を抱えていた。果たしてこのイデオロギー性は、一九三〇年代には覇権的地域秩序のなかでの開発論として表出されることになる。それにも拘らず、蠟山の機能的統合と地域的開発計画への関心は、戦後になってより端的な形で展開されることになった。本章は、このような蠟山の持続的関心の延長線上に、六〇年安保期のいわゆる「近代化論」の展開を位置づけている。国境を越えた社会民主主義的関心と帝国秩序との微妙な共振を扱った本章は、二〇世紀中葉の国際関係思想の一側面を再検討するものともなろう。

第三章が、社会民主主義と国際秩序論との連関についての一事例であったとすれば、続く第四章「アナキズム的想像力と国際秩序——橘樸の場合」は、アナキズムと国際秩序論との関連を分析したものである。本章で扱われる橘樸は、戦前期の代表的な中国研究者であり、その中国論については、これまでも多くの論稿が書かれてきた。これに対して本章は、「天津の如是閑」と称されたような、長谷川如是閑と共通するアナキズム的な大正社会主義者としての橘が有する発想の原型を確認したうえで、それが橘の中国社会論やアジア主義論のなかにどのように表出しているかを分析する。明治期においては中国の近代化能力の欠如として把握された中国社会の特質が、大正期のギルド社会主義的関心を通過することで再評価され、「社会としての中国」という表象が逆にアナキズム的想像力を解放する装置として機能したことの同時代的な意義と限界が、本章では描かれる。それと同時に本章では、このような国境を越えた社会連帯の論理が持つ今日的な意義についても示唆がなされる。マルクス主義と市民社会論を基調とした戦後日本の思想は、様々な意味で大正アナキズムの問いを周辺化することで成立している一面があり(8)、その意味で本章は、戦後思想のあり方を裏から問うものにもなっている。

第五章「『帝国秩序』と『国際秩序』——植民政策学における媒介の論理」は、大正期における社会概念の析出状況と国際秩序論との関連を蠟山政道と橘樸に即して分析した先の二つの章を受けて、このような社会概念の位相をより巨視的に、植民政策学における「帝国秩序」と「国際秩序」の媒介の論理のなかに読み込んだものである。「帝国主義」と「国際主義」は対立的に捉えがちであるが、実はしばしば同一人格のなかに両者は共存している。その共存を可能にしているのは、「社会」概念の位相と密接に関連したトランスナショナルな理論装置であり、この装置を駆使することで、主権国家間関係からなる「国際秩序」と帝国内関係からなる「帝国秩序」を媒介する植民政策学者の言説は成り立っている。かくして本章は、従来忘却されていた国際関係論の知的系譜のなかに植民政策学を位置づけるとともに、「アメリカの世紀」としての二〇世紀の「帝国」の学知として、植民政策学の持った意味について再考を迫るものである。

最後に置かれた、第六章「日本外交史の『旧さ』と『新しさ』——岡義武『国民的独立と国家理性』再訪」は、これまでの章とは異なる史学史的考察である。ここでは、一九六一(昭和三六)年に発表された岡義武の古典的論文「国民的独立と国家理性」をその後の研究と対比しながら、日本外交史における「伝統」とは何か、という問題が考察されている。序章の第一節でも述べたように、近代日本における主権国家体系像の不安定さを反映して、日本外交史研究は外交史としてはやや特殊な展開をしてきた。しかしながら、この「特殊性」故に、日本外交史は総じて通常の外交史学では周辺化されがちな問題群に敏感に反応してきた。そうした日本外交史研究の「伝統」に対する筆者の理解が、本章の前提にはある。歴史意識の根源が、「伝統」の絶えざる再解釈によって「現在《いま》」を定位しようとする欲求に根ざすものであるとすれば、「旧い」研究はその「旧さ」故に価値を喪うのではなく、「旧い」テキストのなかにある様々な世代の経験・記憶・希望が幾重にも折り重なった層を新たな問題意識で読み解いていくことこそが、歴史家の課題でなければならないだろう。本書を敢えて、古典的研究への注釈という形で締め括った所以である。

おわりに

以上述べたように、本書は筆者なりの一貫した関心で編まれたものであるが、各章はそれぞれ別の機会に発表されたものであり、独立の論文として読むことも可能である。執筆順序からいえば、戦後外交論における理想主義と現実主義の起源を探った第一章が一番早く、ここで扱った広域秩序論の内在的理解を深めていく過程で、大正期における社会概念の析出状況と国際秩序論との連関に関する考察と、帝国秩序が国際秩序論に持つ意義の双方が、研究対象として再発見されていった、というのが本書の成立事情である。

また冒頭でも触れたように、本書の関心の根底には、「戦後」の終わりから「戦後」の生成点を振り返るという発想がある。近代日本一般の特質を踏まえつつも、戦前・戦中から戦後にかけての国際秩序論の継承関係に本書の力点が置かれているのは、そのためである。従って本書は、近代日本の国際秩序論の網羅的叙述を目標とするものではない。この点は、あらかじめ了解されたい。

いずれにせよ、書物は書く者にとっても読む者にとっても、他者との交流の場である。本書の刊行を通じて、様々な形で日本近代史・政治思想史・国際関係論に関心を有する読者と出会うことができれば、筆者としては充分な幸せである。(9)

(1) 近年の様々な国際関係思想研究の概要を知るには、大賀哲「国際関係思想研究にむけて――国際政治学からの視座」(『創文』第四九一号、二〇〇六年一〇月)が便利である。

(2) 小林啓治『国際秩序の形成と近代日本』(吉川弘文館、二〇〇二年)、篠原初枝『戦争の法から平和の法へ――戦間期のアメリカ国際法学者』(東京大学出版会、二〇〇三年)、浅野豊美・松田利彦編『植民地帝国日本の法的展開』(信山社出版、二〇〇四年)など。

(3) 『思想』第九四五号、特集「帝国・戦争・平和」、二〇〇三年一月。

(4) 『陸羯南全集』第一巻(みすず書房、一九六八年)。

（5）渡邉昭夫「近代日本における対外関係の諸特徴」（中村隆英・伊藤隆編『近代日本研究入門』東京大学出版会、一九七七年）一三六頁。
（6）その代表的成果としては、山之内靖・ヴィクター・コシュマン・成田龍一編『総力戦と現代化』（柏書房、一九九五年）を挙げ得る。
（7）なお、このような「戦後」に対する接近方法をより徹底化したものとして、拙稿「国際政治論のなかの丸山眞男――大正平和論と戦後現実主義のあいだ」（『思想』第九八八号、特集「丸山眞男を読み直す」、二〇〇六年八月）がある。「戦後」に関する議論をそれ自体として正面から扱うことは、別の機会で行いたい。
（8）同右、一三―一六頁。
（9）なお、本書における引用文の表記は、字体については原則として新字体を用い、仮名遣いについては原文通りとした。また、特に読み方が難しい漢字には、原文にはないルビを振った場合がある。

第一章　戦後外交論の形成
――「理想主義」と「現実主義」の系譜学的考察

はじめに

本章は、一九三〇年代から一九五〇年代初めにかけての日本における国際政治論の変容を思想史的背景に留意しながら検討することで、戦後外交の認識枠組の形成過程に関する一つの視座を提供するものである。(1) 戦後外交論については、それが単にアカデミックな主題としてだけではなく、長く論壇や運動体をまきこんだ争点でもあり続けてきたことから、既に多くのことが語られてきた。戦後外交論に関する恐らく最も支配的な見解は、日本国憲法の平和主義的規定に依拠した理想主義と日米安全保障条約の有効性に依拠した現実主義との葛藤を中心に据えて、戦後の外交論争を整理するものである。すなわちこの見解によれば、こうした理想主義と現実主義との対峙構図は冷戦の本格化と講和論争のなかで形成され、一九五〇年代後半の改憲論争を経て定着した。六〇年安保の教訓は、保守勢力に改憲路線を実質的には放棄させたものの、論壇においては、米国のリアリズム国際政治論を導入した現実主義者の登場によって、この対立は寧ろ一九六〇年代以降強まった。こうして、理想主義と現実主義との対峙構図として戦後外交論を捉える図式は、論者の立場如何に拘らず、議論の前提として自明視されてきたのである。

このような図式が、現実の政治過程とそれに照応した知識人の言説の布置状況をかなりの程度まで的確に捉えていることは否定できない。しかしながら同時に、このような分析枠組では充分に捉え難い問題点も、未だ残されているように思われる。先ず第一に指摘できるのは、同時代の国際政治論との比較の視座の不足である。すなわちこれまでの研究では、論者の立場を問わず戦後日本の外交論の特殊性が強調される傾向が支配的であり、このため、戦後日本の外交論の一般性と特殊性を同時代の他国の国際政治論と比較検討する視点は弱かった。このことは、比較に際して引照基準をなすべき国際政治学史についての理解、とりわけリアリズム国際政治論の思想史的背景についての理解がこれまでの研究では必ずしも充分ではなかったことによって、より一層強まったように思われる。そこで本章では、些か迂遠ではあるが、国際政治論における理想主義と現実主義の原型を戦間期の思想史的文脈に遡りながら検討することで、戦後日本の外交論をより広い視座から位置づけ直すことを目標としたい。

第二の問題点は、戦前・戦中・戦後の国際政治論の歴史的継承関係に関わるものである。従来の戦後外交論についての叙述は、暗黙のうちに六〇年安保期の党派対立のイメージを戦後外交論の形成期に逆投影する形で立論がなされており、戦後の議論がそれに先立つ戦前・戦中期の国際政治論からどのような影響を受けていたかについては、殆ど内在的考察を欠いていた。このことは言うまでもなく、六〇年安保期の平和論が、まさに「逆コース」という標語に象徴されるように、戦前との断絶を自らの拠り所としたことと密接に関連している。だが、一見戦前のそれとは無関係に見える戦後の国際政治論も、注意深く検討すれば、それに先行する時期の議論が前提になっていることは否定できないように思われる。従って本章は、従来光のあてられることの少なかった日本の国際政治論における戦前と戦後の連続性ないし断絶性という問題にも、一つの解答を与えるものになるであろう。

最後に本章では、戦後外交論を個々の争点に関する政策論の次元よりも、その背後にある思惟様式の次元で捉えることを主たる課題とする。もとより外交においては、しばしば個々の事件に対する具体的判断が決定的な意義を持ち、この意味で、そもそも外交がどこまで原理的思考に馴染む行為であるのかについては慎重な考慮を要する。だがそのことは、外交に関する認識枠組を自覚的に検討する作業を無意味化するものではないだろう。国際政治の基本概念たる主権・権力政治・ナショナリズム等は、いずれも各々の時代に固有な思想潮流と密接な関連を持ちながら意味賦与がなされており、外交論も究極的にはこうした思想的背景と無関係な存在ではありえないからである。従って本章は、これまで研究の蓄積が乏しかった国際政治領域における戦後思想の形成過程に関する考察の試みでもある。

上述の問題点を踏まえたうえで、以下の叙述では、便宜上考察対象を戦前期・戦中期・戦後初期の三つの時期に区分し、それぞれの時期の国際政治論の特徴を浮き彫りにしながら、戦後外交論の知的系譜を明らかにすることにしたい。

一　「戦前」の文脈――普遍主義から地域主義へ

およそ秩序一般に関する思考は、秩序の妥当性が自覚的に問われることのない安定期には、その輪郭を整えることは少ない。この意味で政治理論は、既成の秩序が自明性を失いながらも新しい秩序は未だ形成途上にある時代にこそ、真の存在理由を見いだすものである。国際秩序への問いかけも、その例外ではない。伝統的外交史・国際法学と区別された国際政治学は第一次大戦後の国際機構の設立とともに誕生したものであったが、それはこれまでの国際政治の準拠枠組であった勢力均衡原理に基づく西欧国家体系の自明性の喪失という状況と密接な関連を持っていた。こうした事態を反映して戦間期の国際政治論は、国際体系の把握がその世界観的基礎にまで遡って問われる原理的性格を色濃く持つことになった。本章が、戦間期の国際政治論に着目する理由の一つも、まさにこの点にある。

第一次大戦後の欧米における知的世界を先ず席巻したのは、新たに設立された国際機構を基軸とした普遍主義的国際政治観であった。大正デモクラシーのイデオローグであった吉野作造の国際政治論は、恐らく同時期の日本においてこのような普遍主義的国際政治観を最もよく示すものである(2)。吉野は、二〇世紀の国際政治の特色を、一九世紀においては個人間に適用されるにとどまっていた自由平等の原則が国際関係にも拡大適用されるようになったところに求めたうえで、こうした変化を「帝国主義」から「国際民主主義」への変化として捉えた。交戦国の利害調整を中心とする従来の講和に代えて、非併合・無賠償・民族自決を掲げた抽象的原則による講和の提唱を米ソ両国が行ったことは、戦後の国際政治が、自由平等という普遍的原則に基づいて築かれることを予期させるものであった。吉野は、こうした観点から国内政治における民本主義の必然性を弁証するとともに、日本の対外政策が国際民主主義の諸前提を満たすことを求めたのである。(3) 吉野のワシントン体制の支持や中国ナショナリズムへの深い共感は、このような吉野の普遍主義的国際政治観から生まれたものであった。

吉野の議論に特徴的なのは、ノーマン・エンジェルの議論が引かれていることが示すように、(4) 同時代の英米圏に支配的であった法律主義的な平和論の影響を著しく受けていることである。吉野は国際連盟の設立によって、これまで弱小国の主張に過ぎなかった国際法強制組織の樹立が実現した点に、国際正義確立上の意義を見いだす。国際社会の相互依存の拡大は、共通の規範の下にその構成員が置かれ、国内社会と同様に統一的制裁力が漸次国際社会にも及ぶことを意味する。こうした国際法共同体の進化が、統一的制裁力を保障する機構として国際連盟の設立をもたらしたのである。吉野は米国の対独参戦も国際制裁力の行使として捉え、これを強く肯定している。(5) 吉野の正戦論を、ここに読むことができよう。周知のように晩年の吉野は、明治文化研究に専心することで時事的論説の執筆を控えるようになったが、このような関心はその後も維持されたように思われる。吉野の明治文化研究の集大成である「我国近代史に於ける政治意識の発生」は、幕末維新期における「公道」観念、すなわち普遍的規範観念の形成を扱ったものである。(6) 幕末における万国公法の受容を克明に位置づけたこの論文が、吉野の第一次大戦後における国際法の転換への関心の延長上にあることは明らかであろう。

あらゆる政治理論がそうであるように、吉野の普遍主義も、その根底にある彼の人間観と深い関連を持っていた。吉野は、「平和思想の徹底は人間の本性を理想主義的方面に立つる人生観とのみ相伴ふものである。人の本性は無限に発達するもの、相信じ相扶け得るものと観るに非ざる限り、本統の平和を前途に期待する事は出来ない」と述べている(7)。ここには、人格の成長可能性ないし相互扶助的共同社会性に基づく理想主義的な人間観と、吉野の平和論との密接不可分な関係が語られている。概して大正期の自由主義者には、人間のア・プリオリな社会的志向性を前提にしたオプティミスティックな人間観が共有されているが(8)、吉野の場合も、その思考の体質をなしていた性善説的人間観が、新カント派の影響を受けた大正期の人格主義によって媒介されながら、ウィルソン主義の知的前提をなす個人の完成能力(perfectibility)を核とする自由主義的国際政治観の受容を、容易ならしめたのであろう。この意味で、吉野が著しい影響を受けた自由神学に対して、原罪的人間観と終末論的な再臨説の観点から批判的態度をとった内村鑑三が、同時代の日本における最もラディカルなウィルソン主義の批判者であったことは(9)、甚だ興味深い。こうしてウィルソン主義への対応は、いわば存在論的対立にも規定されながら、第一次大戦後の日本における国際政治論を形づくっていったのである。

ところで、満州事変の勃発は、吉野が大正デモクラシーの基礎に据えた普遍主義的国際政治観に対する挑戦であった。満州事変と日本の国際連盟脱退は、普遍的国際機構による安全保障体制の欠陥を露呈させたのである。日本政府は満州事変に際して、現地軍の行動を自衛権の行使として正当化し、不戦条約の適用を回避する法的構成を取ることで現行の国際法秩序との調整を図ろうとしたが[10]、こうした試みは事態を糊塗するものに過ぎなかった。吉野と並んで満州事変を正面から批判した数少ない知識人の一人が、ハンス・ケルゼンの影響を受けた規範主義的国際法学を展開した横田喜三郎であったことは[11]、満州事変が従来の国際法秩序に与えた衝撃を裏から示すものであると言えよう。かくして日本の知識人は、満州事変による普遍主義的国際政治観の動揺を受けて、新たな国際政治観を提示する課題を迫られたのである。

普遍主義的国際政治観の動揺は、その前提をなしていた国際法共同体の漸進的発展へのオプティミズムを打ち砕いた。吉野の後任として東京帝国大学法学部における政治史講座を担当した岡義武は、一九三五(昭和一〇)年に発表したその日本政治史の領域における処女論文「明治初期の自由民権論者の眼に映じたる当時の国際情勢」において、自由民権論者が一致して国際関係の本質を「弱肉強食」として捉えたことを強調しつつ、「万国公法ハ固ヨリ死字徒法ニシテ万国ヲ制御スルノ力ナク、曲直ヲ判シ勝敗ヲ決スル一ニ兵力ノ強弱ニ依ル。万国公法ノ如キハ、僅ニ強大ノ国ガ口ヲ藉テ以テ弱小ノ国ヲ恐嚇スルニ便スルノ利法タルノミ」という箕浦勝人の論評を取り上げながら、「このような議論のなされたことは、――その議論の正否は別として、――国際社会の現実についてかなりハッキリした認識がもたれていたことを証拠立てるもの」である、とこれを評している[12]。先に述べたように、吉野の明治文化研究が、幕末維新期における万国公法の受容を積極的に捉え、そこに普遍主義的国際政治観に基づく実践的課題を読み込んでいたとすれば、これとは逆に岡の場合は、普遍主義的国際政治観の瓦解に伴う幻滅観を自由民権論者の言葉を借りて語った、と見ることができよう(13)。岡はこの論文で、明治初期においても国際関係における正義の支配を説く言説が「稀には」存在したことを認めつつも、「これは、恐らくは、国際情勢に対する前時代の無理解が未だ全く完全に清算され尽されてはいなかったことを物語るものと見るべきであろう(14)」とすら述べていたのである。

だが歴史家岡によって表明されたような普遍主義的国際政治観への懐疑を、誰よりも深刻に受けとめたのは若手世代の国際法学者達であった。第一次大戦後における国際法学界の支配的潮流が新カント派の認識論に基づく規範主義的国際法学であったことから、こうした懐疑は、存在と当為の峻別を前提にした純粋法学が捨象した法規範の社会的・政治的基礎に関する考察へと、彼らの関心を導いていった。この世代の国際法学者の東西におけるそれぞれの代表的存在であった安井郁と田畑茂二郎の学問的軌跡は、まさにこのような規範主義的国際法学批判が全面的に開花していく過程に他ならなかった。

満州事変の勃発とほぼ同時期に発表された安井の処女論文「国際法優位理論の現代的意義(15)」は、国際法優位理論の創始者とされるフェアドロスの学説的変遷を辿りつつ、フェアドロスの学説が第一次大戦を契機に国内法優位構成から国際法優位構成へと転換するとともに、本来純粋法学の徒として国際法的根本規範を専ら科学的仮説として捉えていたフェアドロスが、その国際法優位構成の完成期においては、自然法理論へ接近することで単なる仮説を超えた国際法的根本規範の価値的妥当性を弁証するに至った過程を描きだした作品である。「国際法優位の理論は久しく問題として争われた。最近はようやく立場にまで展開されようとする(16)」［傍点原文］という言葉で開始されるこの論文の含意が、主唱者ケルゼンにおいては厳格に維持されていた純粋法学の科学的理論と世界観との区別が、純粋法学派の国際法理論が第一次大戦後の政治動向、就中国際連盟の運動と結合するとともに失われ、一見価値中立的なこの学派の主張に「普遍的正義」という世界観的契機が混入されたこと、その意味で、純粋法学は大戦後の時代思潮と密接に結びついた歴史的制約性を持つものであること、という指摘にあったことは明らかである。「もしこの制約が無視され、限界がふみこえられたならば、それはもはや理論の正当な展開ではなくて、不当な拡大である。理論に対するこの罠は、それが問題から立場に移ろうとするときに、もっとも巧みにかけられるのである(17)」という表現のなかに、安井のイデオロギーに堕した規範主義的国際法学に対する批判的姿勢を読むことができよう。

　同様の姿勢は、安井のそれに四年遅れて発表された田畑茂二郎の処女論文「国際裁判に於ける政治的紛争の除外について(18)」にも見られる。田畑は国際裁判における政治的紛争の除外(19)という問題を、単に抽象的ないし規範的側面においてではなく、「それが何故さうでなければならないかの具体的根拠、即ちそれを基底する現実的事実的基礎との聯関」において捉えるべきことを提唱する(20)。こうして田畑は当時の最新の学説に依拠しながら、国際対立を「紛争」と「緊迫関係」との二つの形式に分かつ。対立が「紛争」の形式において現れるためには、紛争の目的が合理的に形成され限定されねばならず、更にそれは、実定国際法ないしは一般に適用される何らかの他の規範体系により解決されるべき可能性を持たねばならない。しかるに「緊迫関係」とは、こうした条件を未だ欠くものであり、当事国の意思により現実の権力と法状態との間に存在するとされる矛盾をその対象とする国際対立である。[21]全ての国際関係の基底にはこうした「緊迫関係」が横たわっており、それは主権国家が並列的に対峙する国際社会の本質を示すものに他ならない。本質的に静態的な国際法秩序は、本質的に動態的な政治と矛盾し相克をきたす。かくして、国際裁判における政治的紛争の除外は、国際社会の本質をなす「緊迫関係」によって必然的に要請されるものとして、その現実的・事実的関連において把握されたのである。[22]

こうして、満州事変による普遍主義的国際政治観の動揺は、国際政治へのリアリズムの眼差しをもたらすことになった。それでは、このような国際政治論におけるリアリズムは、戦間期の思想史的文脈においてどのような位置を占めていたのであろうか。リアリズム国際政治論の創設者として知られるハンス・モーゲンソーとE・H・カーを例に取りながら、この点を少し考えてみたい。第二次大戦後の米国におけるリアリズム国際政治学の創始者として知られるモーゲンソーは、もともと亡命前は国際法学者であり、戦間期ドイツ国法学におけるケルゼニズム批判の文脈のなかで、学問的自己形成を行った人物であった。[23]一九二九年に出版されたモーゲンソーの処女作『国際裁判――その本質と限界』[24]は、国際紛争の裁判可能性を、法の欠缺による国際裁判の客観的限界性と、国際紛争に内在する「緊迫関係」による主観的限界性とに分けて考察しつつ、「緊迫関係」の支配する領域における国際裁判の限界を指摘した著作である。モーゲンソーは次いで、純粋法学の認識論的基礎を提供するものであった新カント派の法哲学の検討へと研究を進め、規範とりわけ法規範の現実性についての探求に入っていった。処女作の発表から五年後に出版された『規範の現実性』[25]は、法規範と他の習俗規範・道徳規範との相互関係や、法規範と非規範的社会力との関連を分析することで、純粋法学が視野の外に置いた法規範の現実性を問い返した著作である。極めて錯綜した構成を持つこの著作は決して成功作とは言い難いが、モーゲンソーの問題関心が、一方ではケルゼンによる法現象の認識的統一の試みに触発されながらも、他方では規範の現実性を問題にすることで、機能主義的国際法学を樹立するための方法論を模索する点にあったことは、明瞭にこの著作から読み取ることができる。

モーゲンソーは、一九三二年にジュネーヴ大学私講師に就任した際の講演[26]で、イェリネック以後のドイツ国法学の歴史を「国家の現実性」の体系的把握への模索過程という観点から概観しつつ、自らの国法学上の課題を、スメント及びシュミットの「政治的なるもの」の探求の試みを継承しながら、彼らにあっては未だ断片的なものにとどまっていた発見を体系的考察に引き上げる点に求めていた。こうした自己規定に見られるように、ワイマール期の政治的公法学の手法を国際法学に導入することで、純粋法学によっては捉え難い国際社会の規範構造の現実的基礎を分析すること、これこそがモーゲンソーの知的関心の根底にある問題だったのである。

従って、モーゲンソーのそもそもの問題構成は、法規範の現実性についての認識論的検討から始まって、国際法規範の現実性の考察へと移り、次いで国際社会における規範と社会力の関係についての社会学的分析を行い、最後にこうした分析を踏まえたうえで、規範と現実のずれを補完するいわば動的規範創設の問題を平和的変更の問題として提示する[27]、というものであったように思われる。よく知られている米国に亡命してからのモーゲンソーの国際政治論は、当時の米国に根強く存在していた法律主義的世界政府論との論争的文脈に置かれたことも手伝って、こうした法学的構成が極度にまで薄められ、権力政治概念を核とした社会学的構成が前面に出てくる結果になっており、モーゲンソーの本来的問題構成はそのぶん見えにくくなってはいる。だが上述のような初期モーゲンソーの関心を念頭に置いてテキストを精読すれば、こうした問題構成を読み取ることは必ずしも困難ではない。

このことは何よりも、モーゲンソーの主著『諸国民間の政治』(28)を一読すれば明らかである。権力現象の遍在性の指摘から始まるこの本は、ともすればホッブズ的な国際社会の無政府性と権力政治の必然性のみを主張した書と読まれがちであるが、そもそもモーゲンソーの思想形成過程に即して言えば、この書物は冒頭から書かれたものではない。モーゲンソーの思考過程は、本書の初版で言えば、通常看過されがちな第一三章「力の抑制要因としての倫理・習俗・法」ないし第一六章「国際法の主要問題」のような国際法規範の現実性についての考察から始まっており、このような規範と非規範的社会力の分析が肥大化した形で有名な権力政治の分析へと展開し、そのうえで今度はこうした社会学的分析を踏まえ、いかに国際法共同体の漸進的発展を促していくか、という問題構成を本来的には取っているのである。モーゲンソーはしばしば意に反してマキャベリズムの徒として非難されたが、それはモーゲンソー自身の論争的表現や態度を別にすれば、そもそもおよそドイツ国法学の知的文脈に不案内な米国の読者が、モーゲンソーの政治的思考におけるケルゼン＝シュミット問題の重要性を読み取ることができなかったところが大きいように思われる。モーゲンソーの晩年の作品である『真理と権力』はケルゼンに捧げられているが、[29] 少なくとも思想史的文脈におけるモーゲンソーは、このようなドイツ国法学におけるケルゼン＝シュミット問題のアメリカ政治学への移植という観点から再検討される必要があろう。[30]

このようにモーゲンソーが、いわば保守主義的関心からリアリズム国際政治論に辿り着いたとすれば、これとは逆に社会主義的関心[31]からこの問題に接したのがE・H・カーであった。カーの『危機の二十年』は、その痛烈なユートピア主義的平和論批判から、リアリズム国際政治論の古典として学説史上の位置づけを与えられている。だがカーの場合も、その国際政治論がいかなる知的文脈から生まれ、どのような歴史意識を内包しているのかについて内在的分析がなされることは、これまで比較的少なかったように思われる。カーの国際政治論は、端的に言えば、社会主義的関心からの自由放任主義批判を国際政治論に投影したものである。カーのウィルソン主義像は「遅れてきたベンサム主義」とでも呼ぶべきものであり、第一次大戦を経た欧州諸国では既に克服されつつある自由放任主義と利益の自動調節という神話を、これまで比較的自由主義的観念の外にあった国際政治領域に持ち込んだところに、ウィルソン主義の特色があると捉えられている。同書において国際社会の平和的変更に最も近似した例として挙げられるのが、国内社会における労資協議体制の制度化過程であったこと[32]は、この意味で象徴的である。カーのリアリズムは、このような「持てる国」の主導する国際秩序に対するイデオロギー批判と、方法的にも対象的にも分かち難く結びついている点を、先ず念頭に置く必要がある。

それでは、カーの奉ずる社会主義への展望は、その国際政治論のなかでどのような位置づけを与えられるのか。カーの議論で特徴的なのは、総力戦の社会変革作用に対する関心の高さである。第一次大戦期の統制経済の経験は自由放任主義の修正を必然化させたが、英米両国によって設計された第一次大戦後の国際秩序は、この不可逆的過程を塞き止めようとする守旧的なものに過ぎなかった。かくして破綻した古典的自由主義秩序に代わる選択肢を提示したのは枢軸国とソ連であり、一九三〇年代における彼らの魅力はまさにこの点にあった。このような枢軸国ならびにソ連の「新秩序」の提唱に英米側がどのように応えるかが第二次大戦の帰趨を決する鍵になるが、そのためには大戦によってもたらされた社会変動を取り込む枠組を英米諸国が提示することが必要になる(33)。

こうした前提のうえにカーは、戦時体制下での計画経済と完全雇用の実現を戦後も維持していく一方で、計画経済を可能にするためにも、大戦後における金本位制と自由貿易体制への復帰を阻止し、寧ろ戦時下の国民国家を横断した地域経済協力を基礎にした国際経済体制を樹立することを提唱したのである(34)。カーは『危機の二十年』のなかで、リアリズムとユートピアニズムの相互補完性を強調しているが、それは単に抽象的に語られた表現ではない。カーのユートピアとは、戦時下の統制経済と地域主義を基礎にした社会主義の建設であり、形骸化した自由主義秩序のリアリスティックな批判と表裏一体の関係にあったのである。

このように考えると戦間期のリアリズム国際政治論は、思想史的文脈に即して見たとき、些か図式的な言い方をすれば、ケルゼン—シュミット—マルクスからなるトリアーデのなかで国際社会における規範と現実の関連を考えるという問題構成を持っていた、と見ることができよう。通常リアリズム国際政治論の核とされるのは国際社会におけるホッブズ的アナーキー状態の認識であり、さればこそリアリズムは歴史的展望を欠いた静態的な議論であるという批判がしばしばなされるのであるが、戦間期の思想史的文脈に限って言えば、それは必ずしも的確な指摘ではない(35)。戦間期のリアリストに特徴的なのは、寧ろ自分達の議論こそが国際社会の動態的把握を行っている、という自負心である。すなわち、戦間期のリアリストの戦線は法実証主義との対抗関係に置かれているのであり、このため彼らは、法実証主義によって擁護される普遍主義は歴史上の一時点で形成された規範を固定的に保持している、という批判を持っているのである。戦間期におけるモーゲンソーとカーの国際政治論は基底的価値関心という点ではかなり異なっており、両者を同一視することはできないが、もし戦間期における両者の議論に共約点を求めるとすれば、それはアナーキー仮定というよりは、このような規範主義に対する批判とそれに基づく平和的変更の問題であったように思われる。

ところで、このような戦間期のリアリズム国際政治論が置かれた知的文脈は、同時期における日本の知的動向と無関係ではなかった。ケルゼン―シュミット―マルクスのトリアーデで構成される問題圏は、まさに大正デモクラシーの哲学的支柱であった新カント派の議論が、マルクスとシュミットを拠り所に規範の社会的・政治的現実性が問い返されることで激しい批判にさらされる、一九三〇年代の日本政治思想史の主要問題でもあったからである。ケルゼニズムに依拠した横田喜三郎に対する最大の批判者であった安井郁のこの時期の関心がソヴィエト国際法学とシュミットとの間を往復したことは、こうした時代思潮の典型的な表現に他ならない。この時期に青春を迎えた世代にとって、このような新カント派批判は、立場の如何に拘らず彼らの思考の出発点をなしていたのである。その一人に青年丸山眞男を数えることも、あながち的外れではないであろう。[37]

従ってモーゲンソーとカーの置かれていた知的文脈は、同時代の日本のそれと極めて近い所にあったことに注意する必要がある。事実両者の著作は、昭和一〇年代の日本の思想界では共感をもって読まれていた。例えば、先に触れた田畑茂二郎の処女論文は、国際裁判の限界と紛争種別論を扱ったモーゲンソーの処女作と第二作[38]を下敷きにして纏められたものであった。田畑がそこで依拠した最新の学説とは、実はモーゲンソーのそれに他ならなかった。[39]満州事変後の規範主義的国際法学の動揺のなかで新たな方法論を模索していた田畑にとって、モーゲンソーの試みは極めて啓発的なものに思えたのである。田畑は後の回想で、この時期のことを振り返りながら、「ご承知のように、モーゲンソウはその後次第に国際政治のほうへいくわけですが、かれには現実主義的というか、ファンクショナルにとらえようというところがありまして、非常に親近感を感じた[40]」と述べている。また安井郁の研究対象は、先に述べたように自由主義国際法思想からソヴィエト国際法学を経てシュミットに代表される欧州広域圏国際法思想へと発展していったのであるが、安井がこの後着目していたのがモーゲンソーであった。[41]モーゲンソーは米国亡命直後はアメリカのリアリズム法学の摂取に努めている[42]が、安井はこうした動向も視野に入れたうえで、「国際法をその現実の地盤との関係において正しく把握しうる方法の確立[43]」のためのの試みとして、モーゲンソーの機能主義国際法理論を高く評価したのである。

またカーの国際政治論、とりわけ太平洋戦争勃発の翌年に出版された『平和の条件』は、太平洋戦争中に広く読まれた数少ない洋書の一つであった[44]。例えば、近衛文麿や海軍省調査課のブレーンであった政治学者矢部貞治は、戦中期においてカーの国際政治論を激賞した人物であった。矢部は、一九四三(昭和一八)年元旦に『平和の条件』を読み始め、その感想を日記にこう記している。「七時過ぎ起床。暖かい穏やかな元旦だ。大東亜決戦の新年。……新聞を見てから早速机に向ひ、カーを読む。……カーの書、英国人に稀な卓見を示してゐるし、数年前から僕の言ってゐると同じやうなことを論じてゐる[45]」。また一月四日の日記には、「カーを読み続ける。中々卓抜な本だ。英国人ですらこゝまで考へてゐるのに日本の知識人は未だ〳〵だ[46]」と感慨を述べている。

それでは矢部はカーのどこに感銘を受け、カーのどこが「僕の言ってゐると同じやうなことを論じてゐる」と思ったのであろうか。第一に挙げられるのは、総力戦の社会変革作用についての認識である。カーは『平和の条件』の冒頭で、総力戦と社会革命との関係を論じながら、ヒトラーとボルシェヴィキ革命との関係を、ナポレオンとフランス革命との関係に対比している[47]。恰もナポレオン戦争がフランス革命の理念をヨーロッパ全土に実現する契機となったように、ヒトラーはマルクス、レーニンによって開始された一九世紀の資本主義体制を転覆する試みを完成した。第二次大戦はこのような不可逆的な革命過程の一部であり、それゆえ新秩序をめぐる抗争なのである。カーはこのように枢軸国の「新秩序」への挑戦を重視したうえで、英米諸国がこうした挑戦に応え得るような建設的な秩序構想を持つべきことを論じたのであるが、それは恰も、枢軸国の戦争目的に対する内在的理解に溢れた「心ある米英人」[48]からのエールのように、矢部の耳には響いたのである。[49]

次に注意すべき点は、カーの自由放任主義批判である。既に述べたように、カーは統制経済とアウタルキーに好意的であり、『危機の二十年』においてもライヒスバンク総裁シャハトの自由貿易主義批判を共感をもって引用している。[50]実際、総じてカーのナチス経済に対する評価は高い。周知のように、カーは『危機の二十年』の序文において、自分が示唆を受けた著作として、カール・マンハイム『イデオロギーとユートピア』及びラインホールド・ニーバー『道徳的人間と非道徳的社会』と並んで、ピーター・ドラッカー『経済人の終焉』を挙げている。[51]だが亡命の身にあるドラッカーの『経済人の終焉』が、一方ではナチス経済における完全雇用の実現などの成果を認めつつも、他方でそうした成果は、能動的ニヒリズムに基づく対外戦争の自己目的化によって破綻せざるを得ない、という極めてパセティックな色調に彩られた著作であるのに対し、[52]カーはナチス経済を、専ら戦時体制のもとで自由放任主義が超克されていく必然性を弁証する文脈で論じている。[53]カーはドイツの広域経済圏思想に含まれる覇権主義を批判しつつも、戦時下の国民国家を横断した地域経済協力を基礎として戦後欧州の経済建設がなされるべきことを力説しており、しかもそうした経済再建が自由放任主義によってではなく計画経済によってなされるために、管理通貨制度と求償主義的性格を持った交易制度の必要性を説いていたのである。[54]矢部はこのようなカーの地域主義的経済論を捉えて、「何よりも彼の重視するのは、民族自決から出発して国際組織に至るのではなく、初めから広域単位で物を考へるといふことである。その中での新しい社会経済原理は、殆どナチス独逸のそれに近づいてゐる」[55]と論じている。

このことと関連して第三に挙げられるのは、カーの民族自決主義批判である。カーは二〇世紀国際政治の基本的動向を、軍事技術の高度化や経済的相互依存の発展が小国の自立性を無意味化し、国際政治の基本単位が国民国家から「より大きな単位」へと移行していった点に求めたうえで(56)、こうした観点から一九世紀的原理である民族自決主義を厳しく批判した。民族自決主義は、フランス革命後のヨーロッパにおける民主主義とナショナリズムの結合を背景にして形成されたものであるが、そもそもそれは民族という社会的事実と自決という主観的権利を混同した点に問題を孕んでいた(57)。こうした問題は、ヴェルサイユ体制の創設者によって、民族という社会的事実と自決という主観的権利の一致を欠いた東中欧地域に民族自決原理が絶対化されて適用されたために、一層顕著になったのである(58)。こうしたカーの批判が、民族自決主義・自由放任主義・古典的自由民主主義という一九世紀的観念に固執するものと見做されたウィルソン主義への批判と分かち難く結びついていることは言うまでもない。そうであるが故に矢部は、カーの民族自決主義批判を、広域圏の必然性を弁証した議論として援用し得たのである(59)。

最後に、矢部の議論においては必ずしも明示されてはいないが、『平和の条件』全体を貫くカーの協同体倫理の主張が戦中期の日本における国民協同体論と重なりを持つものであったことも、矢部のカーへの共感を生む一つの要因になったと考えられる。カーは、「徳」(virtue)を「啓発化された自己利益」(enlightened self-interest)と功利主義的に等置した一九世紀来の自由主義の倫理体系が破綻し(60)

たことを現代における道徳的危機の源泉と見做しつつ、こうした利潤動機を超えた共同善への自己犠牲の重要性を強調した[61]。しかもカーには、国内資源の最も効率的な利用を要請する総力戦には必然的に利潤動機を超克する契機が内包されており、その意味で、総力戦は共同体の全階級に共通の自己犠牲心を涵養し不平等を是正する道徳的効果を持つ、という認識があった[62]。『平和の条件』の前半部は、このような戦時下で培養された協同体倫理こそが、西欧精神史におけるキリスト教倫理に比肩する意義を持つ現代におけるコミュニズムの倫理的基礎を提供する、というカーの確信で締め括られるのである[63]。公益原理による利潤動機の抑制、権利概念の抽象性批判、個人の権利に対する共同善への義務の優越、こうした一連の主張が、昭和一〇年代の日本における国民協同体論の構成要素でもあることは言うまでもないであろう[64]。総力戦の道徳的効果を訴えるカーの議論は、生産力の担い手である民衆の主体性に支えられた新しい経済倫理の確立を説いた戦時下の大河内一男・大塚久雄等の主張[65]に近い所に位置していたように思われる。

こうしてモーゲンソーとカーの所説は、昭和一〇年代の日本の知的世界では、地域主義の文脈で読み込まれ、利用されることになった。規範主義の抽象性に対する批判から出発したリアリズム的思惟は、一九三〇年代の日本では一旦地域主義的国際政治観に吸収されたのである。もとより規範主義批判それ自体は、国際協調主義と常に相反するものではない。そもそもワイマール期におけるモーゲンソーの「動態的国際法学」の提唱[66]は、シュトレーゼマン外交に対する期待と密接に結びついていた。モーゲンソーは一九二九年に発表したシュトレーゼマン論で、シュトレーゼマンが独仏和解を軸とした欧州の一体性を実現し、そのなかでドイツの法的地位の回復をもたらしたことを高く評価しながら、シュトレーゼマンはシュミットが「国際連盟の根本問題」と名付けた課題を達成した、と述べている。(67)当時のモーゲンソーがヴェルサイユ体制の平和的変更の可能性に極めて楽観的な見通しを持っていたことが窺われよう。しかしながら、こうした平和的変更へのオプティミズムが失われたとき、本来国際政治におけるリヴィジョニズムに親和的なこの概念装置の問題性は露呈せざるを得ない。一九三〇年代において政治的公法学の陥った隘路は、まさにこの点にあったのである。モーゲンソーの選択は、亡命の地で自らの依拠した概念装置の政治的意味を問い直すことであった。主著『諸国民間の政治』は、こうした思索の結実に他ならない。(68)だが日本の知識人は、あまりにも権力と知的世界の交錯する場に身を置いていた。彼らの多くは、この概念装置を梃子にして国際秩序の現状打破への要求に身を委ねていったのである。

この傾向は、当時の日本で最も鋭敏な知的感受性を備えた国際法学者に集約的に現れた。日中戦争の長期化が決定的になった一九三八(昭和一三)年九月において、安井郁はこう述べている。「東亜共同体の建設は現存の国際政治機構及びその形態化たる国際法秩序に必ずしも適合するものではない。特に現状維持を基調とする静態的平和機構とは決定的に矛盾する。この点において支那事変が満洲事変と共に現存の国際政治及び国際法の立場から見て破壊的な側面を有することは否定され得ない。我々はその事実を率直に肯定すると共に、その破壊をして新しい建設の前提たらしめなければならぬ。近時欧米各国の理論家及び実際家の間において所謂“peaceful change”の問題が盛んに議論されてゐる。それは本質的な欠陥を包蔵する静態的平和機構から事態の歴史的推移に伴ふ合理的な変更を基調とする動態的平和機構への弁証法的発展を暗示するものである。支那事変はそのやうな発展に対する最も強烈な刺激である」[69]。安井は、日中戦争以降の日本外交を新たな国際秩序の創設の試みとして位置づけるとともに、その理論的支柱をシュミットによって提唱された広域国際法に求めたのである。

一九四二（昭和一七）年末に出版された安井の『欧州広域国際法の基礎理念』は、安井の処女作以来の戦間期国際法思想研究の頂点をなす極めて水準の高い作品である。「法学的思惟の三様式」の検討から始まるこの本が、同時代におけるシュミット研究として格段に明晰なものであることは疑い得ない。純粋法学批判から規範の現実性の探求へと思索を進めた安井は、ここにシュミットの「具体的秩序」の観念を媒介としつつ、普遍主義から地域主義への移行の必然性を基礎づけるに至ったのである。こうして基礎づけられた地域主義は、普遍主義的国際機構と個別国家の原子論的並列の双方を批判する構成を取るとともに、従来の国際秩序を英米の帝国主義支配と等置し、東亜新秩序を欧米帝国主義支配を超克するものとして正当化した。今や多くのマルクス主義者も、「帝国主義批判」の観点から新秩序の建設に参画し始めたのである[70]。

安井は同書において、欧州広域国際法の世界史的意義を論じながら、「英帝国の普遍主義に対立するものとして提起された」この思想が、「欧州国際法の世界支配の終了を内面より促進するものなること」に、注意を喚起していた[71]。ドイツは最早英帝国に代わり、欧州の世界支配を継続し得ない。それは欧州広域圏の主導国として、新しい世界秩序の一部を構成するにとどまる。シュミットにあっては、ウィルソン主義とボルシェヴィズムによって挟撃される戦間期欧州世界は、「ヨーロッパ公法学の時代」の終焉としてその文明史的位置づけを与えられていたが、こうした事象は、西欧国家体系の外縁部にあった日本の知識人には、西欧近代世界の没落と世界史の多元的構成を意味するものとして捉えられたのである。[72] かくして、マルクスとシュミットが木霊し、「近代の超克」が絶叫される戦中期の精神世界において、果たして戦後外交論は、いつ、いかなる形でその曙光を見るのであろうか。

二 「戦中」の文脈――地域主義のなかのナショナリズム

「近代の超克」論によってその世界史的意義を賦与された地域主義的国際政治論において、そのアキレス腱となったのは、地域主義のなかのナショナリズムの位置づけであった。そもそも日中戦争後唱えられた東亜協同体論は、日中間の対立・相克を止揚すべく、ナショナリズムの論理を超克するものとして論者に位置づけを与えられていた。近衛文麿のブレーン達が集う昭和研究会の理論的指導者として衆目の一致するところであった三木清は、この間の事情をこう述べている。「支那事変を契機として日本の思想にも飛躍的な発展が要求されてゐると思ふ。その著しいものは従来いはゆる日本主義の発展である。日本主義の擡頭は事変前のことに属し、その意味においてそれは事変前の思想である、と云ふことができる。かやうな日本主義は民族主義として自己を主張してきたのであるが、事変の発展は日本主義が単なる民族主義に止まることを許さなくなつた。今日要求されてゐるのは日支両民族を結ぶ思想である。事変の発展は支那における民族主義の強化を促し、三民主義といつても特にその民族主義の要素が前面へ押し出されることになつたのであつて、必要なのはこの民族主義を超克し得るやうな思想であり、いはゆる東亜協同体の理念もかやうなものとして考へられる」[73]。

こうした東亜協同体論におけるナショナリズムへの否定的な評価は、当時の時代思潮と重なりながら、近代主義批判の論理によって更に補強された。三木の筆になる昭和研究会の綱領的文書であった「新日本の思想原理」は、次のように近代批判としての東亜協同体論の位置づけを与えている。「世界史的に見れば、近代的世界は中世のカトリック的文化の教会的世界主義の種々の国民的文化への分割形成をもつて始まつた。中世的世界主義の批判として現はれたこの国民主義は同時に自己のうちに世界的原理を含んでゐた。自由主義、個人主義、合理主義等がそれである。かやうな原理に立つた近代主義はその発展に於て遂に抽象的な世界主義に陥つたのであつて、この抽象的な世界主義の批判されつつあるのが現代である。今日の民族主義乃至国民主義は近代的世界主義に対する批判の意義を有し、この抽象的な世界主義の克服の契機として重要性を有してゐる。しかしながら今日の世界はもはや単なる民族主義に止まることができず、近代的世界主義の克服は一民族を超えた一層大きな単位への世界の分割形成となつて現はれねばならぬ。東亜協同体はかやうな世界の新秩序の指標となるべきものである」[74]。従って、恰も国内社会における個人を基礎とした契約的社会構成がその抽象性故に行き詰まり、今や具体的社会性を持った協同体的社会構成に置き換えられようとしていることに照応して、国際関係においても、近代の所産たる国民国家による原子論的構成による国際秩序、及びそれを前提とした国際連盟の抽象的世界主義は止揚されねばならない。かくして東亜協同体は、「ゲゼルシャフトを止揚した一つの全く新しいゲマインシャフト」[75]としてその性格規定がなされたのである。こうした規定は、三木に限らず、哲学者の高山岩男、政治学者の蠟山政道、矢部貞治等にも共通して見られるものであり[76]、当時の知識人に広く共有されていた認識であった、と言ってよい。なお東亜協同体論は、蓑田胸喜等国粋主義的右翼によって、ケルゼニズムを継承した「国際法上位論」であり「非国民」的議論であるという、知的系譜としては全く的外れな攻撃をしばしば受けたが[77]、これは西欧思想によって理論武装された東亜協同体論への蓑田の体質的反発を別にすれば、国民国家を超えた高次のゲマインシャフト的構成を措定する東亜協同体論のなかに、蓑田が国体の至高性と抵触する理論的可能性を読み取ったからである。

このような国民国家批判のコロラリーとして、東亜協同体論においては民族自決原理に対しても極めて否定的な評価がなされた。東亜協同体論の提唱者の一人であった蠟山政道は、欧州大戦の勃発に際してその原因を、ヴェルサイユ体制の過誤、とりわけ民族自決原理の東欧への適用の破綻に求めた。自決原理の機械的適用は、東欧に特別な経済関係を持つ独墺ソが、敗戦国ないし革命国として何ら戦後の欧州政治に発言権を与えられなかったことと相俟って、この地域に存在していた地域的一体性を破壊した。東欧の民族主義は、初期資本主義の要求と合致した健全な社会秩序を形成した一九世紀前半までの民族主義と異なり、言語・種族を契機として既存秩序の分立をもたらすものであり、絶えず少数民族の分離化を進めるものであった。このような民族主義と地域経済協力の矛盾こそが、二度目の欧州大戦を招来した、と蠟山は見たのである[78]。

東亜協同体論がナショナリズムや民族自決原理に批判的態度をとったのは、言うまでもなくそれが、日中戦争以後中国ナショナリズムと全面的に対峙することとなった日本の対外政策を、道義的に正当化する役割を担っていたからである。蠟山は、東亜協同体論は民族主義運動の超克可能性について楽観的過ぎるのではないかという批判に対して[79]、「抑々東亜協同体の理論が提唱せられるに至つた根本動機は、支那における『民族的統一』又は『民族主義運動』の存在が如何なる意味においても、軽視し無視し得ぬといふ認識に発足してゐる。これは総ての東亜協同体論者の一致してゐるところであると言つてよい[80]」と断言している。蠟山自身、中国の抗日ナショナリズムの強さを自覚していただけに、ナショナリズムを超えた高次の目標を設定することで中国ナショナリズムを包摂し得る論理構成が取られたものと考えられよう。従って、東亜協同体論者のすべてが、中国延いてはアジア諸国全体に漲る反帝国主義ナショナリズムの存在に全く鈍感であった、と見ることは恐らく当を逸している。三木もまた、「支那がその民族的統一によつて独自性を獲得することが東亜協同体の真に成立するために必要である[81]」と述べていたのである。

だが、そもそも近代国民国家の未形成なアジア世界において、近代主義批判と近代国民国家の歴史的限界を語ることはどのような意味があるのか。東亜協同体論は、この点について答えを用意していないわけではなかった。「東亜の統一は封建的なものを存続せしめること或ひは封建的なものに還ることによつて達成され得るものではない。却つて支那の近代化は東亜の統一にとつて前提であり、日本は支那の近代化を助成すべきである」[82]。すなわち、中国の封建的性格の克服＝近代化は、寧ろ東亜協同体の前提条件なのである。では、そこで想定されている中国の「近代化」とは何か。この点になると論者の見解は、必ずしも一致してはいなかったように思われる。蠟山は、日本の大陸発展を「国防経済とそれと密接に関連する経済開発計画を伴ふ地域的協同経済」と規定し、資本主義が推進力となって行われる西欧的帝国主義との質的差異を強調しているが[83]、このように東亜協同体論には、アジアの開発モデルとしていかなるモデルを想定するか、という問いが内包されていたのである。蠟山が、蔣介石政権の英国資本と結びついた「不自然な近代化」を超える合理的な経済建設計画を占領地に施行することを強調する一方で、武漢陥落後急速に地歩を築いている中国共産党への対抗上からも開発計画の設計を要請したことは[84]、第三章で扱う戦後の蠟山の議論と考えあわせると興味深い。ここではこの問題にこれ以上深く立ち入ることはできないが、例えば、抗日統一民族戦線が追求する中国社会の「半封建性」及び「半植民地性」の克服を可能にするような東亜新秩序の形成を説いた尾崎秀実等の議論[85]と蠟山のそれとを比較検討するとき、東亜協同体論内部における潜在的対立関係の存在は自ずから明らかになろう。

このように戦中期の国際政治論においては、ナショナリズムには概して否定的な評価が与えられていた。われわれはともすれば、戦中期はナショナリズムの昂揚期であり国際政治論においてもそれが即時的に反映されていたと考えやすいが、地域主義の論理的帰結としては、それとは逆にナショナリズムの抑制を説く構成が取られざるを得ないのである。そもそも、満州国の建国や華北分離工作を日本民族の自決原理で正当化することは不可能である。満州事変以後の日本の膨張主義の性格は、「民族協和」による膨張主義の正当化を要請せざるを得なかったと言えよう。[86] こうした対外政策における民族概念の評価においては、日本とドイツでは微妙な差異があったように思われる。すなわちドイツの場合は、先ず国境の外にあるドイツ民族を編入していく形で対外的拡張政策が進められたために、より直截に民族概念を高唱することが可能であった。またある時期までは、ドイツの対外政策の目的を「民族自決」のレトリックで偽装することも不可能ではなかった。ドイツが日本よりも英仏の宥和を勝ち取ることに成功した一つの理由は、こうした民族自決原理の適用可能性にあったのである。[87] また昭和一〇年代の日本における典型的なナチス批判の一つは、ナチスの民族主義の狭隘さを指摘し、こうした「限界」を克服した東亜協同体・大東亜共栄圏の優位性を主張する議論であった。[88] 当時の日本におけるナチス国際法学への批判も、その多くはこうした論理構成を取っている。[89]

それでは日本の提唱した大東亜共栄圏は、どのような法的構成を取っていたのであろうか。大東亜共栄圏の法的構成の最大の特徴の一つは、近代国際法の根本原理であった国家平等観念の否定である。周知のように、近代国際法においては、主権国家は少なくとも法的主体としては対等の関係にあるとされ、ここから近代国際法の原子論的性格が導かれるわけであるが、共栄圏は何よりも、原子論的構成を止揚したゲマインシャフトとして捉えられている。従って、そこでは、近代国際関係の悪しき属性とされた機械的平等・原子論的自由は否定される。「おのおのその所を得る」という典型的な昭和

一〇年代用語が示すような、有機的結合関係が共栄圏の本質とされるのである。(90)

またこのことのコロラリーとして、共栄圏内の諸国家間の関係は、同盟・条約という契約関係によってては律せられないとされる。矢部貞治と同じく海軍省調査課のブレーンとして大東亜国際法論の理論的指導者の一人であった松下正寿は、こう述べている。「大東亜共栄圏の本質は条約以上のものでなくてはならない。若し大東亜共栄圏の法的基礎が条約であるとしたら、圏内の国家は随時に其の主権の発動により圏外国家と共栄圏の利害に反する条約を結ぶことも可能であり、更に一歩進んで共栄圏其のものを解消することすら可能である。恰も日英同盟が二十ケ年後に解消したる如く、又我国が国際聯盟より離脱したる如く、大東亜共栄圏も亦個々の国家の政治的利害によつて解消され得ることとなる。要之、第一の考方［共栄圏を独立主権国家の結合として捉える見解——酒井］は自由主義的契約思想に基礎を置くものであつて我々はかかる思想を止揚しなくてはならない(91)」。

こうして大東亜国際法論においては、共栄圏は有機体的一体性を持つものとされるが、このような一体性を担保するのがドイツの広域圏理論ではライヒ(Reich)、日本語では主導国ないし指導国と呼ばれた共栄圏の中心である。主導国は、広域圏外部からの干渉を排除するとともに圏内の実質的平等を内面的に媒介することで、道義的存在たり得るとされる。(92)だが、こうした主導国と広域圏との関係について通常理解されているのは、広域圏の存在があって然る後に主導国が存在するというものではない。寧ろそこで前提されているのは、広域圏概念は主導国概念に従属するという理解である。(93)矢部貞治が述べるように、「広域圏といふ一体的な人格性が初めから存して、その上に主動《ママ》的国家が認められたり選ばれたりするのではなく、主動的《ママ》国家があつて、それが分立乃至対立状態にある多くの自立主体をば、一つの広域圏にまで自覚形成せしめるのである。広域圏があつて然る後に主動《ママ》国があるのではなく、主動《ママ》国があつて初めて広域圏が形成せられるのである」[94]。これは結局のところ、「道義性」の高唱にも拘らず、大東亜国際法論においては主導国の存在が地域秩序に優先するという論理が内包されていることを意味している[95]。従って、戦局が悪化するにつれて、主導国の「自存自衛」の論理と、建前としてある東亜諸国の「解放」の論理との優先関係ないし論理連関が問題化せざるを得ない構造を、共栄圏構想は持っていたのである。

こうした問題は、実際に太平洋戦争の過程で露呈していくことになる。そもそも太平洋戦争開戦に際して、日本政府内においては戦争目的の設定をめぐって少なからぬ混乱があった。先ず、開戦の約三カ月前に陸海軍軍務局スタッフによって立案された「対米英蘭戦争指導要綱」では、戦争目的を「自存自衛」に限定しようとする海軍側と、「自存自衛」に加えて「大東亜新秩序」の建設を戦争目的に加えることを主張する陸軍側の主張とが対立した。両者の対立は、南方を確保したうえでの長期持久戦を想定していた陸軍と、短期決戦を想定していた海軍との戦争指導観の差異に起因するものであったが、この対立は太平洋戦争開戦後も容易に払拭されるものではなかった[96]。また、外務省は太平洋戦争が始まると、連合国への対抗的観点から日本の戦争目的として「民族解放」を掲げることを主張した。太平洋戦争の開戦は、一面では、満州事変以来の外務省の凋落の極みを意味するものであったが、他面では、軍部によっては果たし難い戦争の理念的側面を外務省が担うことによって地位の回復を図る機会を外務省に与えたのである。[97]

このような戦争目的の設定をめぐる問題に日本政府内で最も自覚的であった外交指導者が、重光葵であった。重光は、第一次大戦後の中国ナショナリズムの昂揚を中国現地で体験し、既に一九二〇年代からアジア・ナショナリズムと脱植民地化争点に敏感な反応を示した外交官であった。[98] 太平洋戦争勃発直後に駐華大使に就任した重光は、日中間の不平等条約関係を解消する「対支新政策」を主張し、その採用に精力を注いだ。[99] 重光は更に、一九四三(昭和一八)年四月の東条英機内閣の改造によって外相に就任すると、この「対支新政策」をアジア全域に拡大した「大東亜新政策」を提唱し、アジア諸国の独立を積極的に推進することで共栄圏内各国の結合を強化しようとした。同年一一月に開催された大東亜会議において採択された大東亜共同宣言は、後述するように重光の外交理念が完全に表明されたとは言えないものの、重光の外交指導なしにはありえないものであった。この大東亜共同宣言は、重光自身によって大西洋憲章と対比されていることが示すように、[100] 連合国の戦争目的を強く意識したものであった。重光としては、こうした英米の戦争目的に近似した戦争目的を掲げることで英米と日本との政策距離を縮小し、デ・ファクトに戦争終結準備を図る狙いがあったのである。[101]

重光外交の展開は、大東亜共栄圏をめぐる議論に微妙なしかし無視できない影響を与えていく。そもそも重光は、主導国理念の優先した従来の共栄圏構想に批判的であった。重光の「大東亜新政策」構想は、少なくとも形式的には、大東亜各国が対等な立場で大東亜国際機構を創設する構成を取っていたのである。[102] このような構想の背景には、民族自決を固有の権利として捉える重光の自決権に関する理解があった、との指摘がなされている。(103) 外相就任直前に起草した「日華同盟条約案・大東亜憲章」(104)と題する文書において重光は、「従来ノ用語中例ヘハ道義ニ基ク新秩序ノ建設又ハ……ヲシテ各々其ノ所ヲ得セシムル云々ノ如キ相手方ニ疑惑ヲ起サシムル字句及感念《ママ》ハ之ヲ排スルヲ得策トセリ」［傍点原文］と述べているが、このように従来の共栄圏論が前提としていた有機的一体性は、今や戦時外交の最高指導者によって、最早単純には維持し得ないものとの判断が下されたのである。

このような文脈のもとに浮上してきたのが、従来の大東亜国際法論において端的に否定されていた国家平等観念の再評価を促す問題設定である。一九四四（昭和一九）年に連載が開始された田畑茂二郎の論文「近代国際法に於ける国家平等の原則について」(105)は、そうした試みの頂点をなす渾身の作品であった。「新しい国際秩序への胎動がひしひしと感ぜられる。国際秩序の規整原理としての国際法も亦、何等かの意味に於て変容を迫られてゐるかに思はれる。過去のヨーロッパ的な勢力を完全に排除し新しい指導原理の下に新たに形成せられようとしてゐる東亜共栄圏内に於ては、この感じは殊に深い」(106)という書き出しで始まるこの論文が、ビルマ・フィリピンの独立と大東亜会議の開催を頂点とする重光外交の展開に促されて執筆されたものであることは明らかである。その序文が、戦中期の日本に特有のアジア主義的口吻を帯びていることは否定できない。田畑自身も、この研究を、近代国際法の転換を迫る新秩序の理念に即応した「東亜共栄圏国際法への道」(107)を闡明するものとして位置づけていたのである。(108)

だが本章の観点から重要なのは、当時の田畑の議論が共栄圏論の内側にあったという事実そのものではない。寧ろ注意すべきことは、田畑に代表されるような問題設定が、共栄圏論の内側から生まれながらもその変質ないしは解体をもたらす契機を内包しており、そのことにより、デ・ファクトに戦後外交論の枠組が戦中期の思想界において準備されていったことである。この過程を、戦中期の田畑の議論に即していま少し考察してみたい。

戦中期の田畑の研究は、先ず国際法秩序の多元的構成の弁証から始まった[109]。周知のように、国際法秩序の統一的構成を最も体系的に主張したのはウィーン学派の国際法学者達であり、そこにおいては、認識論上の科学的仮設としてであれ、超法的な客観的価値としてであれ、国際法的根本規範の存在とそれに基づく妥当性の連関による国際法秩序の統一が想定されていた[110]。これに対して田畑は、国家承認の要件に関する規範と条約遵守の原則(pacta sunt servenda)を分析することで、国際法秩序の統一的構成を否定する。国家の国際法主体性は、普遍的に諸国家に妥当する一般国際法によって与えられたものではなく、国家の相互的な原初的合意ないし基本的契約によって与えられたものであり、それは国内法におけるように一般に通ずる統一的な法主体性たるものではない。その意味で、一般的な規定によってその構成員たる資格を規定し他を排除する閉じた国内法秩序と異なり、国際法秩序は、あらゆる国家が国家たる限り自由に国際法関係を形成し得る、外に対して自由に開かれた、統一的な限界を知らない秩序である[111]。また条約遵守の原則も、それは条約の妥当を現実に制約しているそれぞれの客観的価値の持つ特殊性を捨象したうえで条約遵守という共通面のみを抽象したに過ぎないものであり、それ自体で実在的なものではなく、国際法関係の成立を現実に制約し得るものではない。たとえ、条約は条約であるが故に遵守されねばならないという意識が近代国際法において共通に認められるとしても、それは単に近代国際法の形式的な一般的性格を示すものであり、近代国際法そのものが共通の価値に基づく一つの秩序としての統一を有することを毫も意味するものではないのである[112]。

かくして、国際法秩序の統一的構成は法の現実的基盤を無視した抽象論として却けられ、国際法秩序の多元的構成が採られる。このことの同時代的含意は、言うまでもなく広域秩序の弁証である。田畑は一九四三(昭和一八)年七月に発表した論文「ナチス国際法学の転回とその問題的意義」において、多元的構成を採る当時の代表的論者であったヴァルツ[113]による Zweckvertrag と Gemeinschafts-vertrag の区別に依りながら、たとえ成立形式が同一であっても、それぞれの国家の結びつき如何によって条約は質的な相異を持ち得ることを指摘したうえで、個別的な民族的限定を超えて真に国家の国際法的結合を可能にする客観的な契機を介在させるものとして、広域秩序の意義をこう説いている。「「人種・民族の同類性という――酒井」単なる自然的所与を越えて、ヨリ具体的に、歴史的・政治的な意味的統一体として広域概念が意識せられたということ、そのやうな意味的統一体によつて規定せられたものとして諸民族の結びつきを考へたといふこと、こゝに我々は広域国際法論によつて、国際法秩序の多元性を正当に基礎づける為めの一つの重要な歩みが踏み出されたことを認めうるのではないかと思ふ[114]」。

ここまでの議論は、従来の大東亜国際法論において共有されていた認識と概ね同一である。だが、田畑の広域秩序理解と当時の通説的理解とは、やはり微妙な違いがあったように思われる。広域秩序概念は主導国・広域・圏外諸国家の不干渉という三つの要素から構成されるが、先にも述べたように、通説的理解では、広域概念は主導国概念に従属するものと理解されていた(115)。これに対して田畑の理解では、「広域こそが、広域秩序を成り立たしめる最も基本的な要素」とされている。主導国の指導は、単に無前提に行われるものではなく、「広域内の諸民族の結合を前提し、その結合の理念を真に自覚的に体現するもの」としてなされるものであるし、また、圏外諸国家の不干渉も、そうした「広域内の特殊の結合」の故に理由づけられるからである(116)。すなわち、自然的所与を越えた意味的統一体である広域概念は、民族相互の規範的意識の合致をもたらす客観的価値を定礎するものであり、主導国もまたこの理念の拘束を受けるわけである。

両者の差異は一見些細なものに思えるが、同時代的文脈を考慮に置いたときその違いはより鮮明になる。広域秩序概念をめぐる理解の相違の背景には、重光外交ないし大東亜共同宣言の評価をめぐる対立がある。外務省内における大東亜共同宣言の立案は、重光の指示によって一九四三(昭和一八)年八月に省内に設置された戦争目的研究会によって開始されたが、立案に際しての最大の問題は、従来の共栄圏論が自明の前提としてきた主導国概念と、脱植民地化争点の浮上とともに問題化してきた圏内諸国の独立尊重と平等互恵の理念との矛盾であった。戦争目的研究会は、このような矛盾を、圏内各国間の「協力」ないし「共同」という日本の指導の余地を残す含意のある用語を使うことで糊塗しようとしたが、重光はこれには批判的であり、宣言の主要部分で、これらの用語の使用を避けるように指示を与えた。重光は、大東亜共同宣言は日本の戦後経営の根本原則を示すものであり、当面の戦争遂行に資するよりも、大西洋憲章にも優る「客観的に公正妥当なる原則」を提示することが必要と考えたのである。しかしながら、こうして作成された外務省案に大東亜省・海軍は否定的であり、大東亜省・海軍は平等互恵の原則は戦争遂行の妨げになるとして、寧ろ主導国概念の維持に固執した。このため実際に採択された大東亜共同宣言は、外務省案に沿った本文と、大東亜省・海軍の意向を反映して英米の侵略主義批判と日本の道義に基づく新秩序の建設を謳った前文とが、並列される結果になったのである(117)。

このように考えてみると、共栄圏内における国家平等の再評価を促した田畑の議論が、圏内各国の独立尊重と平等互恵を主張する重光外交のための援護射撃であったことが明らかになろう。田畑においては広域概念は放棄されているわけではないが、それは民族相互の規範的意識の合致をもたらす客観的価値を定礎するものとして主導国概念の上にあり、主導国を拘束するものとして捉えられている。これはまさに、普遍的理念を謳った地域機構の創設や地域憲章の採択により主導国概念の抑制を図ろうとした重光外交の法的対応物である。また戦中期の田畑は、先に触れたような新カント派批判を受けて、国家が国家であるがために平等であるという形式的国家平等観念を、その抽象的性格故に排斥している。共栄圏内においてこそこうした形式的平等と区別された実質的な国家平等が実現するという議論(118)も、戦中期の日本に特徴的なゲマインシャフト的思惟の響きを未だに残している。だが形式的国家平等観念に対する批判の根拠が、国家の自然的自由の放任の結果として生ずる大国支配に求められ、これに代わり、国際秩序の構成員が等しく新秩序の理念的制約に服すべきことが説かれるの(119)を聴くとき、そこにはささやかながらも、大国の支配装置としての地域主義的秩序への田畑の批判が見いだせるのではあるまいか。こうした思いは、終戦が近づくにつれて、田畑の胸中で日増しに強くなっていったのではあるまいか。試みにこれを、大東亜省・海軍のブレーンであった矢部貞治の次のような議論と比べてみよ。その違いは自ずから明らかであろう。

「大東亜の構成及び運営の基本原理としては、第一に凡てが大東亜戦争完遂を目標とすべきことが挙げられねばならぬ。観念的に言へば、例へば諸邦諸民族が自主独立の基礎の上に、平和と福祉と発展を最大限に享受し得る如き状態に到達することが理想であるといふ如く言ふことも出来るのであるが、しかしかかる究極の理想を表現するかを問はず、先づ第一の先決問題は、これら諸邦諸民族が、米英蘭の植民地乃至半植民地たる状態より解放せられることである。而してそれがためには、大東亜戦争に勝ち抜くことが不可欠であり、即ち大東亜戦争の主動《ママ》的遂行者たる日本の戦力増強に、凡ての事が集結せられることを絶対に必要とするのである。……かくして大東亜戦争の完遂が万事の前提であり、大東亜諸邦諸民族の解放は日本の勝利と不可分であることを認識するならば、先づ凡ての第一義が日本の戦力を増強し、日本の戦争遂行に全力を捧げることにあるべきが当然であつて、例へば政治の独立とか主権の尊重とか等を公式的に絶対化して固執することは許されないのである」(120)。

田畑と矢部の相違は、太平洋戦争末期の日本において地域主義的国際政治論に生じつつあった亀裂の深さを物語っている。近代批判とゲマインシャフト的構成を即自的に重ねあわせる大東亜共栄圏論は、脱植民地化争点の浮上に伴うアジア・ナショナリズムの再評価を前に、今や分解し始めたのである。ここから従来の共栄圏論において否定されてきた民族自決原理の再評価までの距離は、もはやそれほど遠くはない。自然権的思惟の復権も、やがて日程に上ってくるだろう。こうした田畑の足跡は孤立したものではなく、田畑と同世代の多くの知識人にも共通するものであった。彼らの多くが、大正デモクラシーの崩壊期に新カント派批判を一旦は受容し、それゆえ戦中期の時局としばしば微妙な交渉を持ちつつも、しかしそこから「戦後的世界」へ下からのナショナリズム論を媒介に抜け出てくることが、昭和一九年から昭和二〇年にかけての日本の思想状況だったのである。この意味で、戦中期はまた、戦後の市民社会論の原蓄期でもあった。

一九四四(昭和一九)年七月に応召され、出発の日の朝まで「遺書」のつもりで書き綴られたという丸山眞男の「国民主義理論の形成」(後に「国民主義の『前期的』形成」と改題)は、こうした同時代的刻印を深く残した作品である。幕末の対外危機が狭義国防論としての海防論から広義国防論としての富国強兵論をもたらし、それがやがて諸侯的尊攘論から書生的尊攘論へと国民主義の担い手を下降化させていく過程を描いたこの作品は、まさに総動員体制下で生じた上からのナショナリズムから、下からのナショナリズムへの移行が、戦中期のゲマインシャフト的原理を解体させ自然権的思惟の復権を準備していくその過程に位置づけることができる。戦中期の「荊棘の道」を経て眼前に開けてきた世界とは、まさにこのような世界に他ならなかった。戦後外交論もまた、この知的前提の下でやがて全面的に開花していくのである。

三　「戦後」の文脈——主権概念の内側で

終戦を迎えて日本の知識人が先ず取り組んだのは、戦後憲法体制の設計であった。既にいくつかの先行研究が指摘するように[123]、この過程で展開された議論は、戦中期の政治・経済論の延長という側面があった。例えば、和辻哲郎・安倍能成などによって主張された文化国家論は、戦中期の国民協同体論を継承しながら、戦後の象徴天皇制を正当化しようとしたものであった。また、当時の左翼知識人によって広く共有されていた認識とは、戦時統制経済の経験こそが戦後の経済再建の礎になるという判断であった。片山哲内閣の傾斜生産方式を始めとする経済再建計画が、このような判断の延長線上にあることは言うまでもない。この意味で、終戦直後の知的状況は、戦中期の国民協同体論において緊張を孕みながらも共存していた二つの立場が、戦後の社会変動のなかで次第に保守自由主義と社会主義とに分化・対立しつつあった状態と見ることができよう。制憲時の争点は、天皇制をめぐる問題と社会経済問題とに集約されるが、このことは当時の知識人の関心の忠実な反映でもあった。

それでは制憲時においては、どのような国際政治論が展開されていたのだろうか。当時の論壇では占領下の事情も反映してか、国際政治ないし平和主義を正面から扱った論説は意外なまでに少ないが、その例外的存在が横田喜三郎であった。横田は、新憲法の戦争放棄の規定を第一次大戦後の戦争違法化の流れを引くものとして捉え、従来から主張してきた集団安全保障論の枠組でこれを正当化した。すなわち新憲法の平和主義は、横田の言う「国際法の革命」によって、ひとまずは弁証されたのである。[124] こうして終戦は、戦中期においては、満州事変後の日本の対外政策に対する批判故に絶対的少数者の地位にとどまることを余儀なくされた、横田の地位の復権をもたらした。横田は、世界主権の確立が平和と秩序の根本的基礎であると言うのはあまりに法律的な世界観に立つもので、より根本的な政治的・経済的地盤を閑却するものであるという批判に対して、戦争の原因となり得る政治的不公正や経済的不平等の除去・調節のためにも、単に法律上の権能としてではなく実際に諸国家に命令し強制する実力としての世界主権の確立が不可欠である、と述べている。[125] 横田によって援用された国際政治論は、エメリー・リーヴス『平和の解剖』のような理想主義的世界政府論であり、[126] 終戦直後の日本では取り敢えず、このような意味での理想主義的国際政治論が正統的地位にあるものとされていた、と言うことができよう。

しかしながら、このような横田の国際政治論は、終戦直後においては直接的には表明されなかったものの、少なからぬ違和感を同時代の知識人に与えたように思われる。実際、国際政治論における戦前と戦後を媒介したのは横田と別の系譜を引く言説であった。このことは、横田の規範主義的国際法学に批判的な立場をとっていた田畑茂二郎の終戦直後の議論を見るとき明らかになる。一九四六(昭和二一)年に出版された田畑の『国家平等観念の転換』[127] は、戦中期の鬱屈した精神状況の下で執筆された国際法学史の古典的名著であるが、それは同時に、戦後日本の知識人が抱いていた国際社会像の原型を考えるうえでも、極めて示唆的な作品である。「八月十五日戦争終結の大詔が発せられたのは、この書の初校が漸く一通り出揃つた時であつた。連合国軍本土進駐といふあはたゞしい事態を前にして、果たしてこの書を出すことが可能であるか、又適当であるかについて迷はざるを得なかつたが、もともとこの書に論じた所は客観状勢の推移如何によつて直ちに改変せらるべき性質のものではないので、書肆のすゝめるまゝに、若干の字句を訂正の上、兎に角印刷を急ぐことにした」[128]と後書きに述べられているように、同書の内容は太平洋戦争に関する時事的コメントを削除した以外は、基本的には戦中期の議論を継承したものである。田畑はどのような論理で、戦前と戦後の国際秩序論を媒介したのであろうか。

田畑は近代国際法における国家平等観念の形成過程を辿りつつ、先ず近代国際法の諸原則がグロティウスにより定礎されたという通念に疑問を呈する。グロティウスの普遍主義は、人間の社会的志向性を生得のものとしてア・プリオリに措定したアリストテレス＝スコラ的な人間観に基づいており、またその自然法論は、人間・神の合目的的判断を超えてそれ自体において客観的に妥当する超越的規範であり、中世的残滓をとどめたものに過ぎない[129]。こうした田畑の「前近代的」グロティウス像の造形が、第一次大戦後の普遍主義的国際法学におけるグロティウス復興への批判を内包している点に、先ず注意する必要がある。

グロティウスに代わり近代国際法概念を産み出したものとして田畑が重視するのが、プーフェンドルフである。プーフェンドルフにおいて初めて、自然状態における人間の平等の観念を国際社会に類推適用した国家平等観念は成立した。その意味でプーフェンドルフにおいては、ホッブズと同様に、中世的普遍社会の解体を受けて国家の擬人化による国際社会の原子論的構成が取られている[130]。だがプーフェンドルフの自然状態論は、ホッブズのような自己保存の衝動に駆られた個人が互いに繰り広げる戦闘状態ではない。プーフェンドルフにおける人間の自然的平等の承認は、何人も他者を傷つけざること、といった規範的内容を含むものであり、ホッブズ的な力の平等観に基づくものではないからである[131]。

それ故プーフェンドルフの国家平等観は、人間の自然的自由の承認と自然法上の義務との双方を含むものになるが、この両者は必ずしも一致するとは限らない。実際、近代国際法の歴史は、啓蒙期の個人理性へのオプティミズムによって統一されていたこの調和が崩壊し、国際法の実定法化とともに、専ら国家の自由・独立のみを意味する形式的国家平等観念へと国家平等観念が収束していく過程であった[132]。田畑はその原因の一つを、啓蒙期の自然法論が、非歴史的・非社会的な、いわば「国家一般」といった抽象的国際社会を設定したために、現実の国際社会の動態を捉える枠組を提供できなかった点に求めている[133]。ここには、規範の社会性・歴史性を重視する戦前からの田畑の思考方法がよく表れている。

だが田畑は、自然権に基づく国家平等観念をすべて却けていたのではない。寧ろそれとは逆に、戦後の田畑の議論の特色は、このようなプーフェンドルフ論の延長線上に自然権的思惟を復権させていく点に存するのである。上述の『国家平等観念の転換』の出版後、田畑は更に研究範囲を拡大し、第一次大戦後の普遍主義的国際法学によって、個別主権の絶対性を打ち出した原子論的国際法の開祖として批判にさらされていた[134]ヴァッテルの再評価を提唱した。ヴァッテルを個別国家に対する上位規範を一切認めない絶対主権説の代表と見做すのは、ヘーゲル以後のドイツ国法学のイメージをヴァッテルに投影したものに過ぎず、ヴァッテルにおいて主権概念は進歩的意味を持っている。ヴァッテルは人民主権に基づく国民国家の形成を妨げる絶対主義国の干渉を排除するため、ことさらに対外的独立を主張したのであり、単に主権概念を自己目的として主張したのではない。ヴァッテルにおいて主権の行使は、他国の完全な権利を害さない限度において認められており、濫用は戒められている。主権の担い手の性格により、大国の支配に対する抗概念として、主権概念は今日においても進歩的役割を果たし得るのである。[135]

田畑の議論は学問的禁欲に貫かれたものであるが、そうであるが故にそれは、戦後知識人の国際政治論をその思惟様式から捉える際に極めて興味深い視座を提供する。ここには先ず、国際社会の現実を無視した抽象的規範の設定に対する批判に裏付けられた、普遍主義的国際政治論に対する強い懐疑がある。こうした懐疑は、主権概念批判を展開した普遍主義への反論として、主権概念の有効性を再評価する言説として表出される。その限りにおいて、この議論は戦間期の普遍主義批判を継承しており、リアリズム国際政治論と重複する内容と知的系譜を持っていると言える。[136]

だが第二に、このような主権概念の復権は、主権の担い手論を媒介項として、市民社会論的関心に接合されている。ヴァッテルの復権と言っても、これを無差別戦争概念の定礎者として位置づけるか、人民主権論に基づく国際法論者として位置づけるかは、むろん大きな違いがある。先に述べたように、『国家平等観念の転換』における田畑のプーフェンドルフ論では、人間の自然的平等を国際社会に類推適用したプーフェンドルフの画期性が指摘されながらも、同時に啓蒙期自然法の抽象性とオプティミズムへの強い批判が展開される構成が取られていた。ヴァッテル論においても、このような視点は完全に却けられているわけではないが[137]、そこでの力点は、啓蒙期自然法と市民社会論との内的連関の指摘へと移行し、ヴァッテルにおいて、「啓蒙期自然法思想の深い影響の下に、人間の自然的自由の観念が前提され、それとのアナロギーにおいて国家の自由・独立が語られている」〔傍点原文〕ことが、肯定的に論じられている[138]。かくして田畑は、「国家の独立への欲求は国内構造と全く無関係にもち出されるものではなく、民衆の政治意識の成長に正比例するということ、近代的な国際社会の成立した以後において、国家の政治的独立が最も強く主張せられたのは、市民階級の政治的成長――人民主権の思想の展開に伴い国民国家の成立しつゝあった時期に相当していた[139]」ことを結論づけるのである。戦後の民主化関心が国際政治論における主権概念の復権を伴ったことが、ここから明らかになろう。

最後に、大国の支配に対する抗概念としての主権概念は、脱植民地化を主張するアジア・アフリカ諸国との連帯に親和的な概念装置である。共栄圏の名の下に原子論的国際政治論が批判される戦中期に、国家平等観念の再評価を促す問題設定自体が、たとえ萌芽的なものであったにせよ、大国の支配装置としての地域主義に対する批判を内包していたことは、既に述べた通りである。戦後の田畑は、しばしばE・H・カーの『平和の条件』を取り上げながら、カーの民族自決主義批判に対する再批判を試みているが、[140] 明示されてはいないものの、そこでは戦中期の日本におけるカーの読まれ方が念頭に置かれていると見ることができよう。カーの脱植民地化争点への反応の鈍さを批判する議論は戦中期にも存在したが、[141] 戦後のアジア・アフリカ諸国における民族自決主義の興隆は、あらためて小国の自立性に対する再評価を促したのである。この意味で、マルクス主義的関心に基づく帝国主義批判ともこの概念装置は接合する点を持っていたことを、忘れてはならないであろう。主権概念が本来的に持つ抗議的性格の現段階における意義を論じた箇所で、ソヴィエト国際法学の大御所であったコローヴィンの議論が援用されていることは、[142] それを如実に物語っている。そもそも、戦間期のソヴィエト国際法学において提唱された過渡期国際法論は、当時の西欧諸国の国際法学界の大勢に反して、主権概念の再興を図るものであった。[143]

横田喜三郎が終戦直後の論壇における平和論を独占していた頃に、多くの知識人の心のなかで生まれつつあったのは、このような国際政治論であった。冷戦の本格化は、こうした潜在的な対立関係を顕在化させた。横田は早くから、米ソ対立の下で中ソとの良好な関係の確立は不可能との立場を鮮明に打ち出し、全面講和論を批判した。[144] しかも横田は朝鮮戦争が始まると、従来からの主張である集団安全保障論に依拠して、北朝鮮に対する国際連合の制裁への確固たる支持と、全面講和論の中立主義への痛烈な批判を展開したのである。[145] 横田は決して、無条件に時局に追随したわけではない。例えば横田は、この時点では、講和後の日本の再軍備については極めて批判的であった。横田は、講和後の日本の安全保障を検討する吉田茂首相の私的諮問機関の一員であったが、この会合で横田は、「日本が軍隊をもつことに疑惑をもつ諸国がある。軍隊をもてば、これを強くしたがる。軍国主義が再現しよう。日本は、軍隊をもたずにゆくべきだ」と述べたうえで、「今日の再軍備賛成者にはそういう分子が多い」と断言したため、他の参加者から反発を受けている(146)。またウィルソン主義の影響を受けた世界政府論者が、冷戦の本格化を機に反共十字軍化していくことも、横田に限らず、当時の英米圏の平和論者において広範に見られた現象である(147)。この意味で横田の態度は、横田自身の論理に従えば、戦前・戦中・戦後を通して一貫性を持つものであった。

だがそうであるが故に、横田の態度は、戦後の多くの知識人に受け入れられるものではなかった。かくして冷戦の本格化を契機に、平和論のイニシャティヴは、横田から横田の批判者へと移行する。こうした事態を象徴するかのように、一九四九(昭和二四)年六月号の『世界』には、田畑茂二郎の「東京裁判の法理」が掲げられている。全面講和論の中心母体となった平和問題談話会は、異なった世代を含む広範な知識人の結集した組織であるから、安易な一般化は慎まねばならないが、その中核を担ったメンバーには、暗黙のうちに横田と横田に代表される集団安全保障論への懐疑が、渦を巻いていたのではあるまいか。

一九五〇(昭和二五)年一二月に発表された有名な平和問題談話会の声明「三たび平和について」も、このような知的背景を抜きに、その含意を理解することは難しいように思われる。社会学者清水幾太郎の筆になる前文に始まり、政治学者丸山眞男、憲法学者鵜飼信成、経済学者都留重人によって本文が分担執筆された(148)この声明は、実は執筆者の専門と関心を反映してそれぞれの執筆部分で力点の置き方に微妙な差異があり、その詳細な検討については別の機会に譲らざるを得ない。

ただここで一つだけ注意しておきたいのは、この声明中最も有名な丸山眞男執筆部分は、文脈的には先に述べた横田喜三郎の集団安全保障論への批判を含んでいる、ということである。丸山の議論を貫く危機感は、国連の地域的軍事紛争への介入が、やがて大国に対する制裁へと発展し、第三次大戦を招来するのではないか、という懸念である。(149) 多数決原理の機械的適用による拒否権の制限論に対する丸山の拒絶的な態度も、(150)「平和のための結集決議」のような総会主導型の反共十字軍として国連が機能することへの憂慮を背景に持っている。すなわち丸山はこの声明のなかで、実は、集団安全保障と正戦の結びつきの根本的問題性を語っていたのである。(151) こうして冷戦の本格化は、普遍主義批判と市民社会論と反帝国主義論の三者を、下からのナショナリズムによって支えられた主権概念によって統合する、戦後外交論を形づくったのである。それは、ウィルソン主義の破綻した一九三〇年代に青春を迎えた世代の、複雑な心情から生まれた「理想主義」的平和論であった。

おわりに

平和問題談話会が全面講和のための論陣を張っている頃、歴史家岡義武は「近代日本政治とナショナリズム」(152) と題する論説を発表し、戦後のナショナリズムを戦前のそれと対比しながら、次のように論じた。明治維新を起点とする日本政治の近代化は、民族的独立の確保という明確な目的意識の下に進められたが、それは、人民主権論と結合したナショナリズムをナショナリズムの正常形態であると規定したハンス・コーンの観点からすれば、未だ「前期的段階」にとどまるものであった。これに対して、戦後のナショナリズムの代表的な表現は二つある。その一つは、天皇への「憧れ」の形において最もよく象徴される、過去のナショナリズムの亡霊である。だが、日本ナショナリズムが万一このような方向に将来発展するならば、それは再びファシズムへの道を用意するものに他ならない。戦後ナショナリズムのもう一つの表現は、「コミュニズムとは異なる別個の立場において主張されてゐる全面講和論」である。「この主張は、対立する陣営に分裂した世界において国際的依存の途によらずして国際平和の維持に寄与し、さうすることの中に日本民族として生きる途を求めようとし、そのやうな形において民族主体性を保たうとするものである。……全面講和論が若しも有産者階級の立場からではなく大衆の政治的・経済的・社会的解放を要求する立場と結合して主張される場合においては、それは、国際平和と諧調を保ちつつ大衆にその基礎を求めて行く点において、日本ナショナリズムの新らしい表現形態といふことができる。そして、それが、もし世界政治の現実との連関において実現され得なくなつたとしても猶、新しい日本のための『地の塩』としての意義を荷ふものであらう」。

岡が指摘するように、全面講和論は、下からのナショナリズムによって支えられた市民社会論的国際政治論の誕生をもたらした。だが、この市民社会論的国際政治論は、歴史的真空から忽然とその姿を現したのではなかった。それは、一旦戦前からの新カント派批判をくぐったうえで、再度「市民社会」を定義づけたのである。そのことの意味は、決して軽く見るべきではないだろう。それは、戦後の市民社会論的国際政治論が、本来的には規範と権力的現実との厳しい緊張関係によって支えられていたものであったことを意味しているからである。[153] ケルゼニズムに好意的な鵜飼信成や、当時は有澤廣巳等労農派マルクス主義者に近い位置にあった都留重人[154]を抱えた「三たび平和について」の執筆者の構成自体が、そして何よりも、一九三〇年代政治思想史における新カント派批判の意義を熟知しつつも、それとの緊張関係のもとに再びカント的問題設定に立ち返っていた丸山眞男の戦中から戦後にかけての軌跡自体が、ケルゼン—シュミット—マルクスで構成されるトリアーデのなかで規範と現実の関連を考える、戦間期のリアリズム国際政治論の問題圏の射程を如実に物語っている。戦後初期の日本政治学がドイツ公法学から継承した遺産は、逆説的にも、このようにリアリズム国際政治論と市民社会論的国際政治論とを媒介したのであった。こうして、戦後外交論における理想主義と現実主義は、ひとまずは全面講和論において統合されたのである。

　しかるに、講和論争以後の国内冷戦の深刻化は、こうした統合に容赦なく楔を打ち込んだ。講和論争以後の言説状況は、初期の戦後外交論において統合されていた諸要素が、国内冷戦の深刻化と国際政治学のディシプリンの確立とが共振することで、様々な形で分化・再編されていった過程と見ることができよう。とはいえ、そのことは戦後外交論の生成点を振り返ることの意味を無化するものではないだろう。ネイションの反省的意識のあり方を問うこと。政治史学の古典的課題とはそういうものであった、と考えるからである。

（1）本章に関連する拙稿には、「戦後外交論における理想主義と現実主義」（『国際問題』第四三二号、一九九六年三月）、「国際関係論の成立と国際法学――日本近代史研究からの一考察」（『世界法学会・世界法年報』第二二号、二〇〇三年）、"Idealism and Realism in the Post-War Foreign Policy Debate in Japan" (Translated by Miki Tanigawa) in B. S. Chimni *et al.*, eds., *Asian Yearbook of International Law*, vol. 9, 2000 (Leiden: Martinus Nijhoff Publishers, 2004)がある。

（2）第一次大戦後の吉野の国際政治論については、拙稿「吉野作造の国際民主主義論」（『吉野作造選集』第六巻・解説、岩波書店、一九九六年）。

（3）吉野作造「帝国主義より国際民主主義へ」（前掲『吉野作造選集』第六巻）三七―四〇頁。

（4）吉野作造「国際聯盟は可能なり」（前掲『吉野作造選集』第六巻）一〇頁。

（5）前掲『吉野作造選集』第六巻、一一―一二頁。

（6）『吉野作造選集』第一巻（岩波書店、一九九五年）二三二―二九〇頁。

（7）吉野作造「平和思想徹底の機正に熟せり」（前掲『吉野作造選集』第六巻）二三〇―二三一頁。

（8）この点については、坂井雄吉「明治憲法と伝統的国家観――立憲主義者の国体観をめぐって」（石井紫郎編『日本近代法史講義』青林書院新社、一九七二年）八九―九〇頁、及び、長尾龍一「美濃部達吉の法哲学」（同『日本法思想史研究』創文社、一九八一年）二一二―二一五頁、を参照。なお、戦後のいわゆる市民社会派知識人達が大正期の自由主義者とは対照的に、しばしば人間存在の根本的問題性と政治理論の相互関係を強調している点（例えば、丸山眞男「人間と政治」、『丸山眞男集』第三巻、岩波書店、一九九五年、二一〇―二一二頁）に、より注意が払われるべきである。この点は、後述する戦後市民社会派におけるリアリズム的思惟の位置と無関係ではない。また、笹倉秀夫『丸山眞男論ノート』（みすず書房、一九八八年）一五九―一六二頁、をも参照。

(9) 松沢弘陽「近代日本と内村鑑三」(『日本の名著38 内村鑑三』中央公論社、一九七一年)五八―六二頁、三谷太一郎「大正デモクラシーとアメリカ」(同『大正デモクラシー論』〔旧版〕、中央公論社、一九七四年)一四六―一四七頁。なお、吉野における原罪的人間観の稀薄さとその問題性については、飯田泰三「吉野作造の哲学と生き方」(『吉野作造選集』第一二巻・解説、岩波書店、一九九五年)三六八頁。

(10) 三谷太一郎「国際環境の変動と日本の知識人」(三谷、前掲『大正デモクラシー論』〔旧版〕)二三二―二三四頁。

(11) 同右、二三四―二三六頁、竹中佳彦『日本政治史の中の知識人(上)』(木鐸社、一九九五年)一二八―一四二頁。なお丸山眞男は、学生時代に匿名で執筆した論説「法学部三教授批判」のなかで、横田喜三郎を、「美濃部博士ないし吉野博士の型の現在に於ける唯一の相続人」と位置づけたうえで、「講義も直截簡明を極め、満州事変と国際連盟の関係を述べるときなど聞いてる方で却ってヒヤヒヤする位だ。……曲学阿世の輩出する当今にめずらしい野武士的なたのもしさを具えた人である」と述べている(『丸山眞男集』第一巻、岩波書店、一九九六年、三九頁)。横田のほか宮沢俊義と我妻栄を論じたこの論説は、単に人物評としてだけではなく、丸山の当時の主要な関心事の一つが、一切の社会事象が政治化する一九三〇年代において存在と当為を峻別した新カント派の認識論に立脚した純粋法学はいかなる世界観的基礎によって支え得るのか、またそのことは自由主義の哲学的基礎づけにとってどのような意味を持つのか、という問いにあったことを知るうえでも興味深いものである。

(12) 『岡義武著作集』第六巻(岩波書店、一九九三年)八七頁。ただし、引用文中に句読点を補った。

(13) なお、同右所収の坂井雄吉「解説」は、この点を明快に指摘している(同右、三一〇―三一一頁)。

(14) 同右、八九頁。

(15) 安井郁「国際法優位理論の現代的意義――フェアドロス学説の研究」(『国際法外交雑誌』第三〇巻第七号、第九号、一九三一年、安井郁『国際法学と弁証法』法政大学出版局、一九七〇年、所収)。
(16) 安井、前掲『国際法学と弁証法』一五一頁。
(17) 同右、一五二頁。
(18) 田畑茂二郎「国際裁判に於ける政治的紛争の除外について――その現実的意味の考察」(『法学論叢』第三三巻第五号、一九三五年)。
(19) 一般に国際裁判に関する条約においては、裁判は法律的紛争にのみ限定され、それ以外の紛争は裁判に付託し得ないものとされている。こうした紛争は、裁判可能とされる紛争が条約上の用語に従って法律的紛争と呼ばれるのに呼応して、通常「政治的紛争」と呼ばれている。従って、国際裁判における政治的紛争の除外という現象は、国際社会の現実において法による紛争解決がどの程度まで義務的なものと考えられているかについての指標となりうる(同右、八〇四頁)。
(20) 同右、八〇五頁。
(21) 同右、八二八―八二九頁。
(22) 同右、八三二―八三七頁。
(23) なお、亡命前のモーゲンソーの知的活動については、つい最近まで殆ど触れられることはなく、モーゲンソーの国際政治論の研究として最も包括的なものであった、Greg Russell, *Hans J. Morgenthau and the Ethics of American Statecraft* (LA: Louisiana State University Press, 1990)も、この点については何らの記述も与えていない。管見の限りでは、僅かに、Russell Anthony Hamilton, "An Inquiry into the Political Thought of Hans J. Morgenthau" (Ph.D. dissertation, University of Virginia, 1991), pp. 61-74, 80-92; Alfons Söllner, "German Conservatism in America: Morgenthau's Political Realism," in *Telos*, No. 72, Summer 1987, pp.

161-162が、初期の著作についてごく簡単な（前者については些か問題のある）叙述を行っているのが、目につく程度であった。こうした研究状況を打開したのが、フライによる伝記的研究である。Christoph Frei, *Hans J. Morgenthau, Eine intellektuelle Biographie*, 2. Aufl. (Bern: Haupt, 1994); Christoph Frei, *Hans J. Morgenthau, An Intellectual Biography* (LA: Louisiana State University Press, 2001). フライの研究に触発された研究としては、長尾龍一「国際法から国際政治へ――H・J・モーゲンソーのドイツ的背景」（『日本法学』第六七巻第三号、二〇〇一年）があり、モーゲンソー文書を渉猟した貴重な研究として、宮下豊「モーゲンソーにおける〈政治的なるもの〉の概念の成立（一九二九―一九三三年）」（『六甲台論集　法学政治学篇』第四七巻第二号、二〇〇〇年）がある。多くの亡命知識人がそうであるように、モーゲンソーの政治思想も、亡命前に帰属していたドイツ思想圏でのその位置の検討を抜きにして真の理解は不可能である。本章は、こうした研究の空隙を部分的に補完するものであるが、モーゲンソーの政治思想、とりわけその主著『諸国民間の政治』の形成過程に関する本格的検討については、今後の研究の進展が待たれる。

(24)　Hans J. Morgenthau, *Die internationale Rechtspflege, ihr Wesen und ihre Grenzen* (Leipzig: Robert Noske, 1929). なお、同書については、国際紛争の司法的解決についてモーゲンソーと対照的な立場にあった、ローターパクトによる書評がある。*British Year Book of International Law*, 1931, pp. 229-230.

(25)　Hans J. Morgenthau, *La réalité des normes, en particulier des normes du droit international* (Paris: Librairie Felix Alcan, 1934). なお、同書に対する辛辣な書評として、田畑茂二郎「モルゲントー『規範特に国際法規範の現実性』」（『法学論叢』第三四巻第二号、一九三六年）。

(26)　"Der Kampf der deutschen Staatslehre um die Wirklichkeit des Staates" (Hans J. Morgenthau Papers, Box 110, Library of Congress). この講演では、シュミットの国際関係における国家の現実性の把握の試みが高く評価され、自著への影響関係が指摘される（*Die internationale Rechtspflege*, S. 59ff., insb. S. 69）半面、シ

ユミットの体系性の欠如が批判されている。

(27)　なお、こうした動的規範創設による「緊迫関係」の解消の可能性については、ebenda, S. 148-152 を参照。

(28)　Hans J. Morgenthau, *Politics Among Nations* (N.Y.: Alfred A. Knopf, 1948). なお、一九六〇年刊の同書第三版の翻訳として、H・J・モーゲンソー［伊藤皓文・浦野起央訳］『国際政治学——力と平和のための闘争』(アサヒ社、一九六三年)、一九七二年刊の改訂第五版の翻訳として、モーゲンソー［現代平和研究会訳］『国際政治——権力と平和』(福村出版、一九九八年)がある。

(29)　「彼の実例を通じて権力に対して真理をどのように語るかを教えてくれたハンス・ケルゼンへ」という献辞が、冒頭に掲げられている。Hans J. Morgenthau, *Truth and Power* (N.Y.: Praeger Publishers, 1970). なお、ケルゼンからの影響については、*La réalité des normes*, pp. 1-9. また、ルドルフ・アラダール・メタル［井口大介・原秀男訳］『ハンス・ケルゼン』(成文堂、一九七一年)一〇六頁、をも参照。

(30)　なお、John G. Gunnell, *The Descent of Political Theory: The Genealogy of an American Vocation* (Chicago: The University of Chicago Press, 1993), p. 168. 同書は、国際政治学について触れるところは少ないが、ワイマール期の知的文脈が亡命知識人を介してアメリカ政治学に移植される過程について丹念な分析を行っており、リアリズム国際政治学の成立過程を考えるうえで有益な文献である。

(31)　カーは『歴史とは何か』において、戦間期のイギリスにおける最高の歴史家としてルイス・ネーミアを取り上げながら、「第一次世界大戦および空しかった平和がリベラリズムの破産を明らかにした後は、反動は二つの形態のうちの一つ——社会主義か保守主義か——として現われるほかなかったのです」(E・H・カー［清水幾太郎訳］『歴史とは何か』岩波新書、一九六二年、五二頁)と述べている。

(32)　E・H・カー［井上茂訳］『危機の二十年』(岩波書店、一九五二年)二七九—二八二頁。

(33)　こうした認識が最も端的に語られている例としては、E. H. Carr, *Conditions of Peace* (N.Y.: Macmillan,

1943)の序章を参照。なお、一九四二年に出版された同書の初版は参照できなかったので、以下の引用はすべてこのアメリカ合衆国で出版された一九四三年版による。同書の第四版の翻訳として、エドワード・ハレット・カー[高橋甫訳]『平和の条件——安全保障問題の理論と実際』(建民社、一九五四年)がある。カーの総力戦観については、三谷太一郎「戦時体制と戦後体制」(『岩波講座・近代日本と植民地』第八巻、岩波書店、一九九三年)三一五—三一八頁。

(34) Carr, *op. cit.*, chap. 10. こうした国民国家の時代の終焉という議論は、戦後のE. H. Carr, *Nationalism and After* (London: Macmillan, 1945)で、より全面的に展開されている。この著作の翻訳としては、E・H・カー[大窪愿二訳]『ナショナリズムの発展』(みすず書房、一九五二年、新版・二〇〇六年)がある。

(35) このことは、冷戦期に形を整えたリアリズム国際政治論がアナーキー的構成へと集約されていったことそれ自体を否定するものではない。しかしながら、後註(68)で触れるように、冷戦初期のモーゲンソーの議論がいわゆる権力政治的側面に傾斜していった一つの理由は、やはり、リアリスト達が冷戦を一種の宗教戦争として捉えたために、国際政治の世俗的側面が強調されざるを得なかったことにあるように思われる。そもそもリアリズム的思惟とは、「何かに抗して物を考える」(think *against*)ことであり(Raymond Aron, *Peace and War: A Theory of International Relations*, trans. by Richard Howard and Annette Baker Fox, Fla.: Robert E. Krieger Publishing Company, 1966, p. 596. ただし、アロンの述べている文脈と本章のそれとは必ずしも同一ではない)、その意味でリアリズム国際政治論は、「対抗言説」としての性格を持つことを忘れてはならないであろう。従って、一口にアナーキー的構成と言っても、何との対抗関係に身を置くかによって、その含意は少なくとも思想史的に見たとき、かなりの違いを持ち得ることを知るべきである。本章の観点から重要なのは、リアリズム国際政治論の核心を非歴史的なアナーキー仮定に等置することではなく、寧ろリアリズム国際政治論に内在する歴史意識を読み取ることである。

（36）安井郁「マルクス主義国際法学の序論――コローヴィンの『過渡期国際法論』の検討」（『法学協会雑誌』第五一巻第四号、一九三三年）、同「ソヴィエト国際法理論の展開――パシュカーニスの『ソヴィエト国際法概論』の検討」（『法学協会雑誌』第五五巻第九号、一九三七年）、同『欧州広域国際法の基礎理念』（有斐閣、一九四二年）。なお、戦間期思想史の文脈では、マルクスとシュミットは相互互換的に読まれ得るテキストであり、両者に対する強烈な関心が同一人格のなかに共存している例は少なくない。例えば、初期のオットー・キルヒハイマーについて、Gunnell, *op. cit.*, pp. 170-171 の指摘するところを参照。

（37）例えば、一九三六年に発表された学生時代の丸山眞男の論文「政治学における国家の概念」では、市民的国家観の抽象性・形式性が新カント派的な存在と当為の峻厳な二元論によって頂点に達し、今やその限界が、「混乱と動揺の末期社会に於て最も有力に相争う」保守理論と革命理論の挑戦によって露呈されていることが、強調されている。丸山自身によって、「どういう考え方をいわば『所与』として、私が研究者生活に入ったかを示す」ものとされたこの論文は、近代市民社会の限界を、ファシズム的な「今日の全体主義」と区別された「弁証法的な全体主義」によって克服するという、当時の典型的な左翼からの新カント派批判に重なる視点を持つものであった（前掲『丸山眞男集』第一巻、二三―二四頁、三一―三二頁）。

（38）Hans J. Morgenthau, *La notion du "politique" et la théorie des différends internationaux* (Paris: Recueil Sirey, 1933).

（39）田畑、前掲「国際裁判に於ける政治的紛争の除外について」一一四―一一六頁、一一八―一二二頁。Morgenthau, *Die internationale Rechtspflege*, S. 72-84; Morgenthau, *La notion du "politique,"* pp. 65-85.

（40）田畑茂二郎『国際社会の新しい流れの中で――一国際法学徒の軌跡』（東信堂、一九八八年）二三頁。

（41）安井、前掲『欧州広域国際法の基礎理念』一一〇頁、一一四―一一五頁。安井郁「国際法学における実証主義と機能主義――モーゲンソーの国際法学方法論の検討」（『法学協会雑誌』第六一巻第二号、第五号、一九

四三年、安井、前掲『国際法学と弁証法』所収）。
(42) Hans J. Morgenthau, "Positivism, Functionalism and International Law," in *American Journal of International Law*, vol. 34, 1940, pp. 273-274. ルウェリン、パウンド等の業績が、特に言及されている。
(43) 安井、前掲『国際法学と弁証法』一四三頁。
(44) 波多野澄雄『太平洋戦争とアジア外交』（東京大学出版会、一九九六年）一頁。なお、丸山眞男「海賊版漫筆」（『丸山眞男集』第一二巻、一九九六年）六七—七四頁、田畑、前掲『国際社会の新しい流れの中で——一国際法学徒の軌跡』六〇—六一頁。
(45) 矢部貞治『矢部貞治日記　銀杏の巻』（読売新聞社、一九七四年）五八三頁。
(46) 同右、五八三頁。
(47) Carr, *Conditions of Peace*, pp. 8-20.
(48) 矢部貞治『新秩序の研究』（弘文堂、一九四五年）一一五頁。
(49) 同右、一一二—一一五頁。なお丸山眞男によれば、読みようによっては枢軸国側への「利敵行為」になりかねない『平和の条件』のこのような側面を、カーの論敵でもあったアイザィア・バーリンは丸山との雑談の際に、あからさまではないにせよ非難の口調で語ったという（前掲『丸山眞男集』第一二巻、六八頁）。
(50) カー、前掲『危機の二十年』七八頁。
(51) 同右、vi頁。
(52) P・F・ドラッカー［岩根忠訳］『経済人の終わり』（東洋経済新報社、一九六三年）第七章。なお、『経済人の終わり』において、「全体主義の国で本当に深遠な思想をもつただ一人のドイツ哲学者」としてエルンスト・ユンガーの名前が挙げられるのは、ドラッカーのナチズム像を示すものとして興味深い（同右、一八四頁）。
(53) Carr, *Conditions of Peace*, pp. 97-98.

(54) *Ibid.*, pp. 262-275.
(55) 矢部、前掲『新秩序の研究』一七〇頁。
(56) Carr, *Conditions of Peace*, pp. 63-69.
(57) *Ibid.*, pp. 40-42.
(58) *Ibid.*, pp. 46-49.
(59) 矢部、前掲『新秩序の研究』三五—三八頁、四三頁。
(60) Carr, *Conditions of Peace*, p. 105.
(61) *Ibid.*, p. 115.
(62) *Ibid.*, pp. 76-77, p. 119.
(63) *Ibid.*, pp. 119-121.
(64) 例えば、矢部、前掲『新秩序の研究』七七—八八頁。
(65) 例えば、大河内一男「統制経済における倫理と論理」(『大河内一男著作集』第四巻、青林書院新社、一九六九年)、大塚久雄「最高度〝自発性〟の発揚——経済倫理としての生産責任について」、「経済倫理の問題的視点——工業力拡充の要請にふれて」(『大塚久雄著作集』第八巻、岩波書店、一九六九年)。戦中期の大河内・大塚の議論については、山之内靖「参加と動員」(同『システム社会の現代的位相』岩波書店、一九九六年)一二六—一四八頁、J. Victor Koschmann, *Revolution and Subjectivity in Postwar Japan* (Chicago: The University of Chicago Press, 1996), pp. 167-170.
(66) Morgenthau, *Die internationale Rechtspflege*, S. 150-152.
(67) Hans J. Morgenthau, "Stresemann als Schöpfer der deutschen Völkerrechtspolitik," in *Die Justiz*, Band V, Heft 3, 1929.

(68) なお、モーゲンソーによるシュミットの『「政治的なるもの」の概念』についての論評としては、Morgenthau, *La notion du "politique,"* pp. 44-61を参照。そこでは、友敵概念が美醜・善悪のような対概念を構成するものではなく、両者の差異は程度の差異に過ぎないこと、また友敵概念の設定は一般的な形ではなされ得ず、特定の価値をめぐる特定の条件においてのみそれを問題にし得ること、等の理由から、友敵概念が「政治的なるもの」の一義的な領域画定をもたらさないことに批判の重点が置かれている。しかしながら『諸国民間の政治』の形成過程を考えるうえでより重要なのは、シュミットの一九三〇年代後半における一連の国際法論、とりわけ一九三八年に出版された『差別戦争概念への転換』がモーゲンソーの国際政治論に与えた影響であろう。モーゲンソーはシュミットのナチスへの加担が明らかになってからは、晩年の回想で初期の作品がシュミットの影響下にあったことを認める(Hans J. Morgenthau, "Fragment of an Intellectual Autobiography: 1904-1932," in Kenneth Thompson and Robert J. Myers eds., *Truth and Tragedy: A Tribute to Hans J. Morgenthau*, N.Y.: Transaction Books, 1984, pp. 15-16)まで、管見の限り唯一の例外を除いてはシュミットに言及していないため、こうした影響関係を厳密に立証することはテキスト上の困難が伴う。しかしながら、モーゲンソーの冷戦批判が一種の正戦論批判の色彩を帯びていることは否定し難く、ワイマール期におけるモーゲンソーの関心からしても、亡命後のモーゲンソーがシュミットの同時代的著作に接していなかったと考える方が、寧ろ不自然な解釈であろう。モーゲンソーによるシュミットの批判的受容を、ほぼ同時期に出版されたモーゲンソーの『諸国民間の政治』とシュミットの『大地のノモス』の形成過程を比較しつつ再検討することが、リアリズム国際政治論の形成史研究における今後の課題となるべきである。因みに、モーゲンソーがシュミットに言及した唯一の例外とは、一九四八年に発表されたカーの『危機の二十年』に対する書評であり、そこでは、アダム・ミュラー、カール・シュミットを引き合いに出しながら、カーの倫理的相対主義がカーの宥和政策への加担をもたらしたことが論難されている(Hans J. Morgenthau, "The Surrender to the Immanence of Power: E. H. Carr,"

in Hans J. Morgenthau, *Dilemmas of Politics*, Chicago: The University of Chicago Press, 1958, p. 357)。カール・レーヴィットによるシュミットの機会原因論批判を想起させるこの『政治的ロマン主義』を踏まえた書評自体、モーゲンソーのシュミットに対する屈折した意識を物語る興味深い史料である。なお、カーの宥和政策に対する態度については、Michael Joseph Smith, *Realist Thought from Weber to Kissinger* (LA: Louisiana State University Press, 1986), pp. 83-87.

(69) 安井郁「若い日本の一つの動向」(「道」刊行会編『道　安井郁 生の軌跡』法政大学出版局、一九八三年、所収)一七頁。

(70) 三谷、前掲『大正デモクラシー論』[旧版]二五二—二五三頁、二五七—二六〇頁。

(71) 安井、前掲『欧州広域国際法の基礎理念』一一一—一一二頁。

(72) 高坂正顕・西谷啓治・高山岩男・鈴木成高『世界史的立場と日本』(中央公論社、一九四三年)四頁。いわゆる京都学派に関する安井の言及としては、安井、前掲『欧州広域国際法の基礎理念』一一一頁、一一六—一一七頁。

(73) 三木清「日支を結ぶ思想」(『三木清全集』第一四巻、岩波書店、一九六七年)一八五頁。

(74) 三木清「新日本の思想原理」(『三木清全集』第一七巻、岩波書店、一九六八年)五一二頁。

(75) 同右、五二六頁。

(76) 高山岩男『世界史の哲学』(岩波書店、一九四二年)四五七—四五八頁、蠟山政道『東亜と世界』(改造社、一九四一年)三—四〇頁、矢部、前掲『新秩序の研究』六—一三頁。なお、廣松渉『〈近代の超克〉論——昭和思想史への一視角』(講談社学術文庫、一九八九年)七三—七九頁。

(77) 前掲『矢部貞治日記　銀杏の巻』昭和一二年一〇月九日条、三七頁。岡義武「国民的独立と国家理性」(前掲『岡義武著作集』第六巻)三〇三—三〇四頁。

(78) 蠟山、前掲『東亜と世界』八四―八九頁、二六二―二六九頁。
(79) 高田保馬「支那の民族問題」(『文藝春秋』一九三九年三月号)三七―三八頁。
(80) 蠟山、前掲『東亜と世界』一六一頁。
(81) 前掲『三木清全集』第一七巻、五一八頁。
(82) 同右、五一〇頁。
(83) 蠟山、前掲『東亜と世界』一九頁。
(84) 同右、一一七頁。
(85) 尾崎秀実「『東亜協同体』の理念とその成立の客観的基礎」(『尾崎秀実著作集』第二巻、勁草書房、一九七七年)、三谷、前掲『大正デモクラシー論』[旧版]二五七―二五八頁。
(86) なお、戦前期日本においては、単一民族的構成よりも多民族的構成を採る言説の方がより侵略的である点を明快に指摘した研究として、小熊英二『単一民族神話の起源――〈日本人〉の自画像の系譜』(新曜社、一九九五年)。
(87) Akira Iriye, *The Origin of the Second World War in Asia and Pacific* (N.Y.: Longman Inc., 1987), p. 55, p. 65.
(88) 前掲『三木清全集』第一七巻、五一七頁。
(89) ナチスの政権掌握後暫くの間、ドイツ国際法学界では国際法の人種的・民族的制約を強調する議論が続出し、甚だしい場合には、国際法に独立の存在を認めず、これを「対外国法」(Außenstaatsrecht)として捉える見解さえも現れた。こうした初期のナチス国際法学に対しては、論者の立場を問わず、日本の国際法学界は概して否定的な態度をとった(例えば、立作太郎「『ナチス』国際法観」、『国際法外交雑誌』第三六巻第一号、一九三七年、安井、前掲『欧州広域国際法の基礎理念』七頁、四二―四三頁)。このような人種的・民族的制約を強調する初期の立場から広域国際法へのナチス国際法学の転換は、初期ナチス国際法学の議論の限界を克服するものとして評価され、東亜国際法の必然性を裏書きするものとして概ね歓迎された。安井、同右、一〇七頁、田畑茂二郎「ナチス国際法学の転回とその問題的意義」(『外交時報』第一〇七巻第一号、一九四三年)一四一一七頁。

(90) 例えば、昭和一七年九月一日付の松下正寿稿「大東亜共栄圏の法的理念」(土井章監修『昭和社会経済史料集成』第一七巻、巌南堂書店、一九九二年)四一―五〇頁。なお執筆者の推定について、米谷匡史氏のご教示を得た。記して感謝の意を表します。

(91) 同右、四二頁。

(92) 例えば、矢部、前掲『新秩序の研究』一八―二〇頁。

(93) 安井、前掲『欧州広域国際法の基礎理念』七七頁。

(94) 矢部、前掲『新秩序の研究』一八頁。

(95) なお、いわゆる京都学派の哲学者においても、地域秩序としての文化的ないし歴史的一体性がアジア世界では自明な前提となし得ないが故に、大東亜共栄圏という特殊的世界の形成原理は未だ「創造」の過程にあるものとされ、共栄圏内の諸民族に民族としての主体性を自覚させる日本の「モラリッシェ・エネルギー」が一方的に強調される、という論理構成が採られている。坂本多加雄『日本は自らの来歴を語りうるか』(筑摩書房、一九九四年)二二三―二二五頁。

(96) 波多野、前掲『太平洋戦争とアジア外交』七―一〇頁。

(97) 同右、二頁。同書は、大東亜省の設置等にも拘らず、太平洋戦争中の外務省の影響力は想像されるほど低いものではなかった点を詳細に解明している。

(98) 一九二〇年代における重光の軌跡については、拙稿「『英米協調』と『日中提携』」(『年報・近代日本研究

11　協調政策の限界』山川出版社、一九八九年)。

(99) 波多野、前掲『太平洋戦争とアジア外交』八三―八四頁、九四―九七頁。

(100) 重光葵「大西洋憲章と太平洋(大東亜)憲章」(伊藤隆ほか編『重光葵手記』中央公論社、一九八六年)三二八―三三〇頁。

(101) 入江昭『日米戦争』(中央公論社、一九七八年)一四九―一五一頁、波多野、前掲『太平洋戦争とアジア外交』二八〇―二八一頁、拙稿「書評・『重光葵手記』」(『年報・近代日本研究9　戦時経済』山川出版社、一九八七年)三二三―三二四頁。また、浅野豊美「日本帝国最後の再編――『アジア諸民族の解放』と台湾・朝鮮統治」(早稲田大学社会科学研究所[アジア太平洋地域部会]研究シリーズ35『戦間期のアジア太平洋地域――国際関係とその展開』早稲田大学社会科学研究所、一九九六年)は、戦中期の重光の対朝鮮・台湾政策について、いくつかの新しい論点を提示している(同右、二五六―二五八頁、二八三―二八六頁)。

(102) 波多野、前掲『太平洋戦争とアジア外交』一三一頁。

(103) 波多野澄雄「重光葵と大東亜共同宣言――戦時外交と戦後構想」(『国際政治　終戦外交と戦後構想』第一〇九号、有斐閣、一九九五年)三九頁。

(104) 外務省記録A7・0・0・9－41－2「大東亜戦争関係一件　中華民国国民政府参戦関係　日華同盟条約関係」(外務省外交史料館所蔵)。

(105) 田畑茂二郎「近代国際法に於ける国家平等の原則について(一)(二)(三)」(『法学論叢』第五〇巻第三号、第四号、第五・六号、一九四四年)。連載はグロティウスを論じた部分までで打ち切られたが、それ以降の時期も含めたこの主題に関する田畑の見解は、後述するように、終戦直後に『国家平等観念の転換』という表題を持つ著書として出版された。なお田畑は、同書の概要を論じたものと思われる著書『国家平等理論の転換』を、一九四四(昭和一九)年八月に日本外政協会調査局調書として出版し、この調書は関係者向けに少部数印刷配布された。この調書については、安井郁による紹介がある（安井郁「紹介・田畑茂二郎『国家平等理論の転換』」、『国際法外交雑誌』第四三巻第一二号、一九四四年）。

(106)『法学論叢』第五〇巻第三号、二六―二七頁。

(107)田畑茂二郎「東亜共栄圏国際法への道」（『外交評論』第二三巻第一二号、一九四三年）。

(108)なお、一九四四（昭和一九）年三月二七日に東亜国際法委員会で行われた田畑茂二郎の報告「所謂『国際法の転換』の意味について」は、こうした観点から大東亜国際法における近代国際法の転換の意味について論じたものであった、と思われる（『国際法外交雑誌』第四三巻第五号、一〇一頁）。戦中期の国際法学会の動向については、竹中佳彦「国際法学者の〝戦後構想〟」（前掲『国際政治』第一〇九号）七一―七四頁、祖川武夫・松田竹男「戦間期における国際法学」（『法律時報』第五〇巻第一三号、臨時増刊『昭和期の法と法学』一九七八年）六三―六六頁、がある。また本章の基礎となっている拙稿「戦後外交論の形成」（北岡伸一・御厨貴編『戦争・復興・発展――昭和政治史における権力と構想』東京大学出版会、二〇〇〇年）刊行後に発表されたものとして、松井芳郎「グローバル化する世界における『普遍』と『地域』――『大東亜共栄圏』論における普遍主義批判の批判的検討」（『国際法外交雑誌』第一〇二巻第四号、二〇〇四年）。

(109)田畑茂二郎「国際法秩序の多元的構成（一）（二）（三）」（『法学論叢』第四七巻第三号、第四八巻第二号、第六号、一九四一年、一九四二年）。なお、この研究は、大東亜国際法叢書の第一巻として刊行される予定であった（『国際法外交雑誌』第四二巻第一号、一九四三年、一〇七頁）。

(110)なお、このような観点から国際法秩序の統一的構成を論じた当時の日本における代表的研究としては、大澤章『国際法秩序論』（岩波書店、一九三一年）。

(111)『法学論叢』第四八巻第二号、三五―四九頁。

(112)『法学論叢』第四八巻第六号、六四―七二頁。

(113) なお、ヴァルツについては、安井郁「国際法と国内法との関係の再検討」(『国家学会雑誌』第四八巻第八号、第九号、第一〇号、第四九巻第一二号、一九三四年、一九三五年、後に、「制限的国際法優位の多元的構成――ヴァルツの学説の研究」と改題のうえ、前掲『国際法学と弁証法』一九〇―二六三頁、に再録)。

(114) 『外交時報』第一〇七巻第一号、一七頁。

(115) 安井、前掲『欧州広域国際法の基礎理念』七七頁。

(116) 『外交時報』第一〇七巻第一号、一六頁。

(117) 波多野、前掲『太平洋戦争とアジア外交』一六一―一七三頁。

(118) 田畑、前掲「東亜共栄圏国際法への道」二二―二三頁、安井、前掲「紹介・田畑茂二郎『国家平等理論の転換』」五〇頁。

(119) 田畑、前掲「東亜共栄圏国際法への道」二一頁。この観点は戦後出版された『国家平等観念の転換』では、より強く打ち出されている。なお、戦中期の田畑の議論が広域国際法論の内側にあったことに照応して、戦中期の田畑は主導国概念や広域概念をそれ自体として放擲していたわけではない。註(105)で触れた一九四四(昭和一九)年に刊行された調書『国家平等理論の転換』で田畑は、国家が国家であるが故に平等であるという絶対的平等観念を国際社会の組織化という趨勢に反するものとして退けつつ、「共栄圏諸国家に自発的な行動を許すといふ意味に於て、夫々が国際合意の当事者たりうる能力を有することは勿論認めなければならないが、然し、さうした能力を有することは、すべての国家が共栄圏全体に関する法の形成に常に同一の資格に於て参加することを意味するものではない。……例へば、共栄圏の防衛に関する法が形成される場合、軍事能力のある国家もない国家もすべてが同一の資格に於て発言するといふことは、真に共栄圏の防衛を確保する所以ではないであらう」(同右、六一―六二頁)と述べている。従って、田畑の立場は、例えば「大東亜平和機構」のような国際機構が成立した場合に、新興独立諸国は形式的には対等な参加資格を持つ(例えば、日満支三国とビルマ・フィリピンとの間にこの点では差異を設定しない）が、大東亜警察や大東亜軍のような機構が設置された場合は、その構成や指揮権については主導国たる日本が専ら中心となるような理論構成を、恐らく考えていたものと思われる。しかし、この場合でも、広域概念を主導国概念の上に置く構成を田畑が採る以上、主導国の役割は、単なる主導国の「自存自衛」に委ねられるのではなく、広域圏の理念を定礎した大東亜憲章の目的に従うものでなければならず、決して恣意的に設定されるものではない、というのが、田畑の理解であったと見ることができよう。この点が、田畑と矢部の相違である。

(120)　矢部、前掲『新秩序の研究』二六〇—二六一頁。

(121)　丸山眞男「『日本政治思想史研究』英語版への著者序文」（前掲『丸山眞男集』第一二巻）九六頁。

(122)　『丸山眞男集』第二巻（岩波書店、一九九六年）二二四—二六八頁。なお、狭義国防論という比喩は、同書、二四九頁、に見ることができる。

(123)　米谷匡史「象徴天皇制の思想史的考察」（『情況』一九九〇年一二月号）、三谷太一郎「戦後日本における野党イデオロギーとしての自由主義」（犬童一男・山口定・馬場康雄・高橋進編『戦後デモクラシーの成立』岩波書店、一九八八年）。

(124)　横田喜三郎「国際民主生活の原理」（『世界』一九四六年一月号）、同『戦争の放棄』（国立書院、一九四七年）一二四頁、一六七—一六八頁。なお、終戦直後の横田の平和論については、竹中佳彦『日本政治史の中の知識人（下）』（木鐸社、一九九五年）五〇一—五二六頁。

(125)　横田喜三郎『世界国家の問題』（同友社、一九四八年）二〇—二四頁。

(126)　同右、一三頁。なおエメリー・リーヴスについては、Wesley T. Wooley, *Alternatives to Anarchy: American Supranationalism Since World War II* (Ind.: Indiana University Press, 1988), pp. 15-18.

(127)　田畑茂二郎『国家平等観念の転換』（秋田屋、一九四六年）。

(128) 同右、三三一頁。なお、同書の成立事情についての田畑自身の回想としては、田畑、前掲『国際社会の新しい流れの中で――一国際法学徒の軌跡』五七―六三頁。
(129) 田畑、前掲『国家平等観念の転換』五三―六一頁。
(130) 同右、一二三―一二六頁、一三九―一四〇頁。
(131) 同右、一三一―一三六頁、一五一―一五七頁。
(132) 同右、一八九―二〇四頁。
(133) 同右、三〇五頁。
(134) 田畑茂二郎『国家主権と国際法』(日本評論社、一九五〇年)二六―二七頁。
(135) 田畑茂二郎「国家主権の現代的意義」(『思想』第三一二号、一九五〇年六月)、田畑、前掲『国家主権と国際法』二四―三三頁。
(136) なお、田畑、前掲『国家主権と国際法』七一―七四頁の、モーゲンソーについての言及を参照。
(137) 田畑茂二郎「国家の独立」(『思想』第三三〇号、一九五一年一二月)七頁。
(138) 田畑、前掲「国家主権の現代的意義」四―七頁、前掲「国家の独立」四―五頁。
(139) 田畑、前掲「国家の独立」六頁。
(140) 同右、七―一〇頁、田畑茂二郎「国際社会における国家主権」(『思想』第三六四号、一九五四年一〇月)三一頁。
(141) カーは、第一次大戦後の民族自決主義がヨーロッパにのみ適用されアジア・アフリカ諸国はこの適用の外に置かれていたことに対する非難を抗し難いものとして認めつつも、インドのような自治能力を欠いた途上国を本国との軍事・経済的紐帯から切り離すことは、事実上の反動的施策である、と論じている(Carr, *Conditions of Peace*, p.68)。これに対して矢部貞治は、「彼はとにかく英帝国が種々の変貌を受けても尚存続すると考へ、欧州諸国の海外植民地も亦存続して、新欧州建設計画の中に包摂さるべきを説いてゐるから……彼のいはゆる世界的一大変革なるものは、欧州以外には及ばぬつもりかと思はれるのである。その限りでは彼の認識は依然旧秩序に属し、『欧州』の新秩序ではあつても『世界』の新秩序ではあり得ず、広域圏思想もこの限りに於て跛行的と言はねばならぬ」と批判を加えている（矢部、前掲『新秩序の研究』一七〇頁）。尤も矢部の議論は、全体としては、カーの民族自決主義批判を広域圏思想の弁証として利用するものであり、上述の議論は、多分に対抗プロパガンダ的性格を持つものであったと言えよう。

(142)　田畑、前掲「国家主権の現代的意義」九頁。ただし、田畑はソヴィエト国際法学における主権論の扱い方に無批判であったわけではない。この点については、前掲『国際社会の新しい流れの中で——一国際法学徒の軌跡』六九—七一頁。

(143)　この点については、註(36)に掲げた「マルクス主義国際法学の序論——コローヴィンの『過渡期国際法論』の検討」及び「ソヴィエト国際法理論の展開——パシュカーニスの『ソヴィエト国際法概論』の検討」。

(144)　横田喜三郎『日本の講和問題』(勁草書房、一九五〇年)三七—六九頁。

(145)　横田喜三郎『朝鮮問題と日本の将来』(勁草書房、一九五〇年)。なお、講和論争前後の横田については、竹中、前掲『日本政治史の中の知識人(下)』五六七—五九四頁。

(146)　植村秀樹『再軍備と五五年体制』(木鐸社、一九九五年)四四—四五頁。

(147)　Wooley, *op. cit.*, pp. 70–72; Harold Josephson, *James T. Shotwell and the Rise of Internationalism in America* (N.J.: Associated University Press, 1975), pp. 291–292.

(148)　平和問題談話会声明「三たび平和について」(『世界』一九五〇年一二月号)、『世界・臨時増刊　戦後平和論の源流』一九八五年七月号、五九頁。なお、この声明の背景については、都築勉『戦後日本の知識人——丸山眞男とその時代』(世織書房、一九九五年)一四九—一七七頁。

(149) 丸山眞男「サンフランシスコ講和・朝鮮戦争・六〇年安保」(『世界』一九九五年一一月号)三八—四一頁、『丸山眞男集』第一五巻(岩波書店、一九九六年)三〇—三二頁。
(150) 『丸山眞男集』第五巻(岩波書店、一九九五年)三二頁。
(151) 周知のように、「三たび平和について」の丸山眞男執筆部分は、全体戦争が戦争の手段的性格を喪失せしめたことに平和論の究極的根拠が求められ、「『戦争をなくするための戦争』というような使い古されたスローガン」の虚構性が鋭く突かれることから筆が起こされている(前掲『丸山眞男集』第五巻、七—八頁)が、この「使い古されたスローガン」は言うまでもなくウィルソン主義に起源を持つものである。総じて、「三たび平和について」での丸山の議論の立て方には、リアリズム国際政治論をその一つの分岐形態として持つ、二〇世紀政治思想史における全体戦争批判の系譜が影を落としているように思われる。留保を残しながらも、F・シュールマンの「神の義と同視された価値」のための戦争に対する批判が共感をもって引かれる(同右、一〇—一一頁)のも、この点と関連しているように思われる。なお、丸山眞男の国際政治論については、拙稿「国際政治論のなかの丸山眞男——大正平和論と戦後現実主義のあいだ」(『思想』第九八八号、二〇〇六年八月)。
(152) 岡義武「近代日本政治とナショナリズム」(『展望』一九五〇年一〇月号)。
(153) なお、戦後初期の政治学における権力と規範の両義性への関心については、川崎修「権力イメージの変容と政治理論の課題」(内山秀夫・薬師寺泰蔵編『グローバル・デモクラシーの政治世界——変貌する民主主義のかたち』有信堂高文社、一九九七年)二四七—二四九頁。
(154) 河野康子「吉田外交と国内政治」(『年報政治学・一九九一 戦後国家の形成と経済発展——占領以後』岩波書店、一九九二年)四八頁。

第二章　古典外交論者と戦間期国際秩序

——信夫淳平の場合

はじめに

一九四三(昭和一八)年四月一〇日に開催された国際法学会の総会において、信夫淳平は「従軍所感と国際法」と題する講演を行った[1]。太平洋戦争の真只中に行われたこの講演で信夫が語ったのは、いささか大胆な内容であった。日露戦争の際に外交官として戦時国際法の洗礼を初めて受けた経験の述懐から話を切り出した信夫は、上海事変から日中戦争までの時期に戦時国際法を日中両国の軍隊で講じてきた経験に触れたうえで、日中戦争以降日本人のなかに国際法遵守の精神が急速に薄れてきたことに対して警鐘を鳴らしたのである。

信夫によれば、日中戦争時に登場した議論には次の三つの説があった。第一に、今回の戦いは日本の自衛行動であるから国際法の拘束を受ける必要はないという説。第二に、今回の戦いは所謂宣戦布告をした本格的な戦争ではないから国際法の規則には拘泥しないという説。第三に、勝つのが唯一の目的であり、このためには国際法などに頓着する必要はないという説。信夫はこれらの三説に対して逐一反駁を加え、自衛に発したか否かを問わずいやしくも戦闘となった以上、戦場においては交戦法則を守るべきであること、宣戦布告の有無という開戦手続きの問題と交戦法則の適用には何らの関係もないこと、勝つためには国際法を無視してもよいという考えは、帝政ドイツ時代軍当局を悩ませた所謂 Kriegsraison(2) からの派生思想であり取るに足らないものであることを、それぞれ論拠として挙げている。

　こうした国際法を軽視する議論は当時上海で接した在留邦人によるものであり、「流石に軍人は事理を弁知するので、斯かる謬見に囚はるる人には曾て出会はなかつた」。また、勝つためには国際法などに頓着しないでよいという思想は、「邦人の或るものよりも、近時米英人の間に却つて根強くなつて来たやうに見受けられる」。確かに信夫はこう述べることで、時局柄最小限の表現上の配慮を加えている。しかしそれを割り引いても、この講演を貫く論調が、第一次大戦前は実効性を有していた戦時国際法による「戦争の囲い込み」が総力戦争の下で空洞化していくことに対する強い懸念にあることは明らかであり、そうした潮流に日中戦争以降の日本軍隊の行動も無縁ではなかったことが示唆されているのは否定できないであろう。そこには、第一次大戦後の世界においても、戦時国際法に代表される第一次大戦前の国際規範になおも有効性を認める「古典外交論者」が、一九三〇年代の時代状況に対して示した屈折した感情を読み取ることができる。

　本章は、このような第一次大戦前の古典外交の実践と規範に対して存在意義を認めていた日本の古典外交論者が、戦間期国際秩序をどのような認識枠組で捉えていたかという問題を、国際法学者・外交史家であった信夫淳平の同時代の議論から検討するものである。以下の行論では、先ず信夫の所謂

「新外交」受容をその「国民外交」論の位相と関連づけながら検討する。次に、満州事変前後の信夫の議論とその批判者の議論を対比させながら、信夫の立論が次第により若い世代によって提唱された「地域主義」によって少数者の地位に追い詰められていく過程を描写したい。そして最後に、日中戦争以降の時期に信夫が下した時代診断の意義を、総括的に論ずることにする。

一 「新外交」と「国民外交」

信夫淳平の経歴は、先ず少壮外交官として朝鮮・満州で実地経験を踏むことから始まった。一八九四(明治二七)年東京高等商業学校を卒業した信夫は、一八九七(明治三〇)年に外務省に入省し、領事官補・京城勤務に任ぜられた(3)。日露戦争時には、後に後藤新平により端緒を与えられた日ソ国交回復交渉で活躍することになる川上俊彦とともに、遼東半島の守備軍管轄内の民政事務に信夫は参与することになった(4)。占領地における民政機関を如何に作りどのような職務権限の下にその機関を運営していくかは、対内的には陸軍との調整を必要とする事項であるとともに、対外的には中国側との種々の懸案を抱えていた複雑な問題であった。信夫はここで、戦時国際法の権威であった有賀長雄に師事することになる。『日清戦役国際法論』(5)の著者であり、袁世凱の法律顧問でもあった有賀は、いささか風変わりな人物であったが、信夫は有賀の学識には深い感銘を受けたようである。有賀の七回忌に際して寄せた文章で信夫は、「先生は学問上に多少自負矜持の風あり、自由討究を同学の徒と為すに何ほどか偏狭の性あるを否み得なかつたが、それにしても、よくも斯くまで懇切に教誨を垂れ給ふかなと敬服するほどに厚く私を薫陶せられた[6]」と述べている。

ところで信夫は外務省を辞して、一九一七（大正六）年から早稲田大学で外交史講座を担当することになる。当時の学界では、国際法と外交史は姉妹関係にある学問であった。『国際法外交雑誌』という今日まで続く国際法学会の機関誌名が象徴するように、西欧古典外交の規範的側面の検討を国際法が、実践的側面の描写を外交史が担う分業関係にあったといえる。大正期を通じて日本の国際法学界の中枢にあった国際法学者立作太郎が、本来は外交史研究者として出発したことはその好例であろう。その意味で、外交官としての経歴と国際法への強い関心を有していた信夫が、大学に職を得た際に見出した椅子が外交史講座であったのは何ら不思議なことではない。

だが日本の国際政治学史のうえで、信夫の存在を特記すべきものにしているのは、大正末に刊行された『国際政治論叢』全四巻である[7]。同論叢は、ほぼ同時期に刊行された神川彦松・蠟山政道の著作とともに、日本における国際政治学の草分け的業績と見做し得るものであった。一九三二（昭和七）年には早稲田大学で「国際政治論」という名称で信夫の講義が行われたが、これは日本の大学で初めて国際政治学が正式の科目名として採用された例とされている[8]。「国際政治」という呼称は、第一次大戦後の時代状況を背景に登場した、伝統的な国際法・外交史とは区別された新たな学知の対象領域を示していた。その意味で信夫がこの呼称に固執したという事実自体が、信夫の知的営為が大戦後の新

思潮に対する一定の応答であったことを裏書きするものであるといえよう。(9)

それでは信夫の『国際政治論叢』は、どのような意味において第一次大戦後の新思潮への応答であったのだろうか。信夫は同論叢第一巻の冒頭で、「国際政治は二国家間又は数国家間の関係を中心とし、汎称的に云へば世界、厳密に云へば国際団、を背景にして行はるゝ政治現象である」(10)と国際政治を定義する。このように国際政治は、国家という政治団体を単位とする現象ではあるが、同時にそれは、民族もしくは国民の基礎社会、商社・学会・組合といった派生社会、国際行政機関による国際社会を横断する活動等をも含む政治現象とされる。(11)従って、信夫が扱う対象自体は極めて広く、国際政治の歴史的展開や国際政治の綱紀としての国際法・国際道徳といった信夫の得意とした外交史・国際法的な主題は勿論のこと、国際紛争と国際連盟の性質、国民による外政監督と外交機構との関連といった大戦後に登場した新たな課題や、国境を越えた国際行政や国際社会運動の展開に到るまで、国際政治の様々な局面が同論叢では隈なく論じられている。これを見る限り信夫の試みは、大戦後の新状況に恰も無批判に順応したものであったかの如くである。

だが本論叢を貫く信夫の視座は、寧ろ大戦後の国際政治の基調に対する懐疑的態度にあった。第一に信夫は、大戦後に擡頭した勢力均衡批判に激しく反発した。勢力均衡(均勢)は自然の勢いであり、既往においても将来においても、列国対立が存在する限りは一たび破れても自然の間に再び形成される。ウィルソンは同盟の対峙や勢力均衡を打破する意味で新たに「勢力の協調」(Concert of Power)なる概念を唱えたが、その具現化である国際連盟においては五大国と小国団との間で、また連盟国と非連盟国との間で、よしんば今日にあらずとも将来において両々相対立すべきは想像に難くない。将来の危機の潜在的素因は勢力均衡の残存にあるのではなく、ドイツに代わって世界の覇道主義の権化となった米国に対して均衡し得る国のないこと、いわば「人為の不均勢の世」となったことにある。(12)

従って、信夫の基本的な引照基準は勢力均衡と国益の秤量という現実主義にあった、とひとまずはいえよう。その意味で同論叢第一巻が、「国家の内外政策は、理想は兎に角、空想では立て難く、その基礎は現実の利害と的確なる事実の上に築き、組織的且統一的に之を運用することが肝要で、これが謂ゆる Realpolitik である(13)」という表現で締め括られるのは、まさに象徴的である。

この点に関連して第二に注目すべき点は、信夫の第一次大戦の捉え方である。信夫に拠れば、第一次大戦は勢力均衡原理に非があったためというよりは、「忌憚なく評すれば英国が均勢を利用応用するに就て機宜を失したる過失にある(14)」。また英国とドイツの開戦理由の間にも、信夫は有意な差異を設けない。「独も英も自国の利害を離れて其の開戦に何の理由かある。唯だ今日一は露骨に国際道義を破つて戦ひ、一は之を擁護するの美名を捉へて戦ふ。差は開戦の形式にありて戦因の実質にあらず(15)」と信夫は述べる。

更に興味深いのは、このような開戦理由をめぐる考察が、単に国際道徳の外にある権力政治的抗争の文脈にとどまらず、国際道徳上の「義戦」(Just War) の意義と関連づけて捉えられていることである。「現代の開戦には各国共に勗《つと》めて侵略者たるの名を避けんとし、共に権利若くは自由を対手国より迫害せられたりとに理由を設け、之を以て内外の同情を獲んと企図せざるはなし。乃ち英も独も墺も露も……共に均しく相競ふて謂ゆる自由戦とか自衛戦とかを宣明するに汲々たるの姿なりしを見ば、大義名分は今の世にも看板として先んじて之を我が手に奪ふに利あるは掩ふ可らず[16]」。大戦中ドイツの学者が文化擁護を以て戦争の弁護とし、連合国の政治家がデモクラシー擁護を戦争目的としたのも、いずれもこうした義戦のエスカレーションとして位置づけられる。「然るに国際道徳の上より立論せらる〻義戦なるものほど、其の時々の都合で伸縮自在となるものはない。……故に今日の恒久平和論者も、国家の支配階級の集団的安全の標準次第では、何時平和論を擲つて戦争謳歌者に早変りせぬとも限らない」。かくして信夫は、「国際法は矢張り戦因の正不正には触れずして、専ら交戦の方法の適不適を論断するものと為して置くのが安全である」と結論づけている[17]。

第三に信夫の描く大戦後の国際政治状況も、明るいものとは必ずしもいえなかった。信夫は大戦後世界の覇権が欧州より米国に移行したことを認めつつも、米国外交に対して高い評価を与えていなかった。先に触れた義戦観から想像されるように、そもそも信夫はデモクラシー擁護という米国の参戦理由を真に受けていない。「世に宣戦の公式理由ほど後の史家を惑はすものは無い[18]」。米国参戦は、赤裸々にいえば、戦時を機とする交戦国への貨物売り込みの侵害に対して自国の利益を擁護する必要が重要な動機であった、と信夫は述べている[19]。この点、米国の対独参戦を国際制裁力の行使という文脈で位置づけ、「近代に於て政治上や経済上の争ひを外にして、純然たる主義又は理想の為めに国運を賭して戦争したのはたゞ米国あるのみである[20]」と断じた吉野作造の米国参戦観と信夫のそれは対極にあったといえよう。総じて信夫には、米国外交を経済的覇権主義に引きつけて解釈する傾向が強いように思われる。この背景には、現代においては国際政治と国際経済は密接な関連を有するが、それは専ら協力よりも競争を国際関係に齎すものと信夫が考えていたことがある。[21] 産業主義は軍国主義と対立するよりも、寧ろ相抱擁する。否極端な場合には、軍国主義の一長所たる冷静なる数理的打算は、利権の獲得の前に盲目な資本家には働かず、資本家は政府やメディアを動かして国を駆って衝突の激流に邁進しかねない。信夫は、一九〇六年に出版されたホブソンの『近代資本主義の進化』の一節を引きながら、「必しも矯激の言と謂ふべからざるものがある」[22] とこれを評している。

従って大戦後の世界は、大戦期の自給自足主義の余波と相俟って保護関税主義の擡頭する世界であり、国際連盟はこのような通商衡平問題に有効な対応をしていない、と信夫は判断した。[23] 更に欧州に目を転ずると、そこにも不安定要因は蔓延していた。世に恒久の敵国は無いにも拘らず、フランスを中心とした対独報復主義は冷静な利害打算を越えて存続し、ドイツの経済復興は軌道に乗らない。ハプスブルク帝国解体後に新たに採用された民族自決の原則は、ヨーロッパ大陸全体のバルカン化を齎した。このように不安定要因を抱えた大戦後の国際政治を前にして、いずれの国も確固たる外交方針を欠いている、というのが信夫の下した診断であった。[24]

しかしながら、信夫は「新外交」と呼ばれる時代潮流に全く冷淡だったわけではない。そこには、信夫なりに新外交を受容せしめる認識枠組が存在していた。この認識枠組こそが、「国民外交」論に他ならなかった。既に先行研究で指摘されているように、当時の日本では新外交における「外交の民主化」は、基本的には「国民外交」として観念される傾向が強かった。[25] 信夫は、国民外交の訳語として、英語の People's diplomacy と仏語の Diplomatie nationale を挙げつつ、両者相俟って国民外交の本質が表現されるものとしている。その際信夫は、前者の英訳が民衆自身の執行する職務としての外交という誤った観念を齎しがちなことを難じて、圧倒的に後者の仏訳の語感に近づけた形で、国民外交を論じている。国民外交とは、「国民が已れの世界に於ける位地を自覚し、合理的抱負を発憤し、政府は国民の自覚抱負を代表し、識者階級の後援の下に之を運用する所の実力ある外交」[26]であり、そうであるが故にそれは「官僚外交」とも「軍閥外交」とも区別されるのである。『国際政治論叢』最終巻は、こうした「外交と民衆主義」の考察から始まり、外交と議会や外交機関の制度論的検討が諸外国の豊富な事例を挙げながら行われている。

このように考えると、信夫の第一次大戦後の時代思潮に対する態度とは、一方では、ウィルソン主義における勢力均衡批判・民族自決の提唱・公開外交の理念の行き過ぎを「旧外交」の観点から批判しつつ、他方では、世界的なデモクラシーの潮流を日露戦後から始まった「国民外交」論の延長線上で受けとめることで、それへの適応を促すものであったと見ることができよう。従って信夫の外交論は、国民外交論を経由することで、いわば「裾野の広がった旧外交」とでも呼ぶような性格を有していた。外交論の古典とされるニコルソンの場合[27]がそうであったように、それは旧い器のなかで「新外交」を飼いならす試みであったといえるかも知れない。

信夫は勢力均衡や戦時国際法といった古典外交の実践と規範の価値を信ずる点では揺れがなかったが、さればといって全くの頑迷な保守主義者というわけではなかった。恐らく信夫には、個人道徳と国際道徳とは無関係なものではなく、それは究極的には Gentleman のような観念を通して繋がっているものと理解していたように思われる。[28] 従って、信夫は不道徳と観られる行為や赤裸々な暴力の行使に対しては、しばしば激しい反感を示した。信夫の時評から一例を示すならば、関東大震災の一周忌に際しての政府声明に対する批判を挙げ得る。信夫は、政府が震災後に宣布された国民精神作興詔書を示しつつ奢侈安逸の抑制を国民に呼びかけたことを無意味として斥けつつ、震災の際に生じた朝鮮人惨殺事件を取り上げ、この事件の契機となった流言蜚語は警視庁から出されたという説があること、憲兵隊長が社会主義者の惨殺に加担したことを指摘して、首相の声明がこのことに一言も及んでいないのを甚だ遺憾と論難している。[29] そこにはまさに、The Gentle Civilizer of Nations としての近代国際法の精神を内面化した信夫の批判精神がある。[30] こうした「文明」の立場からの「社会批判」とも呼ぶべき態度は、一九二〇年代の信夫の時事論説に独自の彩りを施したのであった。

二　満州事変前後

『国際政治論叢』の完結からまもない一九二七（昭和二）年に、信夫は『大正外交十五年史』を刊行した。まさしく同時代史たる本書は、はしがきの「史論よりも史実を主とし、而も特に重要なりし史実のみを材題《〈ママ〉》とした」[31] という言葉にも拘らず、抑制された叙述のなかにも自ずから著者の日本外交観が浮かび上がる作品である。信夫は大正一五年間の外交を、大戦末期までの「覇道主義」旺盛の時代、それ以降六、七年間を「大勢順応的協調主義」の時代、そして北京関税会議以降の短期間を自主外交の名の下での「協調破壊主義」の時代、と三つに時期区分する。(32)

先ず第一期の事例としては、第一次大戦参戦、対華二一カ条要求、シベリア出兵などが挙げられ、その何れもが程度の差こそあれ「覇道主義」の側面を有していたことが指摘される。しかしながら、覇道主義とそれに伴う軍備の拡張はその反動として大戦後軍縮の気運を齎し、新思潮の帰結としてワシントン会議で海軍軍縮条約や中国をめぐる九カ国条約が締結された。これに対して信夫は、「僅々三ヶ月足らずの比較的短日子にて是れだけの成果を齎したのは疑もなく成功(33)」と評価を下している。前節で論じた信夫のウィルソン主義批判を考えると、同書におけるワシントン会議評価はやや高すぎる気もするが、このことは後述するように、北京関税会議以降の自主外交論の高まりに対して信夫が警戒的であったことと関係しているのかも知れない。米国のいわゆる排日移民法制定に際しても、信夫は折に触れて日米関係の安定性の必要を説いている。(34)尤も信夫は、協調はもともと互譲を意味するものであるが、大正下半期の日本外交における協調主義は「我方のみの譲歩を意味せる協調に満足せる概があつた(35)」と、第二期の日本外交評価に一定の留保を置いている。

だが本書における焦点は、北京関税会議以降の展開を扱った第三期にある。北京関税会議とは、ワシントン会議で決定されたいわゆるワシントン付加税の実施をめぐって一九二五(大正一四)年一〇月に開催された会議である。周知のように、会議劈頭日本代表は中国への関税自主権賦与を支持する声明を行い、参加者を驚かせた。こうした日本の態度は、単独主義的な中国政策を助長し、北京関税会議以後列国はさながら好意提供競争を展開することで中国問題に関する協調的枠組を瓦解させていった(36)。信夫はこのような状況に強い危機感を持った。「関税会議の決裂、爾後の列国の対支外交の大混乱は、要は列国協調の破滅……に基ける当然の帰結であつた。従来列国の支那に関する協調は、支那の対外的洪水の一大防堤たるの用を作せしに、その一大防堤が崩壊したので、洪水氾濫して取り止めが能《で》きなくなつた。その防堤が完全である限りは、支那の国民的要望も合理的手段を逸脱せんとするも得ないが、協調の決裂は支那民衆に隙《すき》を与へ、列国の足元を見すかさしめ、一種の慢矜心を助長せしむるに至らしめた」。このような事態を打開するためには列国協調とりわけ日英協調の回復が必要であったが、自主外交を要求する国民世論には、英国の苦境を小気味よしと冷笑的に視るような態度すら見受けられた。「甚だ面白からざる対外思潮であつたが、而も協調破滅の責任は、無論他国側にもあつたが、その一半は関税会議以来、漫然自主的外交の声に三嘆随喜せる我が国民にあつたと覚らずんば正鵠を失する。この思潮が昭和に亘りていつまで続くか、本論執筆の際に於ては未だ予断するを得ない(37)」。信夫は『大正外交十五年史』を、このような言葉で締め括っている。

果たして信夫の危惧を裏書きするかのように、現実の日中関係は進んでいった。中国の反帝国主義ナショナリズムは日々昂進し、列国はこれに対して協調的手段をとれないまま守勢に立たされていった。信夫は、「この忌むべき性質の排外運動は、我が日本をも込めての一切の排外なるか、又は多年の抑圧的外交に対する反動として専ら排英主義に出づるものであるか将た或は先づ排英、次に排日といふ順序を追ふて展開すべきものなるか。大正の末葉に於てはそれは未知数として我国の志士論客の間に於ける一の公開問題であつた」[38]と述べていたが、北京関税会議の際には反帝国主義運動の攻撃目標を英国に絞っていた中国は、漸次日本にその目標を転化していった。殊に済南事件と張作霖爆殺事件以降、日本の帝国主義的権益は中国の国権回収運動の挑戦に曝されたのである。

満蒙問題をめぐる日中間の紛争処理に関する枠組について信夫が真剣に考察する契機となったのは、一九二九(昭和四)年に京都で行われた太平洋問題調査会会議であった[39]。信夫は満蒙特殊権益の法的根拠とその実態の明確化に努めるとともに、日中両国間に公的な国際紛争調停常設機関を設置することを提唱した。この紛争調停機関は、不戦条約第二条に定める、一切の国際紛争は平和的手段によって解決するという趣旨にも適う筈であった[40]。信夫は恒久平和論や戦争放棄の文脈で、不戦条約を位置づけていたのではない。信夫の解釈では、不戦条約の目的は、戦争を一切しないという宣言というよりは、一切の国際紛争は平和的手段により解決するという約束にあり、両者を取り違えることは開戦の原因と結果を混同するものである、と信夫は考えていた[41]。とはいえ、不戦条約締結時の信夫は、周旋・調停・仲裁裁判・司法的解決など国際紛争の平和的手段による解決の発展を回顧したうえで、連盟国間に国交断絶に至るおそれのある紛争が発生したとき、これを必ず仲裁裁判もしくは司法的解決に訴えるか、連盟理事会の審査を求めるか何れかを必ず選択することを連盟国に求めた国際連盟規約第一二条を、「実に国際聯盟規約の最重要の一眼目で、この規定あるに於て聯盟に始めて意義あり生命ありと確信する」[42]と述べ、不戦条約もこうした試みの延長線上に位置づけようとしていたのである。

信夫の提唱する国際紛争調停機関案とは、満蒙に関する日中間の紛争を先ずこの機関の審査に附し、報告があるまでの一定期間は開戦を停止することを目したもので、ウィルソン政権時に提唱されたいわゆるブライアン平和条約(平和促進条約)と同趣旨のものとされていた[43]。同時期の他の知識人と同様に[44]、不戦条約の締結が日中間の紛争処理に持つ含意を信夫も深刻に受けとめたのである。

一九三二(昭和七)年に出版された『満蒙特殊権益論』は、満州事変前後における信夫の知的格闘の所産である。アメリカにおけるこの問題の権威であったヤングの著作にも刺激を受けて公刊された[45]同書は、「満蒙特殊権益」といわれるものの歴史的形成過程と法的特質の解明を通して、満蒙特殊権益の無限定性を排し、その法的根拠をできる限り明確化することで、日中間の交渉の基礎を築こうとしたものである。従って信夫の立場は、中国の国権回収運動に対して日本の特殊権益の法的擁護を目論んだものではあるが、同時に日本国内における無制約な満蒙権益擁護論の擡頭に対しては警戒的な態度が貫かれている。いわゆる満鉄併行線敷設禁止条項を、「普通の条理に訴へて考ふれば、他国の領土内に鉄道を敷設し、而して領土国自身の競争線を敷設するを許さないといふのは、強国の弱国に対する覇道主義の表現としか説明が能きない[46]」と断言しているのは、その好例であろう。しかしながら、信夫にとって衝撃的であったのは、満州事変の勃発が信夫の抱懐していた満州問題の平和的解決のシナリオを烏有に帰せしめたことであった。こうして信夫は、その立論に「自衛権」概念を呼び込むことになったのである。

満州事変を「自衛権」の行使として正当化する議論は、立作太郎を始めとする日本の国際法学者の大半が採用した立場であった(47)。不戦条約を前提としたとき、日本政府の立場を法的に弁証するためにはこれ以外の理論構成はあり得なかったであろう。『満蒙特殊権益論』のまえがきで、信夫は「私は本論を政策論者としてよりも一学究としての立場から草するのが根本の趣旨であるから、自然弁護士たるよりも裁判官たるの心地が強(48)」いと述べているが、日本の国際法学界の大勢は「弁護士」としての立場をとったというべきかも知れない。尤も信夫は、満州事変における日本軍の行動は国家自衛権の行使というよりは、集団的個人の自己もしくは他人の生命財産に対する正当防衛行為と見るべきで、国際法上のいわゆる国家自衛権というよりも、国家自衛権に準じて論ずべき公的機関の正当防衛行為であると論じ、国家自衛権概念の濫用を戒める立場からその適用の精緻化を図ろうとした(49)。

だが、このような法益侵犯に対する自衛権の行使という理論構成には、明らかに限界があった。これらの議論はいかに精緻な法的構成を取っても、既存の満蒙特殊権益擁護という域を出るのは困難であり、満州国の出現といった新たな事態を理論化する装置としては後ろ向きの議論にしかなり得なかったのである。こうした信夫や立の議論の限界を突破すべく導入されたのが、彼らの後進にあたる蠟山政道や神川彦松により提唱された「地域主義」の概念であった。例えば蠟山は、満州における日本の地位を国際法的観点から既存の条約上の諸権益の集積と捉える見解を批判して、満州の社会的発展段階においてはそもそも近代国家を前提とした国際法が適用できる領域が限られており、満州問題は条約解釈や法理的擬制によってではなく、事実関係を基礎とした「新たなる国際的政治的意思の表現たる立法」によって解決されるしかないと論じた。法的「特殊権益」論から、事実状態を基礎とした政治的「特殊関係」論として日満関係を再定義し、これを地域主義的枠組に包摂するのが、蠟山の採った戦略であった。[50] また国際連盟規約第二一条が明文でモンロー主義に言及していることも相俟って、モンロー主義はこの時期の国際関係研究で最も関心を呼んだ主題の一つだったのである。[51]

一九三〇年代の日本の国際秩序論において主流的立場を占めていく地域主義が、第一次大戦後の「新外交」的思潮のなかで育った蠟山や神川のような新世代によって担われたことは興味深い事実である。地域主義は何らかの形で主権国家概念の変質を前提としたものであり、立や信夫のように準拠基準が古典外交期の規範と実践にある論者には、本来的に親しみにくい理論装置なのである。信夫はおよそアジア主義的心性やモンロー主義的議論には冷淡な人物であった。一九二〇年代の議論ではあるが、「同文同種とか、輔車唇歯とかの語は、形式外交の乾杯辞としては兎に角、国と国との離合集散を決する楔子としては、今日は全く無意味である。米国の如きは、今にこの迷夢より覚めない。モンロー主義といひ汎米主義といふが如きは則ちそれである」[52]と信夫は述べている。その意味で、日中戦争後の「東亜新秩序」論の擡頭は、まさしくそれが「新秩序論」であるが故に、信夫のような古典外交論者を論壇における少数者へと追いやったのであった。

三　戦時国際法の黄昏のなかで

盧溝橋事件に端を発する日中間の衝突は瞬く間に中国全土に拡大し、両者は全面的対決状態となった。日中両国は不戦条約やアメリカ中立法の適用を回避しようとする思惑から宣戦布告を行わず[53]、両国の衝突は、「日支事変」として「国際法上の戦争」と区別された「事実上の戦争」という形態をとることとなった[54]。「事実上の戦争」たる日中戦争においても、直接の兵力的害敵手段に関する交戦法規は概ね準用されたが、「国際法上の戦争」に非ざる「事変」という擬制が、ともすれば冒頭で述べたような戦時国際法軽視の風潮を生んだことは否定できないだろう。そして東亜新秩序論に代表される広域秩序論の擡頭は、若き秀逸な国際法学者達の関心を広域国際法論へと引きつけていく契機となったのである。

こうした戦時国際法の黄昏とも呼ぶべき状況のなかで、若手世代で戦時国際法研究の課題を引き受けた数少ない人物の一人が田岡良一であった。しかし、満州事変以降に本格的執筆活動を始めた田岡の国際社会を見つめる視線は、信夫や立の世代のそれと比べて遥かに冷厳なものである。田岡は一九三二(昭和七)年に発表した論説「疑ふべき不戦条約の実効」[55]においてこう述べている。不戦条約は、その第一条において戦争を禁止するのみならず、その第二条により戦争の形式を採ると否とを問わず一般に武力的行動を禁ずる趣旨と解せざるを得ない。しかるに、満州事変に際しての日本軍の行動は自衛権の発動にしてこのための武力行動は不戦条約の禁止するところにあらず、という説が我国では盛んに主張されているが、不戦条約締結の際に列国が自衛権や正当防衛によって意味したものは、外国の武力による攻撃・領土侵入・占領等の行為に対抗して、武力を以てこれに反撃する権利を指すのであって、単なる外国の国際法違反行為に対して、武力を以てこれを強制し、その違法を改める権利を含むものと解することは困難である。そして更にいうならば、国家が個人間の紛争について暴力を禁止し得ているのは、国家が権力により違法なる個人に強制を加える組織を有しているからであり、国家間の武力行使を一般に禁圧しようとするならば、これに代わる国際社会固有の強制手段を樹立せねばならない。ところが現在の国際社会はこうした固有の強制手段を欠いており、この社会において自力救済としての戦争その他の武力手段を禁止することは、国際義務遵守の精神を有せざる国家を却って有利な地位に置くことになる。不戦条約締盟国の一つが、武力手段以外の方法によって外国の権益を組織的に否認するとも、他の締盟国は手の下しようはなくなるのである。かくのごとき結果が法の精神に合わないことは言うまでもない。この実例こそが、一九二九年の東支鉄道紛争であり、今回の満州事変なのである。

このように田岡は、満州事変を自衛権の行使として不戦条約との抵触を回避しようとした日本の国際法学界の大勢に抗するとともに、返す刀で自助に代わる権利救済手段を持たない不戦条約そのものへの本質的批判を提起したのである。そこでは信夫の不戦条約論になおも漂っていた国際道徳の漸進的発展という神話は打ち砕かれ、国際社会における権力政治の現実がシニカルなまでに抉り取られている。それは確かに、同時期に擡頭しつつあったリアリズム国際政治論とも通底する心性であった。ともあれ田岡は、以後『空襲の国際法』や『戦時国際法』を公刊し、この世代における戦時国際法研究の最大の担い手となったのである。(56)

他方、日中戦争以降信夫が心血を注いだのも、戦時国際法の研究であった。日中戦争期に海軍の国際法事務嘱託となった信夫は、公務の合間をぬって執筆を重ね、太平洋戦争開戦直前の一九四一(昭和一六)年一一月に五千頁に亘る畢生の大著『戦時国際法講義』全四巻を上梓した。(57)古希を迎えた信夫は、その序言でこう述べる。「国際法は第一次大戦に於てその権威殆ど地を払つて去れる概があつた。現下の第二次大戦となりても、当初の数ヶ月間は特に甚しき国際法違反のことありしを聞かなかつたが、月日の経つに従ひ、国際法なるものは前大戦の時よりも一層影薄となり、今や学世その存在すら忘るるの姿となつた。別して戦時には最早や中立国などあり得ず、海牙議定の諸条約殊に中立国の権利義務に関するそれの如きは悉くこれ時代錯誤のみ、と視るのが今日世上一般の風である。……国際法は今日よしんば影薄となつたにもせよ、決して死滅したのではない。……国際法は国家の対外行動を是が非でも弁護せんがために存在するのではなく、その行動の曲直(利害得失ではなく正邪曲直である)を一段の高所から法的に裁断すべき基準たるに於て存在の意義がある。……私の本講を公刊する、一つは近時欧米の一部の論客の間には国の損得を措いて国際法何物ぞと飈言する者稀でなく、その盟邦与国たると否とに依りて法的批判を二三にする者往々あるが如き時流に鑑みての故でもある」[58]。

信夫にとって戦間期国際秩序は、甚だ矛盾に満ちたものであった。義戦のエスカレーションとして第一次大戦を受けとめた信夫にとって、戦時国際法による「戦争の囲い込み」は大戦後なおも重要性を失わぬ筈のものであった。しかしながら、国際連盟規約から不戦条約に至る戦争違法化の潮流を信夫は全く無視することはできなかった。信夫がとりあえず与えた解答は、不戦条約を戦争放棄に重点を置いて捉えるのではなく、第一次大戦前から存在していた平和的手段による国際紛争処理の漸進的拡大という文脈に引きつけて解釈するというものであった。だが満州事変の勃発は、国際道徳は自衛権濫用の抑制を高調しつつも国際法はその自衛の要求せしむる対象範囲を却って拡張するという、信夫が「現代の一般的趨勢」と見たものの問題点を露呈させることになった[59]。「国際法上の戦争」と区別された「事実上の戦争」として、「事変」の名の下に「自衛権」の行使範囲が拡大していく状況こそが、戦争違法化の逆説だったのである。こうした逆説を認めつつも、否認めるが故に信夫はなおも戦時国際法への固執を捨てきれなかった。信夫にとって戦時国際法に代表される「古典外交」の精神とはいわば不動の価値であり、田岡を含む一九三〇年代のリアリスト達のようにアイロニーの感覚をもって選び取ったものではなかったのであろう。かくして澎湃として湧き上がる大東亜共栄圏論に背を向けて、信夫は太平洋戦争中に小村寿太郎伝を執筆する[60]。それは、かつて確かに存在した日本の「古典外交」の実践者への、幾許かのノスタルジアを込めた賛辞であった。

だが太平洋戦争期の信夫は、ただノスタルジアに耽溺していただけではなかった。敗色が漂い始めた一九四四（昭和一九）年一月に信夫は、現下の大戦が終局を迎えた暁に、戦時国際法の総検討を促す主要列国の一大国際会議の開催を日本が主催することを提案した。

戦時国際法は泰西に発達したものの、今日「国際法の精華」は日本以外に見出すことはできない。我国を「世界の国際法の大本山」たらしむることは天の下した日本の使命なのである。もしこうした一大会議の開催が困難であるのであれば、次善策として、講和会議において、空襲の無差別爆撃と商船の無警告且無差別的撃沈の禁止という二大問題について共同宣言を採択することが必要である。「早晩来るべき他日の講和条約の調印の際を機とし、我国が率先提唱して……二大問題に関し単行的の一共同宣言として全世界の前に律定宣明するあらば、我国として人道の向上に貢献するの如何に大なるか測り知れず、人類の福祉に向つて寄与したるその功績は、長へに世界の歴史の上に伝はること疑ふべくもない(61)」。

太平洋戦争終結の結果与えられたものが日本国憲法における「戦争放棄」条項であったことは、信夫にとって最大のアイロニーであったのかも知れない。

おわりに

信夫は東京裁判期に、「交戦権拘束の諸条約(62)」と題する講演を行っている。最後にこの講演の内容を振り返ることで、信夫の太平洋戦争観に簡単に触れておきたい。信夫は先ず、戦争を犯罪として見る議論は未だ国際法上の定則として支持されていないとしたうえで、交戦権の行使を拘束する主たる条約として、一九〇七年の第二回ハーグ平和会議で締結された開戦に関する条約と一九二八年の不戦条約を挙げ、両条約と太平洋戦争との関連を論じている。開戦に関する条約は、攻撃に先立ち宣戦布告もしくは条件付開戦通告を含む最後通牒を手交することを規定しているが、真珠湾攻撃をこの規定違反と見るか否かという問題がここから生じる。開戦に関する条約は、特に空襲至上主義の今日においては実際的価値の乏しい時代錯誤に属するものであるが、立法論はともかく解釈論としては、一二月八日の対米通告は宣戦布告や最後通牒と見做すことは不可能で、日本の敵対行動の開始は明らかに条約違反を構成したと論ぜざるを得ない、と信夫は述べる(63)。

また不戦条約との関連については、信夫は次の三つの理由で日本が条約違反の過失を演じたことは弁護の言葉がないとする。第一に太平洋戦争は、特定地域内に自国の優越的地位を築き上げようとするものであり、不戦条約において放棄を約束した「国家の政策の手段としての戦争」であることは否めない。第二に、何もかも自衛にかりて自国の行動を弁護する自衛濫用の従来の慣例を踏襲するならば格別、自衛の語を厳粛に解釈する限り、太平洋戦争を国家の自衛権にて弁護するのは困難である。第三に、太平洋戦争が「侵略戦争」であったことは蔽い得ず、従ってそれは不戦条約の精神と相容れざるものというべきである。不戦条約の実際的価値については疑問が多い。国家の政策の具としての戦争を放棄するということの裏面にあるのは、自衛権概念の肥大化であり、大概の戦争は自衛権の名の下に大手を振って行うことができ、かくして不戦は不戦でなくなる。また、「支那事変」がそうであったように、事変という名で事実上の戦争を行うことで不戦条約違反を回避する「権道を弄せしめる抜け道」が開かれている以上、不戦条約の実効性は疑わしい。とはいえ、これもまた立法論に過ぎず、日本の行動が条約締約国としての責務に背馳し、為に列国の非難を招いたことは、自業自得とはいえ残念に思わざるを得ない。

こうして開戦に関する条約と不戦条約に対する日本の条約違反という判断を導いた信夫は、最後に条約違反と制裁の関係についてこう結論づけたのであった。条約違反は国際信義に悖るものであるが、現行国際法上敢えて犯罪を構成するものではない。従って条約違反に対する制裁としては、国際世論の道義的制裁によるしかない。「国際条約、殊に不戦条約違反の我国は、その背信行為に対する国際世論の法廷の厳粛なる糾弾を受くるについて禁固何年といふ有形的な体刑よりは遥かに不利で且つ苦痛の大なる無形的制裁を当然受けなければならぬ地位にあるのではないかと、私は信ぜざるを得ないのであります」。

（1） 信夫淳平「従軍所感と国際法」（『国際法外交雑誌』第四二巻第七号、一九四三年）。

（2） 信夫は、これに「戦時変法」という訳語をあてている。信夫に拠れば、戦時変法の要旨は、「戦時遵守すべき交戦法規として一般に認定されある所のものも、特に或須要の利益を捉へ若しくは重大の災害を避けんが為めには、之を遵守せざるも可なり」というもので、ホルツェンドルフによって国際法の原理として組織的に体系化されたという。一九〇二年にドイツ参謀本部によって編纂された『陸戦戦時慣例』では、この戦時変法主義が採用されている（信夫淳平、国際政治論叢第二巻『国際政治の綱紀及連鎖』日本評論社、一九二五年、八七―九一頁）。

（3）なお、外交官時代の信夫の略歴は以下の通りである。一八九七・一〇領事官補・京城在勤、一九〇一・六公使館三等書記官・メキシコ在勤、〇二・六兼領事、〇四・三臨時外務省事務従事、〇五・四公使館二等書記官、〇五・一二関東総督府附、〇六・一〇仁川理事庁理事官、一〇・三大使館一等書記官・オーストリア在勤、一二・五公使館一等書記官・オランダ在勤、一四・六総領事・カルカッタ在勤、一七・七臨時外務省事務従事、一七・一一依願免本官（戦前期官僚制研究会編・秦郁彦著『戦前期日本官僚制の制度・組織・人事』東京大学出版会、一九八一年、一二〇頁）。

（4）信夫、前掲「従軍所感と国際法」三―四頁。

（5）有賀長雄『日清戦役国際法論』（陸軍大学校、一八九六年）。なお同書については、明石欣司「日本の国際法学『対外発信』の一〇〇年――欧米著作公刊活動を中心にして」（国際法学会編『日本と国際法の一〇〇年　第一巻・国際社会の法と政治』三省堂、二〇〇一年）二一〇―二一一頁。

（6）「有賀長雄博士の七回忌に際して」（信夫淳平『反古草紙』有斐閣、一九二九年）二六五頁。

（7）国際政治論叢第一巻『国際政治の進化及現勢』（日本評論社、一九二五年）、前掲第二巻『国際政治の綱紀及連鎖』、第三巻『国際紛争と国際聯盟』（日本評論社、一九二五年）、第四巻『外政監督と外交機関』（日本評論社、一九二六年）。なお、同時期に出版されたより若い世代による国際政治学の研究書としては、神川彦松『国際聯盟政策論』（政治教育協会、一九二七年）、蠟山政道『国際政治と国際行政』（巌松堂書店、一九二八年）。

（8）川田侃『国際学1　国際関係研究』（東京書籍、一九九六年）三四一頁。

（9）信夫は、「平素教壇にて外交史を学生に講述するに方り、勗めて外交史といふ命題を避けて国際政治史と称するを常と」したという（前掲『国際政治の進化及現勢』二四頁）。

(10) 信夫、前掲『国際政治の進化及現勢』一頁。
(11) 同右、八頁。
(12) 同右、三一五―三二三頁。
(13) 同右、三五四頁。
(14) 同右、三一一―三一二頁。
(15) 信夫淳平『外政新論』(大鐙閣、一九一八年)二七頁。第一次大戦末に出版された同書は、多くの点で後に体系化された『国際政治論叢』と重なりを持ち、同一論調の著作と見做すことができる。
(16) 同右、三〇―三一頁。
(17) 信夫、前掲『国際政治の綱紀及連鎖』二三三―二三四頁。
(18) 同右、一八八頁。
(19) 同右、二四一頁。
(20) 吉野作造「国際聯盟は可能なり」(『吉野作造選集』第六巻、岩波書店、一九九六年)一二頁。
(21) 信夫、前掲『国際紛争と国際聯盟』三二一―三二二頁。
(22) 同右、一六七頁。
(23) 同右、六二―六四頁。
(24) 信夫、前掲『国際政治の進化及現勢』二三三―二六七頁。
(25) 芝崎厚士『近代日本と国際文化交流――国際文化振興会の創設と展開』(有信堂高文社、一九九九年)三六―三九頁。同書は、信夫の国民外交論に関しても明快な指摘を行っている。
(26) 信夫、前掲『外政監督と外交機関』五三―五四頁。
(27) H・ニコルソン[斎藤眞・深谷満雄訳]『外交』(東京大学出版会、一九六八年)。

(28)　信夫、前掲『国際政治の綱紀及連鎖』一九四頁。
(29)　「大震災周忌に際して」(信夫、前掲『反古草紙』三二一—三二三頁)。
(30)　Martti Koskenniemi, *The Gentle Civilizer of Nations: Rise and Fall of International Law 1870-1960* (Cambridge: Cambridge University Press, 2002).
(31)　信夫淳平『大正外交十五年史』(国際聯盟協会、一九二七年)はしがき。
(32)　同右、二—三頁。
(33)　同右、一三七頁。
(34)　例えば、「米国基督教聯盟の我が国情調査」(信夫、前掲『反古草紙』所収)。
(35)　信夫、前掲『大正外交十五年史』二五一頁。
(36)　入江昭『極東新秩序の模索』(原書房、一九六八年)第二章。
(37)　信夫、前掲『大正外交十五年史』二五二—二五三頁。
(38)　同右、六七—六八頁。
(39)　この会議の衝撃については、例えば、松本重治『上海時代(上)』(中公新書、一九七四年)二〇—三五頁。
(40)　信夫淳平『満蒙特殊権益論』(日本評論社、一九三二年)五二三—五二九頁。
(41)　信夫淳平「不戦条約の本質」(『外交時報』第五七八号、一九二九年一月)。なお、信夫の不戦条約観については、伊香俊哉「戦争違法化体制と日本——『国際紛争の平和的処理』原則と『自衛』論の相剋」(『年報・日本現代史第三号　総力戦・ファシズムと現代史』現代史料出版、一九九七年)二三六—二三九頁。
(42)　信夫淳平『不戦条約論』(国際聯盟協会、一九二八年)一〇頁。
(43)　ブライアン平和条約については、同右、九六—一〇七頁。
(44)　例えば、蠟山政道「不戦条約と日本外交の将来」(同『日本政治動向論』高陽書院、一九三三年)。

(45) Walter Young. *Japan's Special Position in Manchuria* (Baltimore: Johns Hopkins Press, 1931).
(46) 信夫、前掲『満蒙特殊権益論』五二〇頁。
(47) 三谷太一郎「国際環境の変動と日本の知識人」(同『大正デモクラシー論』[旧版]、中央公論社、一九七四年)二三二―二三四頁。
(48) 信夫、前掲『満蒙特殊権益論』三頁。
(49) 同右、五一二頁。なお、小林啓治『国際秩序の形成と近代日本』(吉川弘文館、二〇〇二年)一三五頁。
(50) 本書、第三章第二節参照。
(51) 三谷、前掲『大正デモクラシー論』[旧版]二四一頁。
(52) 「大亜細亜主義の謬妄」(信夫、前掲『反古草紙』)四六頁。
(53) 加藤陽子『模索する一九三〇年代』(山川出版社、一九九三年)第二章。
(54) 立作太郎「日支事変と国際法上の戦争」(『国際知識』一九三八年一月号)。
(55) 田岡良一「疑ふべき不戦条約の実効」(『外交時報』第六五四号、一九三二年三月)。
(56) 田岡良一『空襲と国際法』(巌松堂書店、一九三七年)、同『戦時国際法』(日本評論社、一九三八年)。因みに田岡は、戦後日本の最も著名なリアリズム国際政治学者の一人である高坂正堯が終始学問的尊敬を払った人物であった(『高坂正堯著作集』第六巻、都市出版、二〇〇〇年、解説、六七一―六七二頁)。
(57) 信夫淳平『戦時国際法講義』全四巻(丸善、一九四一年)。
(58) 信夫、前掲『戦時国際法講義』第一巻、三―五頁。
(59) 信夫、前掲『満蒙特殊権益論』五一四頁。
(60) 信夫淳平『小村寿太郎』(新潮社、一九四二年)。因みに、「国民外交」は、日本人移民排斥に関する紳士協定が締結された翌一九〇八(明治四一)年に、小村外相が渋沢栄一を始めとする実業界にその必要性を説いたことが端緒とされる（芝崎、前掲『近代日本と国際文化交流――国際文化振興会の創設と展開』三六頁）。

(61)　信夫淳平「戦時国際法上再検討を要する若干問題」（『国際法外交雑誌』第四三巻第一号、一九四四年）。なお、戦時国際法の完成を促す一大国際会議の提唱という構想は、既に、信夫、前掲『戦時国際法講義』第四巻、九二〇頁、に見られる。

(62)　『信夫淳平氏・交戦権拘束の諸条約（特に開戦手続き条約と不戦条約）』。筆者が利用したのは、東京大学社会科学研究所所蔵の手書きの謄写版と思われるものからの複写本である。「昭和二十五年五月一日内外法政研究会・寄贈」と表紙にあるが、講演の時期・場所については未確定である。

(63)　なお、同様の判断が既に日米開戦直後に立作太郎等によってなされていたことについては、伊香俊哉『近代日本と戦争違法化体制――第一次世界大戦から日中戦争へ』（吉川弘文館、二〇〇二年）三一七―三一九頁。

第三章　「東亜協同体論」から「近代化論」へ

——蠟山政道における地域・開発・ナショナリズム論の位相(1)

はじめに

安保改定反対運動の余韻のまだ去らない一九六一(昭和三六)年半ば、論壇では日本近代化の再検討を主題とする一連の論考が発表された。例えば『中央公論』は、経済学者中山伊知郎・社会学者尾高邦雄・政治学者蠟山政道による日本近代化に関する論説を連載した後、九月号ではE・O・ライシャワーと中山伊知郎の対談「日本近代化の歴史的評価」を掲げた。ライシャワー大使の赴任と同時に顕著になったこの潮流は、ケネディ政権の途上国開発政策に大きな影響を与えたW・W・ロストウの名に因んで、ロストウ＝ライシャワー路線と命名され、日本近代化に対してより批判的な姿勢をとる論者達からの激しい攻撃の対象となった。先のライシャワーと中山の対談が「大東亜戦争の思想史的意義」という論争的なタイトルを掲げた上山春平の論説と並べて掲載されたことも手伝ってか、これらの議論は、アジアにおける近代化の範型としての日本近代化の意義を強調することで、戦前期日本の近代化の成果に対する過大評価、ひいては「大東亜戦争肯定論」へと繋がるものである、と厳しく批判されたのである。(3) このように、六〇年安保後に登場した日本近代化の再評価を求める議論は、アメリカ社会科学の産物である「近代化論」の移植という文脈か、六〇年代における保革のイデオロギー抗争という文脈か、そのいずれかに即して論じられることがこれまでは多かったように思われる。

これに対して本章は、ひとまず六〇年安保期の文脈を離れて、政治学者蠟山政道の議論を中心に、戦前・戦中期からの思想史的文脈のなかにこうした言説の形成過程を位置づけることを目的とする。六〇年安保期の議論は、当時しばしばそう解釈されたような単なるアメリカ社会科学の移植やアメリカの冷戦戦略への追随にとどまるものではなく、その当否は別にしてそれなりに内在的な知的前提が存在していたことを、ここでは重視したいからである。蠟山は「近代化論」をめぐる論争の中心的人物ではないが、第一次大戦後から一貫した関心に基づいた国際政治論を数多の時事的論説とともに残している。このため蠟山の国際政治論における地域・開発・ナショナリズム論の位相を辿ることで、六〇年安保期における議論の知的系譜の一つを探ることが可能になるのではないかと思われる。すなわち、戦前・戦中・戦後にわたる蠟山の議論を通して、アジアのなかでの日本近代化の位置づけや、アジア地域における国際政治の特質とそこでの日本の役割に関する自己了解の型の一つを知り得るのではないか、と考えるのである。それはまた、従来必ずしも充分に扱われることがなかった戦後のアジア論の一側面を、歴史的に考察する手がかりにもなることであろう。

一　発想の原型

蠟山政道は日本の行政学研究の草分け的存在であるが、同時に、処女作『政治学の任務と対象』の終章で(6)「国際政治の意義及び発達」を論じて以来、数多くの国際政治に関する論説を発表した、日本における国際政治学の定礎者でもある。一九二五(大正一四)年に公刊された当時としては画期的なこの著作には、その後の蠟山の基本的関心が全て出揃っていると言っても過言ではない。それ故ここでは先ず、初期の蠟山の著作から、その生涯にわたり展開された国際政治論を貫く発想の原型を読み取りつつ、それがどのように実際の国際政治状況をめぐる議論に適用されていくのかを瞥見してみたい。

大正期における社会科学の成立事情を反映して、蠟山の学問的軌跡は、伝統的な国法学的政治学が前提とした国家概念の所与性の解体から開始された。蠟山が研究を開始した頃の日本の政治学界には、一方では価値と存在を峻別する新カント派の認識論に依拠しながら政治概念の自律性を獲得しようとする動きがあり、他方では英米の実証主義に依拠しながら政治現象の動態的分析に迫ろうとする動きがあった。これらはいずれも国家概念と政治概念の即自的一体性を拒絶することで、政治学の国法学からの自律を図ろうとした試みであった、と言ってよい(7)。蠟山はこうした動向に敏感に反応しながら、実証主義に対しては政治学の社会学への埋没の危険性を指摘し、理想主義に基づく政治概念の積極的構成の意義を説きつつ、理想主義に対しては政治現象という対象の把握は実証的経験を離れてはなし得ないことを説くことで、この二大潮流を架橋しようとした。蠟山の処女作はこうした架橋の試みを示すものであり、そこで政治学の任務とされた組織と機能の統一的把握は、蠟山政治学の基本的課題として生涯にわたり維持されたのである。

このように提起された国家概念の所与性の問い直しは、同時に国際政治学の成立を促す契機でもあった。国家と国家との関係もしくは数個の国家間の関係を中心として発生する政治現象は、従来、外交政策もしくは対外政策と称されてきた。この立場の特色として、蠟山は国家中心と国家本位という二つの「国家観的支柱」を指摘する。前者は或る一国を中心として、自国と諸外国との交渉・関係を考えるものであり、この立場からは、新ヘーゲル派のボサンケに典型的に現れているように国家以上の上層概念を認めない態度が生まれるのが通例である。しかしながら、たとえ政治指導者や一般民衆が国家以外の最高絶対の結合体が存在しないと信じていたとしても、その国家なるものによって統制されている国民が種々なる通路を通してお互いに接触し交通する結果として、国家と国家は何らかの交渉を持たざるを得ない。そこで第二に、その交渉の態度として国家本位ということが生じる。この思想の哲学的基礎は、ギリシャ市民国家におけるプラトーとそれを近代国家に適用したヘーゲルによって与えられ、英国においてはトーマス・ヒル・グリーンにより発展させられたが、その要点は、各国民の歴史的使命もしくは文化的職分に置かれている。各国民の世界に対する貢献は、あくまでも直接的には自己の与えられた歴史的使命もしくは文化的職分を完成することによってなされるべきものであり、そこでは国際関係はよくてもせいぜい協調主義にとどまり、同一の目的に従って協同するという点には至り得ない。こうした国家中心ないし国家本位の外交政策ないし対外政策に反対して、新たに擡頭してきたのが国際政治なのである(8)。

ここでは先ず、従来の国家観に哲学的基礎を与えたものとして、グリーン、ボサンケというイギリス新理想主義の系譜が重視されている点に着目したい。蠟山が国家概念の所与性を剥奪した新たな政治学理論を構築しようとした際に最も影響を受けたのは、当時の政治学の最先端であったイギリスの多元的国家論であり、とりわけそこで共有されていた職能説における機能概念は蠟山政治学の嚮導概念をなすものであった。蠟山の政治思想の形成も、基本的には新理想主義を経て多元的国家論へと流れていくイギリス政治思想の展開と並行関係を持つものであり、蠟山はそのことをよく自覚していたのである。また蠟山に先立つ世代の政治学者達が、日露戦後から第一次大戦期までは、倫理的共同体としての国家観念に依拠しながら「内には立憲主義、外には帝国主義」を基礎づけたこと、これに対して大正後期の政治思想の展開が「社会の発見」と称される社会概念の対象化を中心的主題にしていたことは、既によく知られている(9)。この意味で、巨視的に見たとき蠟山の国際政治論は、大正期における社会概念の析出が国際政治領域に拡大された場合の一つの論理的可能性を示すものであった、と考えることができよう。

このような国際政治領域における機能概念への着目は、一九二八(昭和三)年に出版された『国際政治と国際行政』においてより体系的に展開された。同書の序言によれば、一九二〇(大正九)年に大学を卒業してから助手として、国際法学者立作太郎の下で『国際法外交雑誌』の編集にあたりながら大戦後の欧州国際事情を学んだ蠟山は、この頃レナード・ウルフの『国際統治論』を読み、強い感銘を受けたという[10]。このことは、偶然ではない。ウルフはフェビアン協会の国際問題の専門家であり、フェビアン協会からの委嘱により第一次大戦のただなかに執筆された同書は、戦間期の国際政治論に特徴的なリフォーミズム的色彩を持つとともに、後にミトラニー等によって継承・発展された機能主義的国際政治論の先駆的業績と見ることのできる著作でもあった[11]。蠟山がウルフの著作から啓示を受けたのも、先に触れた職能説における機能原理が国内領域のみならず国際領域まで貫徹していることを発見した驚きに、恐らくはその理由が求められるであろう。

蠟山は国際政治の経験的基礎として、国際組織・制度を重視する。国際政治組織とは、国際社会なる全体社会の構成・維持及び発達のため生み出され、その成員の活動に対して統制を加える職分を有する。国際社会は二つの部分社会、すなわち種族社会・民族社会・国民社会からなる基礎社会と、株式会社・労働組合・学会等からなる派生社会から成り立っている。これに対応して国際政治組織の単位も、基礎社会たる国家を単位とする外交機関・公的国際機関と、派生社会たる個人もしくは結社の結合により成立する私的国際機関に分類される。国家が明白に国際政治組織の単位として現れるのは公的国際機関においてであり、公的国際機関は、各国家がその外交機関を通じて行う国際立法・国際行政によっては国際社会の必要を最早満たし得なくなったときに、進化の大勢に推されて自国本位的立場を棄てて国際政策的立場をとり、協同して設立する組織である。その業務は、積極的には、各国家に共通な利益を齎し、しかも各国家単独では実行不可能な事業を行うものであるが、消極的には、各国家の独立・自由・主権に触れない範囲の事業に限定される(12)。

かくして国際政治組織の成立根拠は、個別国家では解決不能な政策領域の出現と、各主体の相互協力を可能にする利益の共有性に求められるわけであるが、このような国際政策領域の出現は国際行政の発生原因でもある。ここで注目すべきことは、蠟山においては、こうした国際行政の発展が、一九世紀後半以降の職能国家化に伴う国内行政の発展とパラレルなものとして意識されていることである。国際行政の職能の種類は、先ず交通機関から始まり、風紀衛生、商工業・金融、そして科学研究へとその範囲を拡大しているが、これは国内行政の発達と軌を一にしているとされる。「単にその種類の多寡よりするならば、総ゆる国家行政に付て国際行政の存在を認められると言つても過言ではない」のである(13)。このことは、蠟山の国民国家を超えた、トランスナショナルな社会関係についてのイメージを考えるうえでも重要である。後述するように蠟山は、二〇世紀は「脱国民国家」の時代であるという立場を終生とり続けたが、国家領域を超えて成立する全体社会の政治的要求と国民主義との矛盾の一つとして蠟山が挙げたのが、国家統治機関の代表原理としての地理的区画主義であったこと(14)は興味深い。蠟山は早くから議会における職能代表制度の導入論者であった(15)が、地域的代表から機能的代表への転換という関心はその国際政治論においても貫かれたのであった。

このように蠟山においては、国内政治と国際政治は、ともに職能・機能原理の貫徹する領域として不可分のものと意識されていた。蠟山はたびたび、国際政治における各国共通の利益は単なる人道的ないしコスモポリタン的意識によっては捕捉できないことを強調したが[16]、それは蠟山における国際主義の根拠が統治領域の機能的拡大という現実的要請に求められていたからである。一九二〇年代の蠟山の国際政治論には、同時代の西欧国際政治学に共有されていたリフォーミズム的色彩が濃厚に漂うが、その場合でも蠟山は、世界政府論的な主権概念批判には終始距離を置いて接していた[17]。蠟山の機能主義的国際政治観が、こうした法律主義的な国際連盟論に距離を取らせた、と見ることができよう。この点では蠟山は、戦争回避のための法的枠組の構築に傾倒し、国際関係におけるコンスティテューショナル・アプローチに好意的であったウルフよりも[18]、より機能主義的アプローチに忠実であったと言えるかも知れない[19]。蠟山は国際連盟における国際行政機関の制度化を国際協力の進展として評価していたが[20]、後述するように安全保障領域については、国際連盟の役割は戦後の欧州秩序の現状維持にその眼目がある、という現実的判断を抱いていたように思われる。

以上検討してきたことから明らかなように、蠟山の国際政治論には、国際社会の機能的統合への展望が織り込まれていた。一九世紀においては一定の意義を持った国民主義とデモクラシーの結合は、今日その飽和点に達し、国際政治の要求はこの国民主義の構える埒柵を破って、外部に進展しつつある、と蠟山は考えるのである[21]。だが、既に相互依存関係の進んだ欧州先進諸国と異なり国民国家の未形成な東アジア地域において、こうした理解はどの程度妥当性を持つのであろうか。この点についても初期の蠟山は、決して無自覚ではなかった。蠟山は二〇世紀の欧州諸国における国民主義から国際主義への移行を認めつつも、極東・太平洋沿岸諸国においては、二〇世紀は寧ろ国民主義の時代である、との判断を下していた。欧州諸国においても封建制度の崩壊から国際主義の提唱を見るまでには、国民主義の成立・発展・衝突の時期を経験しながら少なくともおよそ一世紀の歴史を経ているのに対して、極東諸国における国民主義は漸くその成立期ないしは発展期を迎えたに過ぎず、過去においては「封建専制政府と非立憲政府との衝突」はあっても、「国民と国民との戦争は未だ無かつた」からである。(22)

こうして第一次大戦後の極東における地域秩序は、新たに擡頭しつつある極東諸国の国民主義の趨勢に基づいて構築されねばならない。その際蠟山が着目した要因は、中国国民党の成長と太平洋沿岸における米国国際資本の移動であった。蠟山は当時の日本の知識界に根強かったマルクス主義的帝国主義論とは異なり、米国の資本輸出がこの地域の相互依存を高めることに期待しており、中国国民革命の進展とともに独立性を増した中国がこうしたネットワークに組み込まれることで、「不完全乍ら独立対等の国々」の間でアジア・太平洋における地域秩序が形成されるシナリオを長期的には描いていたように思われる。(23)この地域の新興ナショナリズムの意義を認めつつも、それを先進国主導の国際政治経済体制に組み込むことでその突出を抑制する、という問題関心である。蠟山の当時のワシントン体制像もまた、このようなものであったと考えられる。

蠟山はこうしたアジア・太平洋地域における相互依存の漸進的拡大を踏まえながら、アジア・太平洋における地域平和機構の設立を提案した。この提案を促した契機の一つは、一九二八(昭和三)年に成立した不戦条約であった。蠟山は「粗漫にして薄弱なる国際条約とは言へ、不戦条約によつて太平洋岸に位する総ゆる有力国に一個の国際組織の網が張り渡された」[24]ことに着目する。ワシントン会議以後列国の対中国政策はそれにより輪郭を規定され、最早現在の極東国際関係には、一国の自由意思によっては侵犯し得ない規範が存立しているが、不戦条約の締結はこの方向を更に一歩進めたのである。[25]だが不戦条約がいかなる形で太平洋関係に影響を及ぼすかは、不戦条約をめぐる各国の思惑の違いもあり必ずしも自明ではない。国際連盟の中核を担う英仏は概して不戦条約には消極的であり、国際連盟は英仏の意向を反映して、安全保障については相互保障と現状(status quo)の約定を目標にした外交を展開している。蠟山によれば、「国際聯盟式外交」とは、「ライン問題と東欧中欧諸国の現状維持とを主張する仏国外交であり、エヂプトの保護権と大英帝国の安全保障とを主張する英国外交であり、ユーゴスラビアを窺ふ伊太利外交であり、満蒙の支配権と山東に於ける勢力範囲とを失はざらんとする日本外交の集合名詞」なのである。[26]従って蠟山は、英仏の影響力の強い欧州地域の安全保障については不戦条約を核とする米国の国際政策は結局消極的なものに終わらざるを得ない、と見る。[27]

しかしながら、太平洋関係においては事情はいささかこれと異なる。国際連盟は、太平洋岸に対しては、その僅かな参加国を通してか、または委任統治地域に対してかに、直接間接の関係を持つに過ぎず、しかもこの地域の安全保障に深く関係を持つ米ソ両国は連盟の加入国ではない。それ故、太平洋における国際連盟と地域秩序の関係は、欧州の場合と同一視することはできない。寧ろこの地域の安全保障のイニシャティヴは、連盟と欧州諸国の関係を顧慮しつつ、なおかつ連盟と独立な国際組織を実現しようとする米国から現れている。このアメリカ・ロカルノ体制とも呼ぶべき構想に対していかなる対応をとるかに、日本外交の将来はかかっているのである[28]。

蠟山の地域平和機構への関心は、中国ナショナリズムの擡頭によって日中間の緊張が高まるにつれて、より切実なものになっていった。各国の民間識者からなる太平洋問題調査会の国際会議に出席して実際に中国側の厳しい対日態度に触れた経験は、蠟山にこうした地域的平和機構の必要性とその実現の困難さに対する認識を深めさせたものと思われる[29]。不戦条約をアジア・太平洋地域に適用しようとしたとき、最大の焦点となるのは中国問題であり、満州を含むアジア大陸がその条約地域のなかに包含されることは避け難い。だが、不戦条約の実効性を担保する国際紛争処理の審査・調停を行う公的機関を樹立することに、日本側が同意するとは到底考えられない。従って残された方策は、国際聯盟協会や太平洋問題調査会のような現存する私的機関を発展させ、国際連盟の専門機関や事務局との連絡を確保しつつ、米ソ等の主要国の有力人物を網羅した常設的機関を設けることでその公的性格を高めていくことしかない。その際、国際連盟における国際行政・財政の経験と技術を利用することが、単に連盟との協力を確保するためだけではなく、その機関自体の能率と成績を上げるために不可欠である。こうした常設的機関を設けた私的国際機関は、直接的な政治的機関よりも、太平洋における金融・通貨・交通・労働といった諸項目を調査対象とする経済機関として先ず発展するであろう[30]。かくして蠟山の主張は、アジア・太平洋地域における機能的統合の漸進的拡大という主題に立ち返っていったのである。

初期の蠟山は、多元的国家論の影響を受けながら、職能国家化に伴う統治機能の拡大を国際領域にまで読み込むことで、国際政治の成立根拠を基礎づけた。こうした機能統合の進展こそが二〇世紀の国際政治の特質であり、それは国際社会に遍く貫徹する筈の論理であった。事実、蠟山はこの時期に築いた発想の原型を、生涯にわたり維持し続けたと言っても過言ではない。しかしながら、既に相互依存関係の進んだ欧州先進諸国と異なり、国民国家の未形成なアジア・太平洋地域において国際政治学の先駆者たらんとした蠟山は、新興ナショナリズムの論理と機能統合の展望をどう接合させるか、という課題を抱え込まざるを得なかった。また安全保障領域においても、この地域は、国際連盟とロカルノ条約との結びつきに比肩するような地域的安全保障の枠組を持たなかった。こうした欠落を埋めるべく、蠟山はアジア・太平洋における地域的平和機構の設立を提唱し、地域秩序形成の展望を示そうとした。だが皮肉なことに、この「地域」概念こそが、満州事変後には蠟山の国際政治論の中核的概念に上昇するとともに、蠟山の国際政治論の基調を変化させていく媒介となるのである。次節ではこの変容過程を、蠟山の認識枠組に即して論じてみたい。

二 「東亜協同体論」への傾斜

満州事変の勃発は、日本の大陸政策と中国国民主義の衝突を現実のものにした。蠟山は不戦条約締結時から、同条約が中国問題をめぐる紛争に適用された場合について日本外交はいかなる態度をとるべきか、を考慮することを促していた。しかるに、満州事変における米国のスティムソン外交の展開は、このような蠟山の懸念をまさしく裏書きするものであった[31]。それ故蠟山の事変処理収拾構想は、国際連盟との関係を念頭に置きつつ、満州問題の性格を現存の国際規範のなかでどう位置づけるか、という点に最大の眼目が据えられることになった。

既に先行研究が指摘しているように[32]、満州事変期の蠟山の議論は次の三つの特色を持っていた。蠟山は先ず、満州における日本の地位の特殊性の弁証を試みた。蠟山は、満州における日本の地位を国際法的観点から既存の条約上の諸権益の集積として捉える見解を批判して、満州の社会的発展段階においてはそもそも近代国家を前提とした国際法が適用できる領域が限られており、満州問題は条約解釈や法理的擬制によってではなく、事実関係を基礎とした「新たなる国際的政治的意思の表現たる立法」によって解決される外ない、と論じた[33]。こうした法的「特殊権益」論から、事実状態を基礎とした政治的「特殊関係」論として満州における日本の地位を位置づける点に、蠟山の議論の第一の特色があった。

だが第二に、このような日満関係の特殊性の弁証は、満州問題は国際連盟とともに解決されねばならないという蠟山の信念に裏打ちされていた。満州問題の特殊性を強調することは、国際紛争処理の手続き・形式に関して満州問題を飽くまでも例外的事例として扱うことで連盟加盟国の理解を得やすくする、という考慮に基づいていた。連盟各国、殊に小国は満州に関する実際問題には関心がなく、彼らの懸念は、満州事変の処理が連盟の国際紛争処理に関する先例になることで自国の安全保障の基礎が揺らぐことにあるからである。[34] また前節でも指摘したように、本来連盟の主要大国たる英仏は国際連盟の安全保障上の役割については大国に有利な現状維持的態度をとっている、という判断が蠟山にあったことも見逃せない。蠟山は既に不戦条約締結に際して、米国外交が「今日の不戦条約の程度を越えて、積極的に何等かの国際機関の設定を主張し来るならば、恐らく支那の賛同を受くるであらうが、日本は聯盟に反対するよりは寧ろ益々聯盟式外交の楯に隠れるであらう。その際、英国は今回の不戦条約に於て、表面上米国と仏国の中道を選び、実際上は仏国を支持した如く、表向は米国に賛同しつゝ、裏面に於て日本の立場に不利ならざる行動を採るであらう[35]」と予測していた。従って、満州問題の例外性を強調することで小国への配慮を示しつつ、大国との協調関係を維持して連盟を誘導していけば、満州国の国際的承認を勝ち取ることも不可能ではない、と蠟山は見たのである。[36] 蠟山は後においても、エチオピア問題に関して強硬な不承認決議を採択した国際連盟が、英国の現実主義外交による転換によって、一九三八(昭和一三)年五月に理事会決議によって不承認決議の拘束を解き、連盟各国の自由な個別承認を認めることになったことを引きながら、連盟の不承認決議が絶対的なものでないことを再説している。[37]

こうした蠟山の主張にも拘らず、日本は国際連盟を脱退した。だが第三に蠟山は、連盟脱退後においても、日本外交と国際連盟との紐帯を保つことを主張してやまなかった。この両者を媒介するものとして、蠟山は地域の特殊事情を考慮に入れた地域的平和機構の設立を提唱した。これは国際連盟の極東地方組織としての性格を持つものであり、これを介して日本は連盟脱退後も何らかの形で連盟との連絡を保つもの、とされたのである。[38] このような国際組織原理を、蠟山は「地域主義」と名付けた。国内における地域制度が、府県のような現行地方制度の変更を伴っても国家そのものの統一については何らの変更を為し得ないのと同じように、世界組織としての地域制度も、従来の植民地ないし半植民地の政治的変更は行われても、その上に世界に世界平和機構の原理の存在することを無視することは許されない。[39] こうして新たに導入された地域主義概念は、当初は国際秩序の統一性の存在を前提にその下位概念として位置づけられたのである。

しかるに、極東の特殊性を強調するものとして提唱された地域主義は、次第に現行国際秩序の普遍性に対する原則的批判へと転化し、世界秩序そのものの再編原理へと変容していく。この変容を決定的なものにしたのが、日中戦争後における東亜協同体論の提唱であることは言うまでもないが、ここでは先ず、このような蠟山の国際政治論の変容が単なる時局への即時的対応ではなく、蠟山の依拠する政治原理の転換を伴うものであったことを確認しておきたい。蠟山政治学におけるこの転換を示す重要な論文は、一九三五(昭和一〇)年秋に発表された「政治的統一の諸理論」である。[40]

蠟山はこの論文で先ず、政治的統一の理論の代表例として、カール・シュミットに代表されるファシズム的な全体的概念を俎上に載せる。政治的統一の理論は、それが如何なるものであれ先ず政治概念を予定しており、政治的統一の理論の相違は、政治概念の相違、とりわけ政治の機能概念に関する理解の相違に由来する。シュミットは政治の機能概念そのものに論理的に反対しているわけでは必ずしもないが、機能主義を積極的に主張するものではないこともまた明らかである。シュミットにおいては、従来の機能主義が個人主義・多元主義・理智主義に傾斜しすぎた結果、政治と国家の機械的・手段的規定に堕したことを排撃するために、その反動として政治機能の現実的存在及び文化的状況による被拘束性の側面のみが高調されている。だが、このような現実的存在や文化的状況は飽くまでも政治機能を促進する背景的要因に過ぎず、それによって発動された政治的決定や非常時の打開といった現象の概念化は、それに伴う意味との関連がなければ無内容なものに過ぎない。シュミットの云うように、もし友敵の区別決定と敵者排撃が「政治的なるもの」の核心であるならば、盗賊団の暴力行為と国家の軍隊によって行われる実力行為は区別し得ないであろう。従って、シュミットのように機能主義を排撃して、政治的統一の全体性の現実化を理論化することは、政治の目的的意識的側面を無視するものに他ならない(41)。

また、個人人格の尊重と政治的一体性確保との調和に眼目のあった一九世紀の自由民主主義と、その思想的背景の下に社会集団の人格的存在に重点を置く多元的国家論の連合的統一理論が、いずれも国家と人民の対立図式を前提としていたのに対して、全体的統一の政治理論の前提は治者と被治者の同質性であり、従って、そこでの政治的統一の図式は、国家―人民の二元的対立図式ではなく、国家―政治的指導（運動）―人民の三段階的構造を採るものとされる。しかし、こうした人民と指導者の同質性の理論をあらゆる社会的精神的領域にまで拡張して適用を試みることは極論である。あらゆる社会組織・制度を政治的に統一するには、その相互に通ずる内面的論理が発見されねばならないが、それは必ずしも政治によって創造しまた強制し得るものではないからである(42)。

蠟山のシュミット批判には、大正デモクラシー期に築かれた蠟山の政治思想の骨格が如実に現れている。政治概念における機能概念の意義を、その目的的側面と存在的側面の統一的把握に求めつつ[43]、シュミットにおける政治機能の存在的側面への一方的な解消を批判する蠟山の姿勢には、まさしく存在と当為の峻別を前提にした新カント派の価値概念の影響がある。また、民族的同質性に基づく全体的統一原理に対して、個人ないし集団の人格性の自律に基づく異質性の原理を対置させる態度には、多元的国家論の理論的核心を単なる社会集団理論のみに求めるのではなく、その前提をなす基本社会と個人人格の理論を重視する蠟山の多元主義理解が背景にある[44]。しかしながら、この論文で蠟山は、単に多元的国家論へオマージュを捧げているわけではない。寧ろそれとは逆に蠟山は、返す刀で多元的国家論批判を次に展開するのである。

この文脈で援用されるのは、米国の政治学者W・Y・エリオット[45]によって提唱された協同的有機的理論(Co-organic Theory)である。多元的国家論の過誤は、各社会集団が共に分有すべき共通目的の意識を強調しながら、それを実現する有機的統一の存在を軽視している点にある。これに対して、協同的有機的理論は、各社会集団が内在的に有機的統一性を齎す傾向を具有していることを重視し、共通目的に集団の成員を結合する組織化観念の生成過程を、単に意識的・理性的方面のみならず、伝統や感情といった文化的な環境裡に求める点に特色がある[46]。従って、そこにおける立憲主義理解も、「単に合理主義的な形式的な国家意思形式」としてではなく、「政治的協力の倫理的目的に関する政治的意図の国民的共同態」として立憲国家を捉えるものとなる[47]。従来立憲主義の指導原理として考えられてきた、自由主義・民主主義・社会民主主義は、現代の国家危機に当面してその焦点たる政治的統一の理論としてその意義を考察するとき、必ずしも充分な内容と構造を有しているとは言い難い。しかるに、協同的有機的原理に立つとき、立憲主義は初めて全体主義に対立し得るのではないか。こうした展望とともに、蠟山はこの論文を締め括っている。[48]

こうして蠟山は、処女作以来一貫した関心であった多元的国家論から影響を受けた社会集団の政治的機能への着目を継承しつつも、社会集団に内在する有機的統一への傾向を重視することで、連合的原理から協同的有機的原理へと、その関心を移行し始めたのである。蠟山は、政党内閣崩壊後からファッショ的独裁と区別された「立憲独裁」論を展開したが、[49]社会保障制度を具備した協同的有機的原理に基づく立憲主義理論は、[50]まさしく、こうした「立憲独裁」論の理論的基礎を提供するものであったと言えよう。蠟山自身の出発点でもあった大正後期における社会概念の析出状況は、この時期に至って、急速に協同的有機的統一性原理へと収束し始めたのである。この意味で、「政治的統一の諸理論」における蠟山の眼目の一つは全体主義批判にあったことは確かであるが、同時にそれはまた、日中戦争後の国民協同体論への移行過程であったことも明らかであろう。因みに、蠟山の国民協同体論においては、「国民協同体」は近代政治学の対象であった「国家」に代わる現代政治学の対象であり、従来「国家」概念に対立する地位に置かれていた「経済」・「社会」をも包含した「立体的な社会的存在」である、とされている。[51]

このような蠟山の依拠する政治原理の転換は、国際政治領域においても現れた。蠟山の国際政治論において、こうした傾向が最も顕著に示されるのはその地域概念においてである。前節でも指摘したように、そもそも蠟山においては、統治領域の機能的拡大と各主体の相互協力を可能にする利益の共有性に、国際協力の根拠が求められていた。従って、蠟山の抱懐する地域概念は、本来的にはフェビアニズムの系譜を引く機能的統合論に比較的親和性の高いものであった、と見ることができよう。しかるに、日中戦争後蠟山によって提唱された東亜協同体論においては、東亜が地域的協同体となる動因は何よりも先ず、「地域的運命」(Raumsschicksal)の意識、すなわち、民族の存在を支配する運命が特定地域と結合しているという意識に求められている。[52] 本来、文化的統一性を欠いた東亜においては、地域秩序の形成は、東洋文化の構造が地域的一体性を有するという恒常的条件に依存し得ず、民族の共存共栄の運命の意識化としての使命意識が、従って政治運動がこれを創造する形をとらねばならない。東亜の既存秩序における経済も文化も新体制建設の素材になることは言うまでもないが、寧ろ先ず最初にあるべき一切のものの指導力は、広義の政治に集中するのである。[53] ここで見られる地域統合の論理が、初期蠟山の著作に見られる機能統合の論理から大幅に逸脱するものであることは明らかであろう。その意味において、蠟山の地域概念は日中戦争期に入って少なからぬ変容を遂げた、と言わねばならない。

だが同時に、蠟山の国際政治論における戦前・戦中・戦後の関連性を理解するためには、東亜協同体論においても、屈折した形ではあるが、初期蠟山の関心が維持ないし再現されている側面があることに注意を払う必要がある。その最も重要な側面は、蠟山における東亜の開発に対する強い関心である。蠟山はその論文「東亜協同体の理論」において、「日本の大陸経営の最高の目的は民族協和を内包する地域的開発計画にある」と述べているが[54]、実際、満州事変以後の蠟山は一貫して、実質的な相互利益を確保する地域開発という論理で日本の大陸政策を弁証した[55]。こうした論理が当時の情勢を反映した歪みを持っていることは否定できないが、開発問題に対する関心は、初期の段階から蠟山の国際政治論に一貫して見られることに留意する必要がある。例えば、処女作『政治学の任務と対象』で蠟山はこう述べている。「先進国と未開国との関係は、必ずしも悪弊のみではない。……先進国が未開国の天然資源の開発を掠奪と解し、それを先進国の利己的または貪欲的行為と難じ去るは、決して問題の核心に触れた批評というを得ぬ。先進国と未開国との接触によって、未開国の利益となれるものとしてその国内秩序の発達と生産力の増加を挙げることができる。埃及《エジプト》の例は、大体において適例であろう[56]」。

これは、先進国の途上国に対する投資・通商活動が途上国の「近代化」を促すという認識であり、社会主義者の帝国主義論への批判でもある[57]。蠟山はこの認識の下に、(イ)先進国と途上国の接触から生じる事柄の処理に政府が適宜統制を加えること、(ロ)途上国の国情にあった形で、強固かつ有能な政府を樹立させること、(ハ)先進国がその相互の間に途上国に対する共同動作の機関を発達させること、の三点を結論として挙げている[58]。途上国に対する共同動作の機関として「支那に対する列国の借款団」が挙げられていることから推測されるように、満州事変以前の蠟山は、ワシントン体制の経済的側面を担う新四国借款団の投資活動によって中国の政治的・経済的発展を促し、中国をより緊密にワシントン体制に組み込むことを考えていたように思われる。途上国を抱えた地域における機能統合論として、開発援助のための国際協力レジームが念頭に置かれるのは見易い論理である。こうしたレジーム形成による効果が安全保障領域にまで波及することによって、前節でも触れた地域的平和機構が軌道に乗ることが、蠟山にとって最も望ましいシナリオとして想定されていたのであろう。

だが、満州事変によりこのシナリオが崩壊した後、蠟山の開発問題に対する関心は次第に屈折した方向を取っていく。そもそも開発概念は、起源を辿れば、植民地支配における帝国の文明的使命という観念と踵を接している。だが、蠟山を支えている意識は、既に脱植民地化過程を迎えつつある現段階においては、こうした帝国主義の文明的使命という観念では後発地域の抵抗ナショナリズムの論理に対抗できない、という認識である。こうした論理に対抗するためには、帝国主義的な文明的使命論でもなければ国際法的な特殊権益論でもない、ナショナリズムを超えた相互性を持った地域開発の論理が採られねばならない(59)。これを受けて蠟山は更に、こうした地域開発のために「能率ある公正なる政府」を日本のイニシャティヴにより満州に樹立する必要性を説き、その形態は民主政よりも寧ろ寡頭政ないし独裁政が望ましいことを主張した(60)が、これは前段で述べた(イ)と(ロ)が、(ハ)の展望を失った段階で形を変えて現れたもの、と見ることができよう。こうして満州事変後における蠟山の地域主義は、いわば「開発独裁」による「近代化論」という要素を内包し始めるのである。そもそも蠟山が強い影響を受けたフェビアニズムの系譜を引く機能主義的国際政治論は、経済的・社会的福利の国際管理に基づく「国際福祉主義」に親和的な側面を持つが(61)、こうした福祉関心が主導国原理に基づく階統的国際秩序の内部で表出されたとき、それは主導国の強権による地域開発の論理を纏わざるを得なかった、と言えよう[62]。フェビアニズム自体が本来的に統治の能率・公正原理を重視するものであったことも、戦中期の蠟山を「開発独裁」型の発想に傾斜させる誘因になったものと思われる。このように東亜協同体論が様々な意味で「近代化論」的な視座を内包していることに、より注意が払われるべきであろう。

様々な論者の東亜協同体論の最大公約数的要素は、ナショナリズムの超克という主張である。民族自決原理に基づく主権国家の原子論的国際秩序は今や破綻し、有機的な地域的一体性が国際秩序の指導原理としてこれに置き換えられるべきだ、というのが、戦中期の典型的な国際政治認識であった。蠟山の戦中期の議論も、当時多くの知識人に共有されていたこのような判断を忠実に反復している[63]。今日国際政治学の古典として知られるE・H・カーの一連の著作も、戦中期日本の言論界では、民族自決原理の破綻を喝破し、広域圏理論と統制経済論の必然性を弁証した書物として共感をもって読まれたのである[64]。戦中期の蠟山における、いわば「ウルフからカーへ」という関心の移行は、通常そう考えられがちな「理想主義」から「現実主義」への転換ではなく、寧ろ蠟山が依拠した機能主義の読み替えという形で生じた、と見ることができよう。それでは、こうした戦前・戦中期における蠟山の国際政治論は、戦後どのような形で再編されたのか。次節では、この問題を検討してみたい。

三　戦後における再編

一九四九(昭和二四)年に蠟山は『日本における近代政治学の発達』を出版した。学術書として見たとき同書は、戦前期日本の政治学史を論じた書物として今日においても凌駕されていない傑作であるが、同時にそれは、蠟山の半ば自伝的作品としても読めるものである。よく知られているように同書は、一九四七(昭和二二)年に発表された丸山眞男の論文「科学としての政治学」に触発されて、執筆されたものである。「我国の政治学は極言すれば、『復活』すべきほどの伝統を持っていない」[65]という丸山の挑発に対して、蠟山が同時代の回顧とともに返答を与えるという形になっている、と言えよう。こうした新旧両世代の政治学者の対話は、一九五〇(昭和二五)年の日本政治学会年報における座談会「日本における政治学の過去と将来」によって現実のものになっている。

蠟山はこの座談会で、伝統的国家概念の解体に多元的国家論が果たした役割を再確認しつつも、同時代の日本におけるその限界を認めている。多元的国家論の一つの柱であった主権の問題については日本の現実のなかで取り上げるべき素材が乏しいため、日本では多元的国家論は、専ら従来の国家概念の範疇を脱した社会集団の関係の問題として取り上げられた。しかしながら、大正七、八年以降に同時に析出されてきたのは、それまでは伝統的国家概念のなかに一応包摂されていた民族と階級の問題であり、これは本来多元的国家論の導入をもっては処理し得ないものであった。そこに日本における多元的国家論の隘路があり、大正期における政治学方法論争の現実からの乖離の原因があった、と蠟山は回顧するのである[66]。これは、自ら経験した大正デモクラシーの挫折に関する蠟山自身の総括であった、と見ることもできる。

しかしながら、このことから、終戦直後の蠟山が戦前期日本の経験を専ら否定的観点からのみ捉えていた、と見ることはできない。寧ろこの座談会を通して蠟山が後進の政治学者達に示しているのは、戦前期日本の抱えていた諸問題を日本の後進性に解消して説明しようとする彼らの態度に対する違和感である。蠟山の発言を少し引いてみよう。

「今までの遺産が、呪うべき遺産とまでいわなくとも欠陥に満ちた遺産であるということは一応その通りだと思うのですけれども、その場合に私は逆に非常に意味があったと思うのは、日本の政治学者が祖述した外国の政治学者、国家学者、思想家をもう一度検討してみると、そこからなお教訓が出て来ると思うのです。……ブルンチュリにしても、イェリネックにしても、ドイツ、スイスの系統の人だけれども、極端な国家主義ではなく、公平な、リベラルな見解をもっておる人だと思う。……それだから日本にいれられたのじゃないか[67]」。「日本の社会科学的思惟の基礎にはやはり日本なりの文明概念というものがあると思う。……日本文明といっても、日本主義なんかがいう狭隘なものではなく、西洋文化と日本文化が接触し、いろいろ影響を受けながらも日本人の生活様式なり、社会意識に現われておる共通の素材があると思う。そういう面を明かにして行く広い意味の文化史が要求されるわけです[68]」。「［今までの日本文化史には方法的自覚が欠如しているという丸山の発言を受けて——酒井］そのことは日本にそういう意味のシヴィリゼーションを認められないということにはならない。今までの歴史家が何らかの伝統に制約されて、あるいは既成の概念に支配されて、そういう文明史がまだ書かれていないということなんじゃないか。福沢諭吉が新しい日本の文明論を書いたのに、なぜそれが明治十年以後に発展して行かないで終りを告げたのかというところに問題がある。福沢の後継者が続々出てよいじゃないか。日本にその可能性がないとはいえない[69]」。

一般に戦中期の言説においては、当時の支配的通念であった近代の超克論のコロラリーとして、日本は「近代化」の過程を既に達成し、第一次大戦後の日本は「現代化」の過程に入っていることが前提になっている[70]。東亜協同体における日本の主導性も、東亜において日本が唯一文化的伝統を保持しつつ「近代化」を達成した事実に、しばしばその根拠が求められている[71]。これに対して、いわゆる市民社会派に属する知識人の戦後初期の言説においては、戦前—戦後の断絶性を強調するため、大正期は「プソイド・ブルジョワ文化の開花期」として位置づけられ、こうした「和洋折衷の方式」を日本近代化の「跛行性」として端的に承認することが要求される[72]。しかしながら、第一次大戦後における日本社会の現代的転換のなかで知的自己形成を図った蠟山にとって、後進世代のこうした大正期評価は首肯し難いものがあったのではないか[73]。寧ろ、戦後においてこそ、大正期に培った発想が開花する条件が成熟しつつある、と蠟山は考えたのではなかろうか。

実際、戦後の蠟山のアジア論は、途上国の新興ナショナリズムと機能的統合論との調和という一九二〇年代からの関心が、全面的に押し出されたものである。一九五〇年代の多くの論者がそうであったように、蠟山もまた戦後アジアにおけるナショナリズムの擡頭を「アジア問題の認識にとって核心的な問題」[74]とする。だが、蠟山を他の論者と分かつのは、蠟山がこの点にとどまらず、アジア・ナショナリズムを国際協力体制に組み込む条件を一貫して模索した点にある。蠟山は、西欧ナショナリズムの形成過程とアジア・ナショナリズムのそれとを比較しつつ、後者においては国際的連関のなかにナショナリズムの形成過程が置かれている点を特に重視する。そのうえで蠟山は、(一)世界全体にわたり主権国家が矮小化した現代にあっては、何らかの国際平和機構の確立なしには近代国家は最早存立せず、アジアのナショナリズムは同時にインターナショナリズムを含むものでなければならないこと、(二)アジアの社会は程度の差こそあれ、いずれも確保しなければならない経済的物質的規模が民族社会の範囲と能力を超えていること、を指摘する。[75]こうした認識に基づき蠟山は、アジア諸国の発展の障碍になっている資本の欠乏や技術の不足を解決するため、米国のポイント・フォアや英連邦のコロンボ計画のような地域的開発援助計画によってアジア・ナショナリズムの健全な発展を促していくことを主張する。[76]

これらは勿論、冷戦期の体制選択を前提にした議論である。だが、蠟山の議論を冷戦戦略との関連だけで理解するのは、明らかに無理がある。蠟山も、例えばコロンボ計画[77]について、それが広義における東西経済援助競争の一形態であること、また援助供与国のなかでも特に米国はアジア各国自体の協力組織の重要性を認識してこのような援助計画を推進しているとは考えられないこと、アジア各国も援助供与国と直接交渉する傾向が強く地域的な相互協力性に主眼を置いているとは思えないこと、を認める。だが蠟山の地域統合論においては、一見政治的ではない要素の重要性が意識されている。コロンボ計画については、技術援助が援助供与国から受益国に対してだけではなく受益国相互間にも行われることを指摘し、非政治的領域における協力の進展に注意を促す。また蠟山は、国際連合の経済社会理事会に属する専門機関の一つであるアジア極東経済委員会(Economic Commission for Asia and the Far East, ECAFE)の役割を高く評価する。エカフェ(ECAFE)の事業は経済専門家を中心に行われているに過ぎないが、そのことがアジア各国の経済専門家に持つ啓蒙的役割は軽視できず、また国連に対してもアジアの立場を代表するものになっている。「そういう地味な役割を通じて、若い気負ったアジアのナショナリズムはその自立的な経済発展を遂げるために必要なアジアの協力体制の必要と心構えを理解し、育成しているのである。アジアにとってはこういう地味な、しかし基礎的な努力が必要であり、そういう方式以外の政治的組織はむしろ成功しないのである」[78]。蠟山は更に、開発援助をめぐる国際連合の専門機関に小国が入り国際政治が機能化されることで、権力政治が相対化される展望を描いている[79]。「権力なくして影響力をもつ」[80]という機能主義のテーゼが、ここにある。

従って蠟山は、帝国主義とアジア・ナショナリズムを対置させる図式を採らない。アジアには運動としてのナショナリズムは既にかなりの歴史があり、ナショナリズムに政治的形態を与える安定的な統治機構の形成こそが寧ろ現段階の問題である、という認識である。権力集中形態としてのナショナリズムは、西欧的民主主義によって制約されない限り排外的傾向を免れないのであり[81]、ナショナリズムは民主化と産業化との均衡の上に置かれることで抑制しなければならない。これこそが、アジアの「悩めるナショナリズム」を「健全なナショナリズム」へと育成・指導していく途である。

こうして蠟山の議論は、この三者の均衡を実現させたアジアにおける近代化モデルとしての日本近代化の意義の再評価へと向かっていく。ナショナリズム―民主主義―産業主義の三要素の展開として日本近代化を捉えるこの構想は、実は蠟山の戦中期の著作に由来していた。「歴史の研究には素人であるが、時恰も紀元二千六百年に当り、私は政治史を書いてみたい衝動を感じた」[82]。この書き出しから始まる一九四〇(昭和一五)年に出版された蠟山の『現代日本文明史2 政治史』は、現代日本政治の全体を把握するために、「現代日本が全体として発現活動し、又せざるを得ない対外的活動又は世界的地位の認識状況」を軸に、幕末維新期から五・一五事件までの日本政治史を描きだした著作である。現代は欧州においても、「国民主義」と「民衆主義」と「産業主義」の時代であるが、「明治維新後の日本も亦その直接に位置する東亜社会における最初の民族国家の建設者であり、最初の立憲主義によつて人民参政の制度を実現した国家であり、又逸早く産業主義又は資本主義の発展した国家であるが故に、現代日本政治史は当然に一定の仕方における世界史的位置の自覚史であると言ひ得る」[83]。すなわち、ナショナリズム―民主主義―産業主義の均衡的発展こそがアジアにおける日本近代化の意義であり、それを前提に現代日本の「世界史的位置の自覚」が生まれるという認識が、蠟山の「政治史を書いてみたい衝動」の根底にあったのである。

東亜協同体論のなかで表明されたこのような関心は、微妙なニュアンスの変更を伴いながら戦後も引き続き維持されている。戦後においてこうした関心が表明された最も早い例が、一九五三(昭和二八)年に発表された論説「世界における日本」である。ここでは、西欧とアジアとの比較を通して日本近代化の意義を明らかにする必要が力説され、その長所と短所を検討することが要請される。「日本の近代化過程の歴史がよく示しているように、日本という国の特徴は決して過小評価されてはならないし、またその実力も自ら軽視する必要はない。アジア地域における国々に比して、長い間の封建制度の経験、しかもそれから脱却して最初にナショナリズムを確立した事実、多くの弱点を有するにかかわらず民族的な資本と技術の所有、急速ながら高度に組織された労働組合、官僚主義的伝統につつまれているとはいえ比較的に能率的な近代的行政制度等は、日本が世界においてとくにアジア地域において演ずべき役割の決して小さくないことを保障しているのである」。こう述べた後蠟山が、この論文をライシャワーの『日本——過去と現在』からの引用で締め括るのは、実に印象的である。(84)民主社会主義者を自認する蠟山には、昭和初期からマルクス主義的発展モデルへの対抗モデルを提示しなければならないという意識が非常に強かったと思われるが、こうした関心が冷戦期の体制選択のなかで醸成されることで、産業社会論と近代日本論とアジア開発論の三者を結合させた「近代化論」は、誕生していったのであろう。

「今日までアジアのナショナリズムに対する論議の傾向はあまりに、イデオロギー的に左翼主義的であった。その標榜する中立主義を越えて、政治的にはソ連や中共の唱える反植民地主義に同調する傾向が強い。今日のアジアのナショナリズムが、反植民地主義運動という一面をもっていることは事実であるが、日本の立場と役割はむしろその極端化と行き過ぎを警告し、日本の経験の示すごとく民主化と産業化を伴う漸進主義こそ最も賢明な道であることを示す点にあるのではなかろうか」[85]。蠟山がこう記したとき、六〇年安保後の「ロストウ゠ライシャワー路線」は既に眼前に開けていたと言えよう。

おわりに

安保改定の翌一九六一(昭和三六)年八月、蠟山は論説「日本の近代化と福祉国家の建設」を発表した。安保改定反対運動に代表される「政治の季節」の退潮後に記されたこの論説において、蠟山が指し示すのは、漸進的な民主化と計画化による「世界福祉国家」の展望である。現代日本における福祉国家の建設は、日本の近代化がナショナリズム的発展段階から工業化と民主化とが調和された段階へと進んだことを示すものであり、それは日本近代化の一応の完成である。だが、それは民族国家の完成であると同時に、福祉という普遍的理念の故に、世界国家への道に通ずる。こうして蠟山は、スウェーデンの開発経済学者であったミュルダールに強い共感を示しながら、「今日の福祉国家の理念はもはや民族国家的ではなくて、世界福祉国家の段階にはいっているのである」と述べている[86]。これは、蠟山による二〇世紀という時代の一つの総括でもあろう。

蠟山は大正デモクラシー期に培った福祉国家の理念を維持しつつ、同時に国際関係においてそれが持つ意味を一貫して追求した。本論で扱った機能的統合論や地域的開発計画に対する蠟山の強い関心は、全て蠟山の初期の構想のなかにその原型を読み込むことができる。講和期の中立主義的立場を放棄してからの蠟山は、自由主義陣営との一体化を前提にその議論を展開したが、その場合でも蠟山は、アジア・太平洋における安全保障関心のみに傾斜しがちな冷戦期のアメリカ外交には批判的であり、この地域における地域的開発計画の重要性を強調することで軌道修正を図るべきことを主張した。[87] 一九五〇年代末期から胎動していたアメリカの対外援助政策の転換を蠟山及び蠟山周辺の知識人達がどのように捉えていたかについては、より詳細な検討を必要とするが、少なくとも彼らには、そうしたアメリカの新しい動向を受けとめる際に彼らなりの主体的な関心があったことを知るべきであろう。これこそが「近代化論」の日本的文脈に他ならない。[88]

あらゆる政治理念がそうであるように「国民国家を超えた福祉主義」も、勿論常に美しい相貌を示すとは限らない。「国民国家を超えた」関係が理念的にも実体的にも「帝国秩序」と結びついている空間では、殊にそうである。だとすればわれわれは、ヤヌスの面を持つ近代日本における「国民国家を超える」試みの持つ意味を、その認識枠組に即して執拗に追求する努力が必要であろう。ありふれた「成功物語」として「近代化論」を捉えるよりは、その形成過程に潜む両義性を見据えるべきである、と考える。

（1） 本章に関連する拙稿には、「近代日本における地域・開発・ナショナリズム論の位相――蠟山政道の国際政治論を中心に」（張啓雄主編『戦後東北亜国際関係』中央研究院亜太研究計画、台北、二〇〇三年）がある。

（2） 中山伊知郎「日本の工業化と日本の民主化」、尾高邦雄「産業の近代化と経営の民主化」、蠟山政道「日本の近代化と福祉国家の建設」（それぞれ『中央公論』一九六一年六月号、七月号、八月号）。

（3） 「近代化論」をめぐる当時の日本における議論については、成瀬治『世界史の意識と理論』（岩波書店、一九七七年）二二三―二三九頁。またケネディ政権における「近代化論」の位置については、Michael E. Latham, "Modernization and the Alliance for Progress," in *Diplomatic History*, vol. 22, no. 2, Spring 1998. なお、上山春平の議論は、しばしば翌一九六二（昭和三七）年九月『中央公論』に発表された林房雄の「大東亜戦争肯定論」と並べて論じられるが、上山の主張の骨子は主権国家は主権国家を裁けないというテーゼであり、林の議論に漂うアジア主義的色彩は薄い。上山の議論は寧ろ、「近代の超克」論を主権国家並びに権力政治に対する批判の文脈に読み替えることで戦後の平和主義に接合しようとした、終戦直後の京都学派の議論の系譜に連なるものと見るべきであろう。戦後初期における京都学派の主権国家批判については、米谷匡史「『世界史の哲学』の帰結」（『現代思想』一九九五年一月号）二一七―二一八頁、拙稿「戦後思想と国際政治論の交錯」（『国際政治 安全保障の理論と政策』第一一七号、有斐閣、一九九八年）二二三―二二四頁、一三二―一三三頁。

（4） 蠟山の国際政治論を扱った先行研究としては、松沢弘陽『日本社会主義の思想』（筑摩書房、一九七三年）二八九―三四六頁、三谷太一郎「国際環境の変動と日本の知識人」（同『大正デモクラシー論』［旧版］、中央公論社、一九七四年）、小林啓治『国際秩序の形成と近代日本』（吉川弘文館、二〇〇二年）第六章「戦間期の国際秩序認識と東亜協同体論の形成――蠟山政道の国際政治論」、藤岡健太郎「戦間期日本知識人の東アジア国際秩序認識の構造――蠟山政道と末広重男の場合」（『九州史学』第一二五号、二〇〇〇年）、同「満蒙問題の『発見』と日本の知識人――IPR京都会議と蠟山政道の議論を中心に」（『九州史学』第一四三号、二〇〇五年）、山口浩志「初期蠟山政道の外交論(1)(2)」(『政治経済史学』第四四三号、第四四四号、二〇〇三年)などがある。

(5) なお、同様の側面は、本書第一章で論じたように、六〇年安保後にアメリカ国際政治学を移植したものと捉えられることが多いリアリズム国際政治論についても、指摘し得る。

(6) 蠟山政道『政治学の任務と対象』(巌松堂書店、一九二五年。以下の引用は、一九七九年に復刻された中公文庫版による)第一二章。

(7) こうした動向に関する蠟山自身による整理として、蠟山政道『日本における近代政治学の発達』(実業之日本社、一九四九年。以下の引用は、ぺりかん社より一九六八年に刊行された復刻版による)一三七—一六九頁。

(8) 蠟山、前掲『日本における近代政治学の発達』三五九—三六一頁。

(9) 飯田泰三「吉野作造——〝ナショナルデモクラット〟と『社会の発見』」(小松茂夫・田中浩編『日本の国家思想(下)』青木書店、一九八〇年、飯田泰三『批判精神の航跡——近代日本精神史の一稜線』筑摩書房、一九九七年、所収)。なお、対外思想における国民の歴史的使命感という議論の系譜については、松本三之介「国民的使命観の歴史的変遷」(『近代日本思想史講座』第八巻、筑摩書房、一九六一年)。

(10) Leonard Woolf, *International Government* (N.Y.: Brentano's, 1916). 蠟山政道『国際政治と国際行政』(巌松堂書店、一九二八年)二—三頁。

(11) Peter Wilson, "Leonard Woolf and *International Government*," in David Long and Peter Wilson eds., *Thinkers of Twenty Years' Crisis* (Oxford: Clarendon Press, 1995), p. 140.

(12) 蠟山、前掲『国際政治と国際行政』一〇—一八頁。

(13) 同右、二七五頁、蠟山、前掲『政治学の任務と対象』三四七—三四八頁。なお、戦間期における国際行政学の展開については、城山英明『国際行政の構造』(東京大学出版会、一九九七年)第一章第一・二節が詳しい。

(14) 蠟山、前掲『国際政治と国際行政』三八―三九頁。
(15) 蠟山政道『日本政治動向論』(高陽書院、一九三三年)三五九頁。
(16) 蠟山、前掲『政治学の任務と対象』三六三頁、蠟山、前掲『国際政治と国際行政』一〇―一一頁。
(17) 蠟山、前掲『国際政治と国際行政』二五七―二五八頁。
(18) 小林、前掲『国際秩序の形成と近代日本』二一二―二一五頁。なお、コンスティテューショナル・アプローチについては、城山、前掲『国際行政の構造』四―一七頁。
(19) なお、機能主義的立場から徹底的にコンスティテューショナル・アプローチに批判的であったミトラニーについての蠟山の言及は、蠟山政道「国際社会における国家主権」(『近代国家論　第一部・権力』弘文堂、一九五〇年)六六頁。
(20) 蠟山、前掲『国際政治と国際行政』二九三頁。
(21) 同右、三九頁。
(22) 同右、一七六―一七八頁。
(23) 同右、二二四―二二六頁。
(24) 蠟山、前掲『日本政治動向論』五四五頁。
(25) 同右、五四六頁。なお蠟山は、幣原外交と田中外交は、その双方ともこうした規範の拘束下で行動しており、両者の対立は「対内的には同一政党の分裂まで来す程の相違の如く見られてゐるが、対外的には結局五十歩百歩の所を出でないのであるまいか」と論じている(同右、五四六頁)。
(26) 同右、五四五頁。
(27) 同右、五四四頁。
(28) 同右、五四四―五四七頁。

(29) 蠟山政道『世界の変局と日本の世界政策』(巌松堂、一九三八年)三―四頁。
(30) 蠟山、前掲『日本政治動向論』五三三―五三五頁。
(31) 同右、五三八頁。
(32) 三谷、前掲『大正デモクラシー論』[旧版]二三七―二四二頁、小林、前掲『国際秩序の形成と近代日本』二一八―二二一頁。
(33) 蠟山政道『日満関係の研究』(斯文書院、一九三三年)二三四―二三五頁。
(34) 蠟山、前掲『世界の変局と日本の世界政策』二三頁。
(35) 蠟山、前掲『日本政治動向論』五四五頁。
(36) 蠟山、前掲『世界の変局と日本の世界政策』二八頁。なお、こうした見通しの現実的可能性については、井上寿一『危機のなかの協調外交』(山川出版社、一九九四年)一六―五三頁。
(37) 蠟山、前掲『世界の変局と日本の世界政策』三一頁。
(38) 同右、一〇二頁。
(39) 同右、一〇二―一〇三頁。
(40) 蠟山政道「政治的統一の諸理論(一)(二・完)」(『国家学会雑誌』第四九巻第九号、第一〇号、一九三五年)。なお、同論文が蠟山の政治思想における転換点として意義を持つことについては、既に、松沢、前掲『日本社会主義の思想』三三〇頁、が明確にこれを指摘している。
(41) 蠟山、前掲「政治的統一の諸理論(一)」四―九頁。
(42) 同右、一一―一四頁。
(43) 同右、五頁。
(44) 戦後蠟山は、河合栄治郎事件を参照しながらこの論点を強調している(蠟山、前掲『日本における近代政治学の発達』一七九頁)。
(45) 多元主義論に関するアメリカ政治学史上のエリオットの位置については、John G. Gunnell, "The Declination of the 'State' and the Origins of American Pluralism," in James Farr, John S. Dryzek and Stephent T. Leonard eds., *Political Science in History* (Cambridge: Cambridge University Press, 1995), pp. 31-39.
(46) 蠟山、前掲「政治的統一の諸理論(二・完)」三〇—三二頁。
(47) 同右、三五頁。
(48) 同右、四四頁。
(49) 例えば、蠟山、前掲『日本政治動向論』五〇一—五〇三頁。なお、立憲独裁論の政治史的位置づけについては、坂野潤治「政党政治の崩壊」(坂野潤治・宮地正人編『日本近代史における転換期の研究』一九八五年、山川出版社)三七九—三八三頁。
(50) 蠟山、前掲「政治的統一の諸理論(二・完)」四三—四四頁。
(51) 蠟山政道『東亜と世界』(改造社、一九四一年)四六—四七頁。
(52) 蠟山の東亜協同体論の時系列的展開については、小林、前掲『国際秩序の形成と近代日本』二二四—二三七頁、がこれを詳細に論じている。ここでは、筆者の関心から興味を引く蠟山の東亜協同体論のいくつかの特徴を例示するにとどめる。
(53) 蠟山、前掲『東亜と世界』二七—二八頁、三二頁。
(54) 同右、二〇頁。
(55) 三谷、前掲『大正デモクラシー論』[旧版]二四〇頁。
(56) 蠟山、前掲『政治学の任務と対象』三七八頁。
(57) 同右、三八三頁。

(58) 同右、三八〇—三八一頁。
(59) 蠟山、前掲『日満関係の研究』二〇九—二一四頁。
(60) 三谷、前掲『大正デモクラシー論』〔旧版〕二四〇頁。なお、地域開発のためには外見的立憲主義ではなく寧ろ統治の効率性の高い独裁政が好ましいという議論は、日中戦争後の華北の統治形態をめぐる議論でも反復されている(蠟山、前掲『東亜と世界』一一五頁)。
(61) H・スガナミ〔臼杵英一訳〕『国際社会論——国内類推と世界秩序構想』(信山社出版、一九九四年)一三四—一三八頁。
(62) なお、この点に関して蠟山が、華北における政治工作の文化的基礎として、「民生」概念を「民権」概念・「民族」概念の上位に置く形で、三民主義の価値体系の序列化を図ることを主張しているのは興味深い(蠟山、前掲『世界の変局と日本の世界政策』二一三頁)。福祉への実質的な配慮を意思形成の形式的合理性の上に置く、蠟山の当時の基本的関心が如実に示されている。蠟山の東亜協同体論における「道義」観念は、概ねこうした「福祉」観念と同義である。
(63) 例えば、蠟山政道「現代世界政治の基本的考察」(『中央公論』一九四二年一月号)。なお、同論文一〇二—一〇三頁には、カーの『危機の二十年』についての言及がある。
(64) 本書第一章第一節、三六—三九頁。前掲、拙稿「戦後思想と国際政治論の交錯」一二七—一二八頁。
(65) 『丸山眞男集』第三巻(岩波書店、一九九五年)一三五頁。
(66) 蠟山、前掲『日本における近代政治学の発達』三三五頁。
(67) 同右、三三〇頁。
(68) 同右、三五〇—三五一頁。
(69) 同右、三五一—三五二頁。

(70)　米谷匡史「戦時期日本の社会思想」(『思想』第九四五号、一九九七年一二月)。
(71)　その代表的な例として、高坂正顕・西谷啓治・高山岩男・鈴木成高『世界史的立場と日本』(中央公論社、一九四三年)三八八—三九六頁。
(72)　飯塚浩二「『東洋的』な文化への反省」(『飯塚浩二著作集』第一巻、平凡社、一九七四年)七四—七五頁。なお、戦後初期に飯塚により企画された「東洋文化講座」は、戦中期の東亜協同体論から戦後の市民社会派的な言説が緊張を伴いながら分岐される過程がよく窺え、検討に値する。こうした過程に伴う力点の移動を大塚久雄の言説に即して扱った研究としては、中野敏男『大塚久雄と丸山眞男——動員、主体、戦争責任』(青土社、二〇〇一年)第一章「最高度自発性の生産力」、がある。
(73)　なお、一九六〇年代に入り後進の世代によって、戦後民主主義の源流を探るという問題関心からなされた大正デモクラシー研究が発表された際に、丸山眞男たちの示した当惑は、このような「近代化論」の形成過程をめぐる問題と無関係ではないと思われる。この点については、石田雄の次の回想を参照。「座談会・一つの個人史」(『社会科学研究』第三五巻第五号、一九八四年)三〇〇—三〇一頁。
(74)　蠟山政道『国際政治と日本外交』(中央公論社、一九五九年)一三八頁。
(75)　同右、一五三—一五四頁。
(76)　同右、一六九—一七一頁。
(77)　コロンボ計画については、波多野澄雄「『東南アジア開発』をめぐる日英米——日本のコロンボ・プラン加入(一九五四年)を中心に」(『年報・近代日本研究16　戦後外交の形成』山川出版社、一九九四年)。
(78)　蠟山政道「アジア経済発展の国際政治的意義」(日本エカフェ協会編『アジア経済発展の基礎理論』中央公論社、一九五九年)六七八—六七九頁。
(79)　蠟山、前掲『国際政治と日本外交』八二—八三頁。

(80) 蠟山政道『新日本のヴィジョン』(朝日新聞社、一九六五年)四六頁。蠟山はこのテーゼを、イギリス福祉国家の産親であるビーバリッジのモットーと捉えている。
(81) 蠟山、前掲『国際政治と日本外交』一六三―一六八頁。なお蠟山は、アジア諸国の民主化について必ずしも楽観的な展望を持っていたわけではない。蠟山は一九五〇年代末期において東南アジア諸国において生じた軍事クーデターを、「日本の明治維新以来の政治史の知識を比較方法的に利用しながら、若干の理論的解明」を試みている(蠟山政道「東南アジアにおける軍部独裁」、『外交季刊』一九五九年四月号)。その際蠟山は、議会制民主主義は明治初期の日本のような中央行政機構の整備なしには実現し得ないこと、しかし明治政府が外資に依存せず近代化を達成したのに対して、今日のアジア諸国は外資の大幅な導入なくして経済的自立はありえず、この点で現在の東南アジアの政情不安は米国を始めとするデフレ政策にあったこと、東南アジアにおける議会制民主主義は構造的な制約要因があり、現段階では共産主義的独裁か軍部独裁によって安定的統治構造を築くしかないこと、軍部独裁が民族主義と産業化の要求を満たし民主体制へ移行するには長期間を要するが、その成否の鍵は国際関係にあること、を主張している。
(82) 蠟山政道『現代日本文明史2　政治史』(東洋経済新報社、一九四〇年)一頁。
(83) 同右、一二頁。
(84) 蠟山、前掲『国際政治と日本外交』二九―三〇頁。
(85) 同右、一一八頁。
(86) 『中央公論』一九六一年八月号、三九頁。
(87) 例えば、蠟山、前掲『国際政治と日本外交』一三三―一三五頁。
(88) なお一九五八年には、東畑精一を所長にアジア経済研究所が設立されている。設立に関わった東畑精一・板垣與一は、中山伊知郎と同じように戦中期の共栄圏における経済計画の立案者である。日本における「開発主義」の形成過程の内在的分析が今後の課題の一つであろう。なおこの点については、末廣昭「経済再進出への道――日本の対東南アジア政策と開発政策」(中村政則・天川晃・尹健次・五十嵐武士編『戦後日本　占領と戦後改革』第六巻、岩波書店、一九九五年)二三〇頁、を参照。

第四章　アナキズム的想像力と国際秩序

——橘樸の場合(1)

はじめに

戦前期日本の国際秩序論を繙いた折にしばしば感じるのは、主権的国民国家に対する批判の意外なまでの強さである。例えば、戦前の「国家主義」と戦後の「平和主義」を対置させる通念からすれば、戦前期日本には国際秩序を主権国家のアナーキー構成として捉えるリアリズム的前提が支配していた、と考えやすい。だがこうした思い込みが単純には通用しないことは、試みに昭和一〇年代の国際秩序論を瞥見すれば立ち所に明らかになる。本書第一章で縷々述べたように、近代日本における「ネイションの超出」という言説のクライマックスが「大東亜共栄圏」論であったことを知れば、主権国家の絶対視をもって戦前期日本の国際秩序論の特色と見做す素朴な前提は撤回せざるを得ない。寧ろ、戦前期の主権的国民国家批判とその射程を近代日本の歴史的経験に即して内在的に捉えることが、ネイションの軌跡として二〇世紀を捉える際には、必要な基礎作業となるべきであろう。

本章はこうした問題を、戦前期の代表的な中国問題研究家であった橘樸の事例を通して少しく検討するものである。橘については相当程度の研究の蓄積があり、伝記的事実関係やアジア主義思想史のなかでの位置については、既に多くの指摘がなされている。[2] これらを踏まえつつ本章は、橘の言説を同時代の大正社会主義の文脈に置いて理解することで、橘の国際秩序観がいかなる知的前提に根ざしているかを明らかにしたい。橘はしばしば「天津(満州)の如是閑」と評されたというが、[3] このような長谷川如是閑に代表される広い意味での大正社会主義の思想潮流と橘の言説との関連は、従来必ずしも充分には検討されていなかったように思われる。しかしながら、本書第三章でも触れたように、大正期の思想界は、「社会の発見」と称されるような社会概念の析出状況のもとで、国家主権の絶対性が様々な角度から再検討された時代であった。[4] 大正期における主権的国民国家批判が辿った軌跡を考えることは、近代日本の国際秩序論の理解に奥行きを与えるのみならず、戦間期における主権論の複雑な側面を理解するうえでも一助になると考える。

一　初期橘の関心

一九二四(大正一三)年一二月に創刊された『月刊支那研究』において、橘樸は中国政治に対する自らの興味の変遷を次のように述べている。辛亥革命以来、中国の政局を「之程面白い見ものは世界中に少ないだらうと言ふ張りきつた興味を持つて」眺めていた橘は、袁世凱の帝政運動に対抗して生じたいわゆる第三革命が一九一六年袁の死によって終息するに至り、中国政治に対する見方を根本的に問い直す必要を感じた。中国の伝統的政治なるものがなぜこれほどまで無意味なのかを考えた結果、橘は「支那の伝統政治が支那に特有な社会組織の上に行はれて居るものであり……従つて支那の政治を我々の政治学から教へられたような性質のものに鋳直す為には其社会組織を改造してかゝる外無いのだと云ふ結論」に到着した。「支那なる偉大な生物の生命に触れ得たと感じたのは実に此の認識に到達した以後のことである。其後の記者の理智的興味が殆んど全く政治現象から離れて社会現象の一途に傾いたことは改めて申すまでもない(5)」。

「政治現象から社会現象へ」という関心の推移を語るこの短い回想は、橘の発想が中国研究という形をとりつつも、「政治の否定」を中心動機とした大正社会主義の圏内にあったことを示し興味深い(6)。橘は、なぜ中国の伝統的政治は無意味なのかという上述の疑問に答えるため、「行政殊に税制の民衆の実生活に与へる影響を調べると同時に、小説を読み耽ることに没頭した(7)」と述べているが、こうした成果は先ず、『支那研究資料』の刊行に表れた。一九一七(大正六)年四月から翌年八月まで刊行されたこの雑誌は、民国五(一九一六)年以後、民国政府公報に連載され始めた「民国行政統計彙報」を翻訳し解釈を付したうえで、「民国行政紀要」として発表したものである。民国以来の財政・交通・司法・教育など全般に及ぶ制度の沿革と現状を詳細に紹介したこの紀要は、後藤新平の主導により発足した臨時台湾旧慣調査会の報告書である織田萬の『清国行政法』を、民国期にまで事実上継続するものであった。実際『支那研究資料』の刊行自体が、当時内相であった後藤新平の直接間接の援助に支えられていたといわれる(8)。

行政制度の実証的解明という一見無味乾燥な作業を支えていた動機は、「民衆の実生活」への強い関心であった。初期橘の中心的関心の一つは、彼が「通俗道教」[(9)]と名付けた民間信仰としての道教の研究である。これは道教の哲学的・文献学的考察というよりは、寧ろ道教を介して民衆の実生活に根をおろした道徳や規範を探求する性格の強いものであった。橘の漢学的素養は「学者としての深さを持たなかった」[(10)]とされるが、それを補うものは橘の社会学的関心であったといってよいだろう。このような国家制度や制定法の背後にある社会内在的な規範への着目は、大正期のいわゆる社会法学にも共通する発想である。[(11)]この意味で、橘の「民国行政紀要」は、後藤新平による台湾旧慣調査と大正期の社会法学を媒介するものであった。大正期の社会法学の洗礼を受けた平野義太郎が、戦中期に出版した『大アジア主義の歴史的基礎』において、中国社会の基底をなす郷党の社会協同生活を規律する規範として道教を重視し、橘の通俗道教研究を高く評価していることは、[(12)]こうした知的系譜を象徴的に示している。従って、橘の「民衆の実生活」への関心も、これを単なるポピュリズム的感情の表明としてではなく、同時代の社会概念の析出状況と共振するものとして受けとめるべきであろう。橘の中国研究は、大正社会主義に顕著な社会の自律性と相互扶助性という主題を、中国の歴史と社会のなかに読み込んでいく試みであった。

こうした試みは、『月刊支那研究』の創刊後、堰を切ったように一連の論考として発表された。宗教、官僚社会、民族性など多岐にわたる議論をいちいち検討することは避け、ここでは同誌一九二五(大正一四)年二月号に掲載された橘の論説「支那は何うなるか」を取り上げて、橘の中国社会論を振り返ってみよう。この論説は、前年九月に刊行された内藤湖南の『新支那論』に対する書評論文であり、橘と湖南の観点の異同を知り得る興味深い史料である。

橘と湖南には意外に共通する点が多い。橘には、鋭いジャーナリスト的感覚と、「往々支那学者と誤解されるが、私の本領は終始一貫、支那社会を対象とする評論家たることにある」[13]という自己規定があったが、中国学者として名高い湖南も、もともとは三宅雪嶺・志賀重昂等の政教社系ジャーナリズムから出発した人物であり、近年の研究が公的問題について絶えず意見表明を行うパブリシストとしての湖南像を描いているように[14]、時事問題に対する強い関心があった。また中国史の理解についても、湖南の時代区分論が、中国固有の歴史的発展を重視しアヘン戦争のような外的契機を「近世」への転換点とは見做さなかったこと、「近世」の始点を宋代に置きその特徴を君主独裁政治に求めたことは[15]、留保を伴いながらも橘に継承されているように思われる。橘は中国革命を中国史の流れのなかに巨視的に位置づけた論説「支那革命史論稿」で、中国社会はかつて三つの乱世を経験したとし、第三期の乱世を唐宋期に置いたうえで、この時期に完成した「官僚階級」の支配に対する「中産階級」の反抗が第四期乱世として、太平天国の乱を起点にして今日まで継続しているという視角をとっている[16]。湖南は、宋代に完成した君主独裁政治のもとで次第に「人民が政治上の要素になる」[17]傾向に強い関心を寄せたが、橘の場合こうした関心は、官僚階級の打倒という社会革命の展望の下に位置づけられることでより急進化された形で引き継がれた、と見ることができよう。

だが最も興味深いのは、湖南の郷団自治論に対する橘の共感である。郷団とは地域社会の自治団体である。湖南によれば、近世中国においては、官吏の出生地への赴任を禁ずる本籍回避の制度故、中央から派遣される官吏は地方の人民にとっては全く疎遠なものとなり、教育・衛生・救貧・治安維持は総て地方自治団体の手に委ねられた。「詰る所近来の支那は大きな一つの国とは云ふけれども、小さい地方自治団体が一つ一つの区画を成して居つて……其の上に之に向つて何等の利害の観念をも有たない所の知県以上の幾階級かの官吏が、税を取る為に入代り立代り来て居ると云ふに過ぎない」[18]。こうした郷団自治の実権を握る父老の収攬こそが中国政治の要諦であり、太平天国の乱の平定に際して曾国藩が収めた成功の理由は、郷団自衛の組織化にあった[19]。中国は本質的に地方分権的社会であり、そこにおける国家的統合は郷団自治を基礎とした「一種の変形した連邦制度」によるべきである[20]。これが一九一四(大正三)年に出版された『支那論』以降、湖南の中国社会論の中核をなした郷団自治論であった。

郷団自治論は中国の国家形成能力の欠如を定式化した議論として、戦後の文脈では否定的に位置づけられることが多い[21]。確かに、「支那に於て生命あり、体統ある団体は、郷党宗族以上には出でぬ」[22]という判断に基づき列国の中国共同管理の必然性を説く視点は、軍閥混戦状況を目のあたりにしながら執筆された『新支那論』ではより強まっているといってよい。だが橘は、湖南の郷団自治論を「支那改造の根本勢力」[23]に着目した議論として高く評価する。それは何故か。橘と湖南の中国社会論に共通するのは、家族・宗族・郷団・会館・公所等の社会的結合関係に着目して社会構成を捉えていく視点である[24]。中国社会はこうした相互扶助的な社会的結合が緊密に発達した社会であり、それ故国家に対して自律的な存在として捉えられている。しかしながら湖南においては、この視点は中国社会に固有な性格の把握にとどまり、ここから近代主権国家の構成そのものを捉え直そうとする指向性は極めて薄い。その結果湖南においては、社会の自律性を強調する郷団自治論は最終的には近代国家の逸脱形態としての「中国非国家論」に回収されていく。これに対して橘は、中国社会の自律性・相互扶助性のなかに、寧ろ主権的国民国家を超克する可能性を読み込もうとするのである。

「支那は何うなるか」においてこのような橘と湖南の相違がよく表れているのは、梁啓超の国民主義に対する評価である。橘は、梁啓超の「支那がこれから国民になるので、国民としての大事業はこれから出来る」という主張を「高遠な理想」と湖南が呼んだことに反発して、「狭義の国家又は国民即ち欧羅巴や日本のやうな意味での国家又は国民組織と云ふものが、是非共凡ゆる民族の経過せねばならぬ道程であるか」と切り返す。橘は哲学者B・ラッセルの論説「愛国心の功過」に触れつつ、「欧羅巴や日本に現はれた緊密な国家組織なるものは全く環境の生んだ一つの現象であり、支那に現はれた散漫な国家組織も亦欧羅巴や日本の諸民族とは非常に異なつた環境の下に自然に産み出されたところの一つの現象」に過ぎず、武力闘争には日欧型の緊密な国家組織が有利ではあるとしても、そのことは本来安定的な環境に適応した中国型の散漫な国家組織に対する日欧型の国家組織の優位性を保証するものではない、と述べるのである(25)。ここで言及されたラッセルの論説は、第一次大戦の経験を踏まえたうえで、愛国心を人間固有の本能と見做す傾向を徹底的に論駁し、国民感情は宗教戦争以後の近代の産物に過ぎないことを指摘したものであった。愛国心に本能的要素があるとすれば、それは人間の群居感情に伴う団体に対する連帯協同の感情であり、それは近代においては概して国民という形態をとったものの今後はそうである必然性は全くない、とラッセルは喝破したのである。(26) 人間の本能における互助的契機と闘争的契機に着目しつつ、社会の共同性を互助的本能に基礎づけることで強制装置としての国家を相対化する論理は、典型的には長谷川如是閑の現代国家批判に見られるものである。(27) 橘は湖南と同一の対象を扱いつつも、アナキズム的な大正社会主義の国民国家批判の論理に依ることで、中国の国家と社会に対する評価を逆転させたといえるだろう。かくして「社会としての中国」という表象は、いわばアナキズム的想像力を解放する装置へと転化したのである。橘の中国論のコペルニクス的意義は、まさにその点にあった。

実際、初期橘の中国社会論は、ギルド社会主義の色彩に濃厚に染め上げられたものである。橘は、家族・宗族から会館・公所・商会に到る中国社会における相互扶助組織の発達に着目したうえで、「ギルドの形式に於て行はれ」る「プチ・ブルジョワの政治」の伝統を高く評価する。中国における民族国家の建設は、腐敗した官僚階級によってではなく、このようなデモクラシーの思想に基づいたギルドの連合体に定礎されねばならないのだ。(28) しかも橘においては、こうした方向性は中国社会固有の性格を踏まえたものであると同時に、世界の趨勢として二重の意味で肯定されていた。一九二五（大正一四）年に発表された三浦梅園の政治思想を扱った論説「日本に於ける王道思想」の結論において、橘はこう述べる。

「之れを要するに、今日のマルクス派は中央集権的社会主義国家の思想を抱けるものであるが、北欧を去つて西欧を見るとフランスのサンヂカリストなりイギリスのギルド社会主義者なりは産業的地方分権制を主張するものである。……更に眼を東洋に転ずると、支那は資本主義以前即ち社会主義以前の状態に停滞して居るのであるが、革命以来中央集権主義者の勢力は年を追うて衰へ地方分権制を要求する輿論が急速に其の勢力を加へつゝある。それは日本の中央集権主義と明かなコントラストを為すものであるが、日本に於いても明治時代のドイツ的集権主義が、大正年代に入つてから反動的傾向を帯び来り、少くとも政治的に地方分権的な思想なり施設なりが輿論の歓迎を受ける様な形成を馴致してゐる。斯様な次第で世界の大勢はすでに中央集権主義の下り坂を示してゐる。……政治上の中央集権及び資本主義は根本から王道思想と両立し得ないのである。……若し一部の学者達が推定する様に将来社会主義の世界が資本主義にとつて代りて実現することゝなつたならば、封建時代以来其の跡を断つてゐた政治上の道徳主義が大きな勢で復活してくるに相違ない。私は斯くの如き見地から王道思想を支那の古代に限つて存在し得たものだと考へない。其の内容には勿論多くの修正を要するとしても、其の根本的プリンシプルに至つては必ず地球上の人類社会を永久に亙つて指導するものだと考へたい(29)」。

こうした大正社会主義をくぐった橘の「王道思想」への関心は、いかなる帰結を生むのか。この問題を考える前に、次節では橘の中国国民革命への対応を振り返っておこう。

二　中国国民革命への対応

第一次国共合作から五・三〇事件を経て蔣介石の北伐に到るまでの中国は、文字通り動乱の時期であった。橘樸はこうした中国国民革命の進展を凝視しつつ、克明な時事評論を残した。これらは橘の死後一九五〇(昭和二五)年に『中国革命史論』として出版され、同時代的中国革命の分析として鈴江言一『中国無産階級運動史』と双璧をなすものとして、今日に到るまで高い評価を受けている[30]。また従来の橘樸研究においても、中国国民革命の進展に対する橘の認識の在り方が「橘の行動を本当の意味で決定していたのではなかったか[31]」との指摘がなされている。橘の中国国民革命論が重視されるのは、国民革命への対応が「正しい中国認識」の試金石になるという前提が論者によって想定されているためである。そこでは論者の立場を問わず、中国認識の深度は中国ナショナリズムと中国革命の階級的基礎に対する理解によって測られ得るという戦後史学の引照基準をもとに、橘の国民革命論の当否が論じられる傾向が強かった。こうした視角は一定の妥当性を持つものであるが、他面このような枠組に収まりにくい橘の側面をともすれば捨象する嫌いもなくはなかったように思われる。それ故本節では、国民革命の個々の局面に関する橘の議論の検討は先行研究に譲り[32]、従来比較的論じられてこなかった橘の言説が持つナショナリズムと階級概念に対する両義性を掬い上げるよう努めたい。

既に述べたように、橘の中国革命論は、宋代以降形成された郷紳層を母胎とする官僚階級の支配に対して、村落自治体や各種のギルド組織のなかで生活する広範な「中産階級」が清末から反抗を開始する長期的過程として中国革命を捉えるものである。中国社会には根強いギルド的自治の伝統があったが、同時に「莫談国事」という民衆の政治的無関心が長く続いたため、各ギルドの政治能力や政治道徳は対外的には発揮されることはなかった。だが、近年「支那の中産階級も近世紀初頭の欧羅巴商人と同じ様に、階級意識に目醒めて来」た。「彼等の実生活に取つて必要な組織は今日迄ギルド又は夫れの小規模な連合に過ぎなかつたが、階級意識に目醒めた後の彼等としては、到底それに満足して居る事が出来ない。そこで彼等は職業別的連合から産業別的連合に進み、地方的連合から全国的連合に移り、更に商工業プチ・ブルジョワの連合から農業プチ・ブルジョワをも含んだ中産者の全階級的連合に進み入らうとして居る」[33]。ギルド的自治団体の連合体が底辺から頂点に向けて漸次拡大していくものとして、中国の国家建設がイメージされていることがよく分かるだろう。

橘が「王道精神を復活せしむる」ものとして連省自治に関心を示したのも[34]、この観点からすれば当然である。連省自治論とは、各省が北京政府と広東政府という中央政府を含む総ての外部勢力の干渉を排して自治を実行し、各省が省憲法の制定を中心とする政治の民主化を行い、その後自治と民主化を達成した各省が集まり、連邦性による中国国家を建設しようとする構想であり、一九一〇年代末から一九二〇年代前半にかけて盛んに唱えられた[35]。連省自治運動の主要な担い手の一つは商工業者のギルド団体であり、民主的かつ地方分権的国家建設の夢をそこに読み込むことが可能だったのである。

また、一九二四年一一月に成立した段祺瑞政権による善後会議の召集案に際して、上海総商会による商会・農会・律師公会・教育家団体など「職業団体」の代表者参加要求に橘が着目しているのも、[36]職能代表制がギルド団体の連合という橘の秩序像に親近性があったからである。自治と連邦制が、アナキズム的な理想を投影しやすい秩序表象であることは言うまでもないだろう。橘の理想とする国家像は、少なくとも原理のレヴェルでは、北伐以前に主張された連邦制国家論に寧ろ近いことを先ず確認しておく必要がある。[37]

橘は同時代の日本人としては、最も中国のナショナリズム要求に理解を示した人物の一人であった。橘の中国研究のマニフェストともいうべき論説「支那を識るの途」では、日本人の中国認識の没常識の例として、「日本人は一般に支那に対して先進者であると云ふことを無反省に自惚れて居る」[38]ことが真っ先に挙げられている。また上海共同租界におけるイギリス官憲の発砲事件に端を発するいわゆる五・三〇事件に際しても、橘は日本政府が「支那を完全に対等の国家として取扱ふべき」[39]ことを力説した。一九二〇年代の橘の中国論が高く評価される場合、その理由の一つがこのような日中間の対等性の承認という点に求められることはよく理解できる。[40]だがそのことを認めたうえで、橘の依拠するアナキズム的大正社会主義は、同時代のギルド社会主義や多元的国家論など「政治的多元主義」の主張と踵を接したものであり、本来ナショナリズムとは緊張関係を持つ思想であることは記憶にとどめておいてもよいように思われる。

橘の中国ナショナリズムに対する両義的評価が窺われるのは、やや皮肉なことに、戦後の研究が

「理想主義的アジア連帯」の思想と位置づけてきた孫文の大アジア主義演説に対する批判においてである。一九二四(大正一三)年一一月神戸で行われたこの有名な演説に対する橘の同時代的評価は、思いの外辛い。周知のように孫文はこの演説で、東洋の王道的文化と西洋の覇道的文化とを対置し、前者の後者に対する優位を説いたうえで、東洋と西洋の狭間にある日本の選択を問うたのであるが、橘は孫文の王道観の曖昧さを厳しく批判する。先ず橘は、孫文が王道文化の例として、「ネポール〔ネパール——酒井〕が英国に征服されてから百余年を経過し其の間に支那の国勢は著しく衰へたに拘らず、ネポール人は民国元年に至る迄支那に来貢する事を怠らなかつた」ことを挙げたのに対して、近代以前の中国は周辺諸国を一段と低く見做し、原則的には彼らに懐柔的態度をとりつつも、場合によっては決して武力行使を躊躇するものではなかった、と孫文の「王道外交」の幻想を指摘する。次いで橘は、孫文の王道思想を解説した戴天仇の論説を取り上げこう述べる。戴天仇は中国人の国家思想の稀薄さを老子の思想の影響とし、これに対して孫文の王道思想を孔子の国家主義の直系として位置づけるが、「仮りに孔子が国家主義の所有者であることを承認した」としても、「王道其のものが近世国家主義思想と合致する観念であると言ふことには容易に賛成し得ない」。このように孫文の王道思想が不明瞭なものである以上、王道思想を理論的根拠とする大アジア主義の権威もまた不明である、ということになる。「日本人が孫氏の勧めに従つて王道の提灯持ちをしやうと云ふ奮発心を起さうにも甚だ心許ない気がするのである」。橘は更に、日露戦争がアジア民族全体の覚醒を齎したという孫文の所説を批判的に検討しつつ、被圧民族である非西洋人の同類感情の存在とアジアの一体性という大アジア主義の主張には落差があり、中国文化の特色である王道文化をアジア連帯の根拠にはできないことを冷静に説いている(41)。すなわち橘は、孫文の大アジア主義演説に他ならぬ孫文の自民族中心主義を読み取り、これを完膚なきまでに論駁したのである。反ナショナリストとしての橘の面目躍如の感がある。

しかるに橘は、これ以降むしろ孫文主義への評価を高めていく。その契機になったのは、五・三〇事件後の中国革命の急進化であった。もともと橘は、官僚階級に対する「中産階級」、とりわけ上海総商会のような商工業者のギルド団体を民主化の中心的担い手として考えていたが、五・三〇事件を機に組織労働者の意向にも橘は関心を注いでいく(42)。また北伐の開始とそれに伴う国民党内の左右対立闘争の激化と中国共産党の擡頭は、橘の眼を中国農村における階級闘争へと向けさせた。中国農村の自治組織は、地主層の利益を代表する「民団」と貧農を主とする「農民協会」へと分裂していくが、橘の共感は明らかに後者にあった(43)。かくして橘の「官僚階級の対抗勢力としての中産階級」という図式はより精緻なものになり、「小資産階級民主主義的政権」という形で捉え直されていく。このような「小資産階級民主主義」を体現するものとして晩期の孫文主義が位置づけられ、この精神を引くものとして国民党左派の武漢政権が高く評価されるのである(44)。中国革命の急進化が橘にマルクス主義の摂取を促し、橘の階級概念が精緻化されるとともに、想定される中国革命の担い手を漸次商工階級から小農・労働者へと下降させたことが理解されよう。

実際この時期の橘は、生涯を通じて最もマルクス主義との論争的文脈のなかに置かれ、かつまたその論調が最もマルクス主義的色彩を帯びた時期である。(45) 従来の研究がこの時期の橘の論説を高く評価してきたのも、マルクス主義の正統的中国史理解から同時代的評論の偏差を測るという発想にそれらが馴染みやすい側面を持っていたことが大きいだろう。しかし、そのことから中国国民革命期の橘の議論が橘の中国論の中核をなすものと見做すか、それともそれらは重要ではあるが、橘の本来的発想からはややはずれた所に位置すると見做すか、は解釈が分かれ得る点である。中国国民革命期は日本の政治思潮では、いわゆる「アナ・ボル論争」を経て大正社会主義から昭和マルクス主義へと論壇の中心が移行していく時期にあたり、橘の議論もこうした論壇の設定した枠組に意識的であれ無意識的であれ拘束を受けている。だが、蔣介石の北伐の絶頂期においてすら、「北伐なる軍事行動が……国民政府の最高政策たる地位を占めることは、如何なる場合にも有り得ない」とし、「国民革命の根本方針、換言すれば真の『唯一前提』は、民衆が自から組織することにあらねばならぬ。国民党の方式に従へば、彼等がそれぞれに彼等の農民協会・工会・商民協会・婦女協会を組織し、取分け農民は農民自衛軍、労働者は工会糾察隊なる武装機関を編成して自らを護ることである」(46) と喝破した橘にとって、マルクス主義が暗黙裡に設定する中央集権的組織原理はその想像力をはばたかせにくい不自由な拘束衣だったのではあるまいか。すなわち、マルクス主義が論壇を席巻したこの時期においてすら、橘の本旨はあくまで「武装的自治」(47) というアナキズム的理想にあった、と言わねばならない。このことは、満州事変後の橘の「方向転換」の伏線をなす筈である。

三　「自治」のユートピアと地域秩序

「満洲事変は私に方向転換の機会を与へた。友人の多くはこれを私の右傾と解釈して居るし、この解釈に反対する何等の理由もないのであるが、私自身としてはこの方向転換を、私の思想の一歩前進であると解し、同時に私の社会観に一つの安定を与へたものだとも解して居る」。満州事変の勃発後まもなく、橘樸はこのように「方向転換」を遂げた。すなわち、一九三一（昭和六）年一〇月初め奉天で石原莞爾・板垣征四郎と会見した橘は、満州事変のイニシャティヴを執った関東軍幕僚の背後には青年将校・農民大衆の熱烈な支持があり、満州事変は、「アジア解放の礎石として、東北四省を版図とする一独立国家を建設」し、日本は一切の既得権の返還にとどまらぬ最大限の援助を与えることを直接目標とするとともに、日本における勤労大衆を資本家独裁から解放し、「真にアジア解放の原動力たり得る如き理想国家を建設する」ものである、との認識に至ったのである(48)。

満州事変前の橘は中国のナショナリズム要求には同情的であり、日本の排外主義的態度を諫める姿勢を示してきた。先に触れたように橘は五・三〇事件に際して、日本政府が中国を「完全に対等な国家」として取り扱うべきことを力説していた。橘は同時に、中国の帝国主義批判が反日から反英へとシフトしつつあることに注意し、場合によっては西欧列強との協調を脱しても日本が中国外交の「対等主義」を貫くことを主張した。[49] 北伐後中国の国権回復要求が満州にまで及び始めると、橘は満蒙権益のうち中国の国権に抵触する政治的・軍事的権利は放棄し、中国の利益と両立し得る純経済的な権益のみを残すことを主張した。[50] 不平等条約の解消を含む中国ナショナリズム要求に、たとえ部分的ではあれ列国に先んじて応じることによって日中間の提携強化を図る構想は、同時代の日本政府では現地で中国外交の指揮にあたっていた外交官重光葵に特に見られるものであり、[51] それなりに現実的基盤を持つものであったといえよう。また満州事変直前においても、橘は現在の中国国民党政府の基盤をなす浙江財閥は寧ろ排日運動には消極的であるとして、日本側が冷静な態度をとることを呼び掛けている。[52] この意味で、満州事変後の橘の急速な関東軍への接近が多くの人々から唐突な転換と受けとめられたとしても、それは不思議なことではない。

しかしながら、満州事変期に橘の唱えた構想を改めて振り返ってみたとき、その多くが初期橘の関心に胚胎していたものであることは今や明らかである。それは何よりも先ず、橘が満州国建国に際して依拠した理念が「分権的自治国家」であったことに表れている。例えば橘は、一九三一（昭和六）年一二月に奉天で執筆した「満洲新国家建国大綱私案」[53] において、新国家を「公民に依りて組織せらる丶民族連合国家」と規定したうえで、それが「分権的自治国家」として構成される所以を説き明かしている。新国家は、県・省等の行政自治体、農会・商会・ギルド等の経済自治体、文化・宗教・階級的相互扶助組織等の社会自治体、家族・自然部落等の総合自治体に定礎され、議会は各級行政自治体の最高機関と位置づけられる。中国社会の基底をなす農民自治から職能団体の自治へ、そこから更に自治の完成態としての国家へと、各種自治団体の重畳的組織として新国家が描かれていることが分かるだろう。これらは勿論、満州国の建国が、関東軍との密接な連絡のもとに大雄峯会や満州青年連盟を中心とする「自治指導部」の手によってなされたことや、地主層を支持基盤とする于冲漢・袁金鎧等いわゆる奉天文治派を取り込むために彼らの政治理念に近い農村自治を標榜せざるを得なかったこと等、現実政治の要請から生まれた側面を持っている。(54) だが同時に、満州国の「国家内容」を「農民自治」に求め、更にそれをギルド社会主義やサンジカリズムと通底する「職業自治」に基礎づけようとする橘の執拗な試みに、(55) アナキズム的大正社会主義の主題の反復を聴くことはさほど困難ではないだろう。満州国の建国過程が、無論形のうえだけではあるが、各省の「自治」を基礎とした「連省自治」的形態をとったことも、橘が理想的国家像をそこに読み込みやすい要因になったのかも知れない。

橘の関東軍への接近は、時局的文脈を離れてより一般化した形で定式化すれば、「アナキズムと暴力」という問題に関わるものである。それは、長谷川如是閑が大正期に発表した論説『『無政府』と『独裁』』を想起させる。如是閑はこの論説で、政治思想の両極に位置する「無政府」の思想と「独裁」の思想は、「両者の異同点を正確に見出すことは到底不可能であるかと思はれる位」交錯している、と述べる。何故ならば、「無政府」も「独裁」も畢竟社会進化を目的としているのであり、その違いは、後者が人為的援助により社会法則の障碍を排除したり社会法則の保存や発達を促したりするのに対して、前者は、その社会法則は「自然」が不合理的障碍によって阻止されずに社会を支配するときに合法則的に実現すると考える点にあるに過ぎない。しかも、或る力によって「無政府」が妨げられている社会に「無政府」を持ち来すには、その障碍を排除するために「無政府」は強力を必要とするから、この場合無政府主義者は必ず「可なりの強力主義者でなければならない。是に於て『独裁』と『無政府』とは交錯した関係になる」からである[56]。橘にとって関東軍とは、本来実現されるべき「自然」としての「自治」のユートピアを妨げる障碍を吹き飛ばす「強力」に他ならなかった。「斯くて九月拾八日の爆発となつた次第であるが、此の爆発の結果、東北政治機構の最上層たる張家［学良――酒井］の勢力がふつとんでしまふと、雁首を失ふた軍閥機構はバラ〱に崩壊し、郷紳及び地主を上層に戴くところの農業社会は久しく彼等の頭上を圧してゐた政治経済的勢力から解放せられ、彼等自身の判断と利害とに従つて、新たなる統治機構を創造し得る機会が与へられた[57]」。アナキズムと強力の交錯のイメージが、端的に語られているではないか。これはしばしば指摘される日本ファシズムの非合理的な一揆主義に解消すべきものではなく、寧ろアナキズムの秩序像に深く根ざした問題と捉えるべきである。また、橘は満州国建国から日が経つにつれ満州国の現実に失望していったが、それはよく指摘される、建国初期に見られた財閥批判の色彩が後景に退いたことよりも、寧ろ本来「分権的自治」を招来すべき筈の「強力」が半恒久化し、橘の忌避する「中央集権的独裁」と化していったことのほうに、より本質的な理由があると考える。

満州事変以後の「方向転換」に際して、マルクス主義の拘束衣をかなぐり捨て橘が回帰した所が、大正社会主義を原像とする世界であったことは誠に興味深い事実である。満州事変後のいわゆる「転向」と呼ばれる思潮は、一般には「マルクス主義から日本回帰へ」という形で定式化されている。そこでは、普遍的法則性を体現するマルクス主義から特殊主義的ナショナリズムへの転換が各自の内面で生じたことが、しばしば自明の前提とされているように思われる。だが、一見単純なナショナリズムへの回帰と解釈されやすい、一九三〇年代において多用された「郷土」や「共同体」といった表象が、仔細に検討すれば寧ろ大正社会主義のナショナリズム批判をくぐった重層的な構造を持っていることは決して少なくない。そしてそのことは、他ならぬ講座派マルクス主義の総帥平野義太郎に最もよくあてはまる。戦前期の平野を論じたこれまでの研究は、専ら講座派の理論的指導者たる平野が何故に戦中期は大アジア主義の信奉者に転じたのか、という枠組でなされてきた。だが「転向前」と「転向後」を貫く平野の発想を理解するためには、これまであまり顧みられることのなかった一九二四(大正一三)年に出版された平野の処女作『民法に於けるローマ思想とゲルマン思想』[58]を振り返る必要がある。本書第六章で再説する[59]が、この著作はギールケに依拠しながら、協同体的社会構成による契約説的社会構成の置換のなかに「近代の超克」を読み込んでいく指向性を内包したものであり、平野の発想の底流にあったのはこのようなギールケの拓く秩序像であったのである。

このように考えれば、一九三〇年代の大アジア主義が「ネイションの超出」という主題をそれなりに取り込んでいった経緯もよく理解できる。多元的国家論に多大な影響を及ぼしたギールケの思想は、主権論の文脈では、主権の唯一・不可分性を主張するボダン＝ホッブズ的主権論ではなく、社会における各種団体の連合に主権を基礎づけたアルトゥジウス主権論の系譜に連なる。橘においても、農民自治は職業自治に連なり、職業自治は更に「国際的政党」にまで発展していくものと捉えられている(60)。アジア社会の基底をなす農村自治は漸次上方へ拡大しながら最終的には国民国家の壁を突き破り、自治団体の重畳的な構成を持つ地域秩序へと成長していくのである。大正期の主権的国民国家批判が、満州事変を経てアジア主義へ流れ込んでいったことが了解できよう。冒頭で述べたように、昭和一〇年代の国際秩序論が単純なナショナリズムの称揚という構成を取らないのは、こうした事情を背景にしていたのである。

かくして橘のアジア主義は、「自治」のユートピアとしての性格を賦与されることになった。アジア主義の指導原理は、第一に非資本主義的かつ国際主義的でなければならず、いかなる意味でも国家主義的であってはならない。第二にそれは、いかなる階級または職業も一般的優越ないし独裁的立場に立つものであってはならない。アジア連合は民族・職業・地域の三つの紐帯からなり、これらの諸要素を矛盾なく貫徹する一切の段階を通ずる自治機関の組織化が要求される。こうした指導原理に基づく日本改造の原動力となるのは、軍部・農民・労働者という三つの職業団体の結束体である(61)。かかる改造の結果建設された職業自治を内容とするアジアの社会主義国家は、これらの諸国家の上に総合機関を設定する。この総合機関はあくまで「各国党の代表者を以て構成するところの分権組織」でなければならない(62)。ここには確かに、戦間期の様々なイズム、とりわけマルクス主義に対する橘の知的自立性の表明がある。特定の階級に特権的解放勢力の座を与えることへの拒絶、社会的紐帯を階級関係に還元することなく様々な社会的結合性の織り成す複合体として捉える視点、そして何よりも「自治」に定礎された社会主義というイメージに、橘の一貫したアナキズム的関心を読み取れる筈である。少なくとも、これらが社会構成の論理として持つ意義は、決して無視できないだろう。

だがそのことを認めたとしても、この時期以降の橘の議論が大正期のそれと比べて著しく生彩を欠くものになっている事実は覆い難い。その最大の理由は、言うまでもないが、橘の議論が国家権力に対する抵抗の論理から、次第に戦時下の総動員の論理へと組み替えられていったことにある。橘において、「軍部」は政治階級たる「軍閥」と区別され、将校団として職能団体の一つとして位置づけられているから、軍部の擡頭は「職業自治」の要請とは一応矛盾しないものとして捉えられ得る。(63)とはいえ、二・二六事件後の総動員体制の確立が、橘の政治論に上からの「指導」の契機を導入させたことは否定できない。満州事変の時点で橘の政治論の鍵概念であった「職業自治」論が、太平洋戦争期においては「職域奉公」論へと横滑りしていることに、その力点の移動を象徴的に見ることができよう。(64)同様なことは、アジア主義論においても指摘できる。既に述べたように大正期の橘は、孫文の大アジア主義演説に対する批判の根拠を孫文の華夷秩序観に見る自民族中心主義に求めたのであるが、太平洋戦争期の橘は、諸民族間の実質的不平等に立脚する華夷秩序を、寧ろ「おのおのその所を得る」という「日本民族を頂点とする充分堅牢なピラミッド」としての東亜共栄圏の雛型として位置づけているのである。(65)橘の挙げる日本民族の指導性の根拠とは、古代以来の日本文化が持つ他文化同化能力という、戦前期日本で繰り返し語られてきた極々凡庸な「帝国」の弁証的言辞に過ぎない。(66)

けれども、戦中期の橘の議論の虚構性を最終的に白日に曝したのは、「武装的自治」という橘の本来の理想を体現した中国の抗日ゲリラであった。彼らはかつての郷団自衛の精神を日中戦争下で新たに蘇らせたのである。抗日戦争における中国のモラルの高さへの驚嘆は、戦中期の橘の論説に随所に見られる(67)。かくして、アナキズム的想像力の帰結としての橘の大アジア主義は、同じくアナキズムに根ざすパルチザンの論理によって鉄槌を下されたのであった。

おわりに

以上極めて粗略ではあるが橘樸の言説を追いながら、そのアナキズム的大正社会主義の主題がいかなる国際秩序論を形づくっていったかを概観してきた。そこで最後に、橘の言説を含む大正期の社会概念の析出過程が国際関係思想において持つ意義に若干言及することで、本章の結びに代えたい。

大正期の政治思想は、国家主権の絶対性に対する様々な批判が「社会」概念の構成によってなされる点に特色がある。こうした社会概念の析出過程は、多元的国家論に代表される政治的多元主義の一環として一般には理解されている。戦間期の政治的多元主義は、第二次大戦後のアメリカ政治学においては、専ら利益集団の競合理論として継承され精緻化された。国際政治学においては、明示されることは少ないが、戦後アメリカ政治学における多元主義理解を前提にしたうえで、主としてレジーム論や機能主義的統合論にその発想が織り込まれているように思われる。すなわち政治的多元主義は、一旦利益集団論に還元されたうえで、国際政治学におけるリベラリズムの系譜のなかに位置づけられているのである。[68]

このような理解は誤りではないが、少なくとも戦間期日本の政治的多元主義の位相に即して言えば、過度な単純化を伴う可能性があるように思われる。本章で扱った橘樸の事例に見られるように、多元的自治団体の連合による主権の基礎づけを始めとする多元的国家論が提起した問題は、大正期の日本においては、戦後のアメリカ政治学が想定するようなリベラリズムの文脈で理解されるよりは、寧ろアナキズム的社会主義と重ねあわせて捉えられることが多かったのではないか。清水幾太郎はその回想録で、関東大震災で被災した後独学で社会学研究を志すことを決した中学生時代に、政治的多元主義の紹介者でもあった高田保馬の著作『国家と社会』に接し、震災時の大杉栄の惨殺によって触発されたアナキズム的関心をそこに読み込んでいったときの経験を、極めて印象的に描きだしている。[69] 早熟な少年清水が直感的に読み取った多元的国家論とアナキズム的近代批判の論理との親和性は、そもそも大正期の政治思潮に内在していたと考えられる。その意味で、一九三〇年代の近代リベラリズム批判の擡頭は、単なる自由主義者の挫折ないし転向としてではなく、大正期の社会概念の析出状況が権威的な協同体的社会構成へと読み替えられる過程として緻密に分析し直す必要があろう。[70] 既に論じたように橘の事例は、大正期のギルド社会主義的秩序像が一旦中国社会に読み込まれたうえで、それがアジア主義に還流していく過程として捉えることができる。そこには、帝国秩序とアナキズムのある種の親和性を看ることも可能である。このように多くの場合、大正期日本の主権的国民国家批判が東亜新秩序論へ吸収されていったことは、否定できない。

とはいえ、このことは、大正社会主義が提起した問題自体が無意味だということを意味するものではない。橘の国際秩序論の根底にある重畳的自治団体による地域秩序(国際共同体)の構成は、例えばEUの補完性原則におけるアルトゥジウス主権論の復権という形で原理的に問い返されている問題である[71]。国際政治学は本来主権国家体系の認識に関わる学であるが、奇妙なことに、主権論に関する原理的考察が最も華々しく展開された戦間期の国際関係思想に注意が払われることはこれまで少なかったように思われる。この意味で、大正期日本の主権的国民国家批判の位相の複雑さを踏まえたうえで、その今日的意義を考えることは無駄ではないであろう。また、様々な「社会」概念の構成による国際関係の捉え直しが主張された大正期の議論は、萌芽的なものではあるにせよ、意外に国際関係の社会学的洞察に富む側面がある。近年の国際関係論の一つの潮流が、「コンストラクティヴィズム」に代表されるような社会学的接近方法への関心の高まりにあることを考えれば、大正期の社会概念の析出状況を国際関係思想史のなかにいかなる形で書き込むか、という問題はいまなお新しい問題と言わねばならない[72]。更に言えば、国際関係論における社会学的関心の復権は主張されつつも、国際関係思想史における「社会主義」の位置づけは実は甚だ曖昧なまま放擲されてきた問題である。従来の国際関係思想史研究は、せいぜいマルクス・レーニン主義的な帝国主義論か権力政治的な「ソヴィエト・ブロック」論のいずれかに焦点をあてて、お茶を濁してきたのが実情である[73]。しかしながら、二〇世紀初頭から戦間期にかけての国際関係思想を注意深く観察すれば、当時「社会主義」と結びついて登場し理解された様々な主張が、このような狭い枠組にとどまるものであるかは疑問の余地が残る。少なくとも戦間期の議論においては、機能主義・連邦制・地域的計画といった、今日の国際政治学においては一見「社会主義」とは無関係とされる主題に、しばしば「社会主義」の濃厚な影が見られることに留意する必要があろう(74)。

かつて長谷川如是閑は、論説「一九二一年から二二年へ」において、第一次大戦後の精神を従前のそれと区別して、「これ迄の所謂インターナシヨナリズムが、Inter-State 若くは尠くとも Inter-Nation の傾向に限られてゐたのに比し、今日のそれは Inter-Social の精神に稍々触れて居る事である(75)」と喝破した。「社会連帯」の精神こそ「社会主義」の骨格をなすものである。冷戦後の今日、「社会主義」の射程を振り返ることは、なおその意義を失わないと考える。

（１）本章に関連する拙稿には、「アジア主義と社会連帯論の位相──大正社会主義の理論的射程を中心に」（佐々木毅・山脇直司・村田雄二郎編『東アジアにおける公共知の創出──過去・現在・未来』東京大学出版会、二〇〇三年）がある。

（２）代表的研究として、山本秀夫『橘樸』（中央公論社、一九七七年）、野村浩一『近代日本の中国認識』（研文出版、一九八一年）がある。

（３）山本、前掲『橘樸』七九頁、山室信一『キメラ』（中公新書、一九九三年）一〇八頁。

（４）飯田泰三「吉野作造──〝ナショナルデモクラット〟と『社会の発見』」（小松茂夫・田中浩編『日本の国家思想（下）』青木書店、一九八〇年、飯田泰三『批判精神の航跡』筑摩書房、一九九七年、所収）。

(5)「時評数則」(『月刊支那研究』[龍溪書舍、一九七九年復刻]第一巻第一号)一五六―一六一頁。
(6)大正社会主義者の政治観については、三谷太一郎「大正社会主義者の『政治観』」(同『大正デモクラシー論』[旧版]、中央公論社、一九七四年、所収)。
(7)『月刊支那研究』第一巻第一号、一六一頁。
(8)『支那研究資料』1(龍溪書舍、一九七九年復刻)解題、一―二頁。山本、前掲『橘樸』三六―三八頁。
(9)橘樸『支那思想研究』(日本評論社、一九三六年)三九頁。
(10)「橘樸の人と生涯――解題にかえて」(『橘樸著作集』第一巻、勁草書房、一九六六年)七二四頁。
(11)大正期の社会法学については、岡利郎「大正期における法体系の再編と新しい法学の登場」(石井紫郎『日本近代法史講義』青林書院新社、一九七二年、所収)。
(12)平野義太郎『大アジア主義の歴史的基礎』(河出書房、一九四五年)二二五頁。
(13)橘樸『職域奉公論』(日本評論社、一九四二年)一頁。
(14)J・A・フォーゲル[井上裕正訳]『内藤湖南――ポリティックスとシノロジー』(平凡社、一九八九年)。
(15)同右、一八〇―一八一頁。
(16)橘樸「支那革命史論稿(一)――『乱世』に関する社会史的考察」(『月刊支那研究』第一巻第一号)二〇―二二頁。なお、湖南の中国近世論についての橘の言及は、同右、四六―五二頁。
(17)『内藤湖南全集』第五巻(筑摩書房、一九六七年)三二八頁。
(18)同右、三六九頁。
(19)同右、二九六―二九七頁、四二八―四二九頁。
(20)同右、三八〇頁。
(21)例えば、野村、前掲『近代日本の中国認識』六〇―六二頁。

(22)　前掲『内藤湖南全集』第五巻、二九七頁。
(23)　橘樸「支那は何うなるか」(『月刊支那研究』第一巻第三号)三頁。
(24)　例えば、前掲『内藤湖南全集』第五巻、三八一―三八二頁。
(25)　橘、前掲「支那は何うなるか」七―九頁。
(26)　バートランド・ラッセル「愛国心の功過」(『改造』一九二一年一月号)。
(27)　例えば、長谷川如是閑「闘争本能と国家の進化」(『長谷川如是閑集』第五巻、岩波書店、一九九〇年)。なお、飯田、前掲『批判精神の航跡』二〇七―二一一頁。如是閑の現代国家批判に大きな影響を与えたイギリスの社会学者ホブハウスの、中国農村自治とその相互扶助機能への関心について、橘が注意を払っているのも興味深い(橘樸「支那人気質の階級別的考察」、『月刊支那研究』第二巻第一号、四〇頁)。
(28)　橘、前掲「支那人気質の階級別的考察」二三頁、五〇―五三頁。
(29)　橘、前掲『支那思想研究』五一五―五一六頁、五一九頁。
(30)　橘樸『中国革命史論』(日本評論社、一九五〇年)。
(31)　野村、前掲『近代日本の中国認識』二一四頁。
(32)　同右、二四三―二六二頁、山本、前掲『橘樸』第七―九章。
(33)　橘、前掲「支那人気質の階級別的考察」四七―四八頁。
(34)　橘、前掲『支那思想研究』四八六頁。
(35)　塚本元『中国における国家建設の試み』(東京大学出版会、一九九四年)一〇九頁。
(36)　「時評数則」(『月刊支那研究』第一巻第二号)一八七頁。
(37)　なお、ロシア革命初期の段階で山川均が、フィンランドの自治要求やウクライナの独立宣言に着目しつつ、革命ロシアが「国民的国家」ではなく「自治連合」たることに期待を寄せたことも、同様の関心の現れと見做し得る(三谷、前掲『大正デモクラシー論』[旧版]九八―九九頁)。周知のように、山川はこの後、共産党独裁に対して肯定的態度に転じ、いわゆる「アナ・ボル論争」の片方の極に立ったが、橘の場合はアナキズム的関心が基本的には生涯を通して持続したと見ることができよう。

(38) 橘樸「支那を識るの途」(『月刊支那研究』第一巻第一号)七頁。

(39) 橘樸「支那近時の民族運動及上海事件の思想的背景」(『月刊支那研究』第二巻第三号)一〇四頁。

(40) 山本、前掲『橘樸』一七三頁。

(41) 橘樸「大革命家の最後の努力――孫文氏の東洋文化観及日本人観」(『月刊支那研究』第一巻第四号)一二六―一二九頁、一三七―一四〇頁。なお、山川均の中国ナショナリズム批判について、三谷、前掲『大正デモクラシー論』[旧版]八九―九〇頁、の説くところも参照。

(42) 橘、前掲「支那近時の民族運動及上海事件の思想的背景」一二八―一二九頁。

(43) 例えば、橘樸「支那人の利己心と国家観念」(橘、前掲『支那思想研究』)三〇四―三〇八頁。

(44) 橘樸「中国における軍閥戦争の展望」(橘、前掲『中国革命史論』)三九八―四〇〇頁。

(45) 山本、前掲『橘樸』一五一―一五八頁。

(46) 橘樸「新軍閥の発生とその意義」(橘、前掲『中国革命史論』)一七〇頁。

(47) 「時評数則」(『月刊支那研究』第一巻第一号)一六二頁。

(48) 橘樸「私の方向転換」(『満洲評論』第七巻第六号)三二―三三頁。

(49) 橘、前掲「支那近時の民族運動及上海事件の思想的背景」一一四―一一五頁、一〇五―一〇六頁。

(50) 山本、前掲『橘樸』一八七―一八八頁。

(51) 拙稿「『英米協調』と『日中提携』」(『年報・近代日本研究11　協調政策の限界』山川出版社、一九八九年、所収)。

(52) 橘樸「南京政権の行路難」(『満洲評論』第一巻第三号)二—七頁。
(53) 橘樸「満洲新国家建国大綱私案」(『満洲評論』第二巻第一号)二八—三〇頁。
(54) 山室、前掲『キメラ』八二—一〇八頁。
(55) 橘樸「国家内容としての農民自治」(『満洲評論』第三巻第三号)一〇—一一頁。
(56) 長谷川如是閑「『無政府』と『独裁』」(前掲『長谷川如是閑集』第五巻)一七二—一七四頁。
(57) 橘樸「回顧と展望」(『満洲評論』第二巻第一号)六頁。
(58) 平野義太郎『民法に於けるローマ思想とゲルマン思想』(有斐閣、一九二四年)。
(59) 本書第六章第三節、二六二—二六四頁。
(60) 橘、前掲「国家内容としての農民自治」一四頁。
(61) 橘樸「日本改造の原動力——汎亜細亜運動の新理論の四」(『満洲評論』第五巻第七号)一二—一三頁。
(62) 橘樸「独裁政党論(下)——汎亜細亜運動の新理論の六」(『満洲評論』第五巻第一二号)一六頁。
(63) 橘樸「山県公の大陸政策 上——日本モンロー主義史論の四」(『満洲評論』第四巻第一八号)一五頁。
(64) 橘、前掲『職域奉公論』第六節。
(65) 橘樸「満洲政治力の特殊性」(『橘樸著作集』第三巻、勁草書房、一九六六年)二一三—二一四頁。
(66) 橘樸「東洋枢軸論」(同右)二六—二七頁。
(67) 橘樸「東洋社会の創造」(同右)一七頁。
(68) Richard Little, "The growing relevance of pluralism?" in Steve Smith, Ken Booth and Marysia Zalewski, *International Theory: Positivism and Beyond* (Cambridge: Cambridge University Press, 1996).
(69) 『清水幾太郎著作集』第一四巻(講談社、一九九三年)一八九—一九二頁。
(70) 東大新人会の会員で当時の代表的政治学者であった蠟山政道における多元的国家論からの転換については、

本書第三章第二節、一三四—一三八頁。

(71) Ken Endo, "The Principle of Subsidiarity: From Johannes Althusius to Jacques Delors"(『北大法学論集』第四四巻第六号、一九九四年)。

(72) 例えば、コンストラクティヴィズムと田中耕太郎の世界法論を重ねあわせて読む興味深い試みとして、芝崎厚士「田中耕太郎の国際文化論」(『国際関係論研究』第一三号、一九九九年)五八—六三頁。

(73) 例えば、国際関係思想の標準的テキストである、Michael W. Doyle, *Ways of War and Peace: Realism, Liberalism and Socialism* (N.Y.: W. W. Norton, 1997)においても、表題のように「社会主義」はリアリズム、リベラリズムと並ぶ位置を与えられつつも、その内実はマルクス・レーニン主義の平板な叙述に終始しており、「社会主義」思想に対する理解と想像力の欠如を示すものになっている。

(74) 例えば、国際政治学における機能主義の代表的存在であるミトラニーにおけるホブハウス、コール、ラスキの影響を指摘するものとして、David Long, "International functionalism and the politics of forgetting," in *International Journal*, Spring 1993. また、本書第三章第一節でも触れたことであるが、機能主義の先駆的存在であるレナード・ウルフのように戦間期国際政治学における「リベラリズム」の代表とされる人物が、しばしばフェビアン系の社会主義をくぐっていることに、より注意が払われるべきである。

(75) 『長谷川如是閑集』第四巻(岩波書店、一九九〇年)一六二頁。

第五章　「帝国秩序」と「国際秩序」

——植民政策学における媒介の論理(1)

はじめに

国際関係論の来歴において、植民政策学はどのような位置を占めているのだろうか。その有力な答えの一つは、「忘れられている」、である。例えば、第二次大戦前におけるアメリカ国際関係論の成立史を初めて本格的に検討したB・シュミットは、二〇世紀初頭のアメリカ政治学界において、植民統治(colonial administration)への関心が急速に拡大していった過程を論じつつ、「しばしば無視されるか、あるいはごく僅かの注目しか与えられていないが、政治学内部において植民統治は、国際政治をめぐる言説のかなりの部分を占めていたのである」(2)と述べ、いわば国際関係論における忘れられた系譜として植民政策学を位置づけている。

他方、「帝国主義と民族」という問題設定に示されるように、合衆国とは異なり、伝統的にマルクス主義の影響が強かった日本の国際関係論(とりわけ国際関係史)研究においては、帝国主義論の重要性が強調され、植民政策学は、いわばその前史として、しばしば言及されてきた。従って、植民政策学の存在やその歴史的意義については、欧米よりも寧ろ日本の研究者のほうがより多くの注意を払ってきたといってよいだろう(3)。このことは、マルクス主義の影響の去った今日においても、日本の国際関係論においては相対的には地域研究・歴史研究の比重が大きいという事実に、なおもその痕跡を留めている。ただし、第二次大戦後の大学における講座の再編過程において、多くの場合「植民政策学」は「国際経済論」として改組されたために、植民政策学の歴史的展開は経済学史の文脈で論じられることが多かった。実際は、植民政策学は、政治学・経済学・農政学等にまたがる複合的な性格を持っており、狭義の経済学史の文脈に収まらない内容を有している。それ故、本章では、国際現象をめぐる学知の系譜のなかに植民政策学を位置づけることで、従来あまり論じられてこなかった問題群を拾い上げてみたい。

戦前期日本において国際現象をめぐる学知は、大別すれば、主権国家間関係を扱うものとしては国際法学・外交史(及びそこから派生した国際政治学)、帝国内関係を扱うものとして植民政策学、といったいわば二本立ての編成をとっていた。しかし、本章の関心からすれば、この二つの系列を単なる分業関係として捉えるのではなく、もう一歩踏み込んで二つの系列間の関連を見る必要がある。換言すれば、主権国家間関係からなる「国際秩序」と、帝国内関係からなる「帝国秩序」が無関係に並列していると考えるのではなく、両者はある論理連関を持って存在しているものとして、いわば同一の視野の下で捉えたいのである(4)。事実、ポール・ラインシュや泉哲のように、一人で国際政治学(国際法学)と植民政策学の双方を論じていた例も少なくない。彼らはどのような論理を駆使することで、「帝国秩序」と「国際秩序」を媒介しようとしたのか。その論理構造が、ここで俎上に載せられることになるだろう。

以下の論述では先ず、植民政策学における「帝国秩序」と「国際秩序」の媒介の論理を考察する際の基本的視点を提示し、若干の方法論的問題を提起する。そのうえで、二〇世紀初頭から第一次大戦期、一九二〇年代、一九三〇年代と時系列を下りながら、植民政策学における両者の媒介の論理がどのように展開していったのかを、幾人かの植民政策学者の言説に即して論じてみたい。それはまた、植民政策学を縦糸に、政治学・法学を横糸にしながら、「帝国編成の系譜」を扱う問題設定を、[5] 国際関係論の系譜学的考察のなかで確認する作業ともなろう。

一 予備的考察——媒介の論理としての「社会」概念

植民政策学者の言説を論ずる際の典型的な議論の型の一つは、その人物が「帝国主義者」であったか、あるいは「国際主義者」であったか、という二項対立的な問題設定である。その代表例としては、新渡戸稲造をめぐる著名な論争がある。新渡戸の肖像が新たに五千円札に採用されることが発表された頃、『毎日新聞』紙上において、飯沼二郎と佐藤全弘との間で新渡戸稲造の評価をめぐって論争が交わされた。[6] すなわち、新渡戸は「生粋の帝国主義者」であり、満州事変を契機に自由主義者から帝国主義者に変節したのではないと言う飯沼に対して、佐藤は、新渡戸の植民思想には「世界土地共有論」に示されるような「人類協和の理想」があり、新渡戸は、「終生、キリストに従った人、真の自由主義者、人格主義者、平和主義者」であった、と反駁したのである。この背景には、日本の植民政策学者の多くが、キリスト教もしくはマルクス主義を思想的支柱としていた事情がある。その意味で、この論争の対立軸自体が植民政策学の置かれた思想史的文脈を逆照射しており、従来の研究がいわばこの対立軸に沿う形で展開されてきたことは充分に理解できる。

だが、「帝国主義」と「国際主義」とは、本当に対立的なものなのだろうか。両者は対立的に捉えられがちであるが、実際はしばしば同一人格内に両方の契機が共存しているのではないだろうか。一例を挙げてみよう。一八九三(明治二六)年に陸羯南は、近代日本における最初の国際関係論の体系的著作ともいえる『国際論』を世に問うた。(7) この書物で、陸が強調したのは、「狼呑」と「蚕食」という概念であった。すなわち陸は、国家を主体とした意図的な侵略である「狼呑」(absorption)と、私人を主体とし意図せずして他国民の統合を解体する「蚕食」(élimination)を区別したうえで、とりわけ言語・学術・宗教等の文化的侵食による心理的蚕食の危険性を強調した。いわゆる鹿鳴館時代の欧化主義に対する批判と条約改正に対する対外硬派としての陸の立場が、この議論の背景にあったことは言うまでもないであろう。

ところで、陸が『国際論』を執筆する際に最も参照した文献は、ノヴィコウの『国際政治』であった。(8) ノヴィコウは、コンスタンティノープル生まれのロシアの社会学者で、社会進化論に基づく様々な著作を残した人物である。陸は、このノヴィコウの著作から「狼呑」と「蚕食」という概念を受け取り、ノヴィコウにあっては社会進化の低い発展段階にある非西欧諸国に対する西欧諸国の進出を説明するものであったこの二つの概念を、評価のベクトルを逆にして、西欧諸国による「文化帝国主義」を告発する理論枠組に読み替えたのである。従って、今日日本近代史でノヴィコウの名前が言及されるときは、概ねこの陸の評価に沿った形で、西欧知識人の傲慢さを象徴する「文化帝国主義者」として論じられることが多い。(9)

ノヴィコウは、ヨーロッパ史においても今日ほぼ忘れられた存在であるが、稀にその名前が言及されるときは、「帝国主義者」としてではなく、寧ろ平和運動史の文脈においてである。(10)実際、ノヴィコウは熱心なヨーロッパ連邦論者であり、ヨーロッパ各国の平和運動家との交流を図っていた。例えば、『ヨーロッパ連邦』を始めとするノヴィコウの著作の多くをドイツ語に翻訳したアルフレッド・フリートは、当時のドイツにおける平和運動の代表的活動家であり、若き日の吉野作造が共鳴を持って、その著書の内容を詳細に紹介した論文「近世平和運動論」を『国家学会雑誌』に掲載した人物である。(11)このようにノヴィコウには、「帝国主義者」と「国際主義者」という二つの側面が共存し、そのいずれに着目するかによって、正反対の評価がなされているのである。明治期の社会学者建部遯吾は、ノヴィコウの主著間の矛盾を指摘し、「其国際政策……欧州同盟論……の如きは欧人間の同盟を以て平和を進捗し理想の実現とするに足るも、欧人以外の民族との戦争闘争は、必ずしも平和理想の福音の干《あず》かる所にあらずとするものに似たり、是れ不可思議の議論にあらずや」(12)と述べているが、このような同一人格における「帝国主義」と「国際主義」の共存を可能にする論理を改めて問わなければばならないのである。従って、「帝国主義」と「国際主義」の相互関係を考察することが、本章の第一の視点となる。

「帝国主義」と「国際主義」の両立は、西欧国家体系の核にある文明概念のヤヌス的性格と見ることもできる。周知のように、近代国際法は文明国標準主義を採用し、法典整備等一定の要件を満たさない国には十全な法主体性を認めず、西欧諸国はこれらの国とは治外法権の設定を始めとするいわゆる不平等条約を締結し、場合によっては更に植民地化の対象としてきた。この観点からすれば、文明の発展段階という時間的差異を「西欧」と「非西欧」という空間的差異に投影すれば、「国際主義」と「帝国主義」は文明の到達段階に照応した概念として、矛盾なく説明できるかも知れない。

だが本章では、これとともに、「帝国秩序」と「国際秩序」を媒介する論理として、「社会」概念の位相に留意したい。植民政策学は、ともすれば極めて国家主義的な理論装置により武装されたものと考えられやすい。しかしながらそれは、事柄の一面に過ぎない。寧ろその反対に帝国秩序は、社会の自律性を称揚する視点によって理論化されることが甚だ多い。例えば、近代日本の帝国的認識空間の位相について様々な示唆を与える小熊英二『〈日本人〉の境界』では、その一章がフランス社会学における同化主義的植民政策への批判が同時代の日本に与えた影響に割かれているが[13]、読み込んでいくと、そこで扱われているのは、陸羯南が「国家」と区別された「社会」概念を獲得する際に参照したルロワ＝ボリュー[14]の植民政策論に始まり、クロポトキンの相互扶助論と台湾総督府官僚東郷実の民族政策論との関連、そして必ずしも明示されてはいないが、太平洋戦争中に大アジア主義を提唱した平野義太郎に対するオットー・ギールケの影響といったように、実に多元的国家論やアナキズムに繋がっていく思想的系譜なのである。第一次大戦後の日本の時代思潮は、明治期の国家主権至上主義に対して、様々な形での「社会」概念の構成によって批判的視座を提示する、「社会の発見」と称される特質を持っていた。(15) こうした「社会の発見」によって提示された非国家的主体の相互作用として国際関係を捉えるトランスナショナルな理論装置は、どのように帝国秩序と共振関係を持ったのか。(16) その認識的機制を、植民政策学という学知の展開に即して論ずることが、本章の第二の視点である。

本章の第三の視点は、「植民政策学におけるアメリカ」という問題である。そもそも近代日本における植民政策学が、アメリカ人教師の薫陶を受けた札幌農学校の卒業生によって開始されたことを考えれば、この問題が看過されてきたことは不思議に思えるかも知れない。確かに、従来の研究においても、札幌農学校の「開拓者精神」(またはその裏面としての先住民族問題)には必ず言及がなされてきた。しかし、日米両国が新興帝国主義国として擡頭した二〇世紀初頭以降の植民政策学における「アメリカの影」については、これまでの論者は比較的無関心であったように思われる。例えば、先に触れた新渡戸稲造をめぐる論争にも窺われるように、これまでの新渡戸論においては、二〇世紀におけるアメリカ問題は、「太平洋の橋」としての「国際主義者」という文脈でのみ登場し、「帝国主義者」という文脈では不問のままになっているのである。この意味で、新渡戸稲造論におけるアメリカ像は分裂している、という印象さえ受ける。

尤も、「植民政策学におけるアメリカ」という問題が意外に解決しにくかった事情の一端は、想像できなくはない。試みに、二〇世紀初頭に記された日米両国の植民政策学の教科書を繙いてみればよい。すぐに分かるように、日米両国とも植民統治の経験を欠いた新興帝国主義国である以上、そこには内容としては、いずれも英仏等ヨーロッパ諸国の先例が連ねてあるに過ぎない。従って、日本の植民政策学におけるアメリカの影響をテキストから直接論証するのは、いささか困難を伴うのである。

しかしながら、より巨視的に見るならば、「帝国秩序」と「国際秩序」の媒介の論理を考えるとき、アメリカの事例を補助線として引くことは、問題の輪郭を描く有力な手がかりになるように思われる。日本の政治学が、明治期のドイツ国家学受容から大正期における「社会の発見」を経てより現代的な政治学へと転換したことは周知の事実であるが(17)、こうした道程は何も日本に限定されたものではなかった。日本近代史研究者は、イギリス型からプロイセン型へと模範国が転換した明治一四年政変を念頭に置いて、ドイツ国家学を概して半封建的・後進的な理論と見做す傾向があるが、これは明治憲法制定期の一八八〇年代における世界各国のドイツ国家学像とは、かなりずれる見解である。例えば、アメリカにおける本格的大学院教育は一八八〇年代に、ドイツ国家学に範を求めながら、公共政策の専門家を養成する形で開始された(18)。札幌農学校卒業後に佐藤昌介や新渡戸稲造が学んだジョンズ・ホプキンス大学とは、まさしくこのようなドイツ国家学のアメリカにおける移植の場であったのである。

そして、アメリカにおける植民政策学と国際政治学は、こうした知的文脈のなかで、ほぼ同時期に成立したのであった。その両者における開拓者が、後述するポール・ラインシュに他ならない(19)。従って、本章ではラインシュの複数の著作を参照しながら、「植民政策学におけるアメリカ」という問題の広がりをも視野に入れて論を進めたい。それは、「アメリカの世紀」と呼ばれる二〇世紀の学知として、植民政策学の意義を改めて振り返ることで、「帝国秩序」と「国際秩序」の媒介の論理を今日の時点から再検討する契機ともなるであろう。

二　文明の興亡——新渡戸稲造の植民政策講義

第一次大戦の最中、新渡戸稲造は次のように、東京帝国大学における植民政策講義の開講の辞を述べた[20]。佐藤一斎いわく、「気運に大盛衰と小盛衰とあるは尚ほ海に大潮と小潮とあるが如し」、と。人生には栄枯盛衰興亡があり、一筋の上り道でもなく、下り道でもなく、又同じ高さの水平的進行でもなく、むしろ波動的である。スペンサーは、宇宙の運動、人生の歴史は韻律的であると言い、オストワルドは宇宙に運動の法則があると言った。又循環の法則という事を言う人もある。これが、佐藤一斎のいう「生々之易」、即ち生きとし生ける者の法則である。新渡戸はこう述べた後で、やにわに、交差する波状の図を板書したうえで、東西文明の接触と興亡を「波動説」によって解説した。

初回の講義を「波動説」で始めた新渡戸は、植民地の統治・土地問題・原住民政策等、植民政策の各論を述べた後、最終回の講義をやはり文明の興亡という主題で締め括った。新渡戸いわく、「思ふに、地球は五百万年後には冷たくなるであらう。国家も二万年後には大いに変化するであらう。従つて植民問題も消滅するであらう」。しかしながら、政治的軍事的植民は消滅しても、何処の思想が何処を征服するかという精神的植民の問題は残るであろう。これは何れの国が東洋の文化に最も貢献するか、何れの国が精神的に東洋を植民地とするかの競争である。「『植民は文明の伝播である』。諸君は宜しくヴィジョンを見なければならない[21]」。

新渡戸流の名調子で語られている、東西文明論の文脈に日本の対外活動の意義を根拠づける議論は、日本の帝国主義化とともに、「東西文明調和論」として人口に膾炙したものであった。このような文明論の系譜に、札幌農学校第二期生として新渡戸の同窓であった内村鑑三も位置づけることができる。内村の初期の著作である『地人論[22]』は、「地理と歴史とは、舞台と劇曲との関係なり」として、人類の世界史と地理的構造との間に密接な相互関係を想定し、その法則性を解明する一種の目的論的な歴史地理論であった。内村は、そこで、東洋文明の東漸と西洋文明の西漸との交点に日本の地理を位置づけ、東西両洋間の媒介者たることに「日本の天職」を見出した。内村においては、個人—国民—世界は重層的に重なり合い、「地球そのものが『一個有機的独立人』なり」という表現に象徴されるように、人類と自然は有機的連帯関係にあるものとされていた[23]。

こうした東西文明の媒介者たることに日本の国民的使命を基礎づける議論は、内村の当初の意図を超えて、非西欧国家でありながら西欧帝国主義国の一員としての位置を獲得した日本の対外的自己表現として、日露戦後には広く用いられるようになった[24]。それは、西欧諸国には東洋文明の独自性を強調することで文化的対等性の承認を迫るとともに、近隣のアジア諸国には、文明概念による日本の帝国主義的実践を正当化する議論であった。いわば西欧に対する文化相対主義とアジア諸国に対する単系文明発展論の選択的採用が、その特色であったといってよい[25]。

新渡戸もまた、このような知的雰囲気のなかで活躍した世代であった。欧米諸国に対しては、『武士道』に代表されるような英文による日本紹介者であり、また同時に植民政策学者として日本の植民統治者に建策する立場にあった新渡戸は、確かに、「東西文明の媒介者」としての役割を背負っていた[26]。新渡戸において、「東西文明調和論」とは、植民政策学者としての自己と欧米との文化交流の担い手としての自己を繋ぎとめる、いわば留め金のような位置を占めていたのである。新渡戸において、「帝国秩序」と「国際秩序」を媒介したものは、ひとまずは、このような「文明」の論理であった[27]。

なお、大正初期の新渡戸には、「植民の終極目的」と題する論説がある。新渡戸が説くのは、「地球の人化と人類の最高発展」という植民の終極目的のため、「世界土地共有」を必要とする「世界社会主義」の理想である。ここで新渡戸は、「人の為すことは単に自然淘汰にのみ依らずして生《ライフ》なるものの中に一種微妙なる作用ありて其の境遇と感応し境遇異なるに従つて変化す」というベルグソンの所説を引きながら、人類が能動的に地球を人化するのみならず、受動的に森羅万象の感化を受けることを強調している[28]。このことから窺われるように、新渡戸の人類・世界概念は、「大正生命主義」と呼ばれる思潮の刻印を受けてもいたのである[29]。それはまた、先に内村について見たような、機械論的・原子論的自然観と対立する有機体論的・連帯論的なコスモロジーと呼応するものでもあっただろう。『世界法の理論』で知られるカトリシズム自然法論者の田中耕太郎は、新渡戸は「わりあいマテリアリスチック」[30]であったと評しているが、その新渡戸が理想を語れば語るほど、自然淘汰といった進化論の持つ闘争説的側面よりも有機的調和という互助説的側面が引き出されてくることは興味深い。それはまた、大正期の「社会の発見」へと、新渡戸を呼び込む回路でもあった[31]。

冒頭に引いた新渡戸の講義では、第一次大戦期の日本で見られた黄白人種の対立という文脈で戦争を解釈する議論の影響を受けてか、東西文明の「調和」よりも「対決」というニュアンスがより強く現れている[32]。だが、いずれにせよ新渡戸の思考様式が、明治中期から大正初期に至るまで多くの論者により共有されていた文明論の系譜に棹差していたことは、これまでの記述から了解されよう。新渡戸の講義は、明治三〇年代であれば、格調高いものとして学生に深い感銘を与えたかも知れなかった。

しかしながら、第一次大戦期に新渡戸の講義を聴講した学生には、新渡戸の議論はあまりにも通俗的な印象論のように響いた。一般に、アカデミズムの確立期にあった日露戦後から大正初期にかけての帝国大学生は、明治期の学者官僚的な帝国大学教授に対して甚だ冷淡である。対外的活動に邁進する新渡戸は、この意味では、未来のアカデミズムを担う若者達の心を捉えたとは言い難かった[33]。しかも、第一次大戦期には、日本外交自体が転換期を迎えつつあった。新渡戸が講義の締め括りで触れた「植民は文明の伝播である」という文言は、アメリカの植民政策学者・国際政治学者であったポール・ラインシュの言を借りたものであった[34]が、ラインシュはこの時期、ウィルソン政権下の駐華公使として日本の対華二一カ条要求批判の急先鋒に立っていた[35]。ウィルソン主義と中国の反帝国主義ナショナリズムが共振しながら、これまでの日本外交の準拠枠組であった西欧古典外交の自明性を揺さぶる時代が訪れてきたのである。静謐な象牙の塔の外にあったのは、こうした新しい時代の息吹であった。

三　社会の発見――帝国再編と植民政策学

新渡戸はだが、第一次大戦が国際政治に齎しつつある変化に鈍感では決してなかった。先の講義でも新渡戸は、大戦が植民地と本国との関係に与える影響を、簡潔ではあるが的確に指摘していた。英本国とカナダ・オーストラリアという自治植民地との関係を概観しながら、自治植民地の本国からの分離傾向と、チェンバレンの「帝国的連合」(imperial federation)構想に代表されるような植民地と母国の結合関係を鞏固にするための政策に触れたうえで、新渡戸はこう述べていた。「此度の大戦争の結果、植民地と母国との関係は一躍数歩を進めた。併しながらこの度の結び付きは感情的なるを免れない。それは政治的又は軍事的なるものでない。故に、戦後に於ける関係は何とも断言し難い。却つて、一朝有事の際にはこのやうに結び付くのだから、平素は国家として分離して居てもよいといふ議論を生じ、その結果植民地は独立することとなるやも計られない」[36]。

第一次大戦は、欧州諸国にとってはまさしく総力戦争であった。それは本国と植民地の関係にも不可避的に波及した。戦時下の植民地の防衛協力は、帝国内における植民地の発言権の拡大に繋がり、戦後における帝国再編の動きを加速化した。新渡戸の言うように、それは本国と植民地との有機的関係性を強調する求心的方向性を模索するものであったが、実は植民地の分離主義的・遠心的傾向を予期していたからこそ生じたことでもあった。第一次大戦後に新渡戸は、「およそ植民地が……外国勢力によって統治されるのを全般的に嫌うのは、ほとんど疑いない。植民地政府は、被治者の同意を受けてはいない。また、植民勢力は、白人であれ、褐色人であれ、それが託されている民衆の運命を改善するためだけに、犠牲を払って重荷を負うと信じる理由は大してない」と述べ、本国と植民地との交際が「ギブ・アンド・テイク」の法則に基づいて行われ、「相互の利益」が規則となるような関係性を主張することになる。(37) すなわち、第一次大戦後の民族自決主義の衝撃を受けて、帝国を「相互扶助」的関係を持つ有機的協同体として捉えることでその存続意義を強調する、帝国再編論が擡頭してきたのである。(38)

また戦時下の帝国内協力関係は、戦後の国際協力の雛型でもあった。南アフリカ連邦の指導者スマッツに代表されるように、戦時下の英帝国内の協力関係に関わった人物から、戦後の国際連盟に対する熱心な支持者が出てくる例は少なくない。(39) 第一次大戦期の帝国再編の動向に逸早く着目した新渡戸も、一九一九(大正八)年から国際連盟事務次長として活躍することとなった。

ともあれ、英帝国のコモンウェルスとしての再編は、日本の植民政策学者においても、帝国秩序の将来を考えるうえで必ず参照される準拠枠組となった。新渡戸の後進の植民政策学者で、コモンウェルスを念頭に置きながら日本帝国再編の課題に先ず立ち向かったのは、泉哲である。泉は、一八七三

(明治六)年北海道生まれで、新渡戸より一一歳年少になる。札幌農学校を中退し、一六年間アメリカで留学生活を送った後帰国し、一九一四(大正三)年から明治大学で教鞭をとっていた(40)。泉は、一九二二(大正一一)年「国際警察権の設定」と題する論文で東京帝国大学から法学博士の学位を授与されており、著書の大半は国際法に関わるものである。だが、同時に泉は、一九二一(大正一〇)年に出版された『植民地統治論』に示されるように、大正期の代表的な植民政策学者の一人でもあった。『植民地統治論』の冒頭で、泉は同書の内容がアメリカ留学中に薫陶を受けたポール・ラインシュの講義及び著書の影響下にあることを明言している(41)。ラインシュは、革新主義の思想潮流の強かったウィスコンシン大学を卒業した後に、そのまま母校に残り教鞭をとっていた、アメリカにおける国際政治学・植民政策学の第一人者であった。世紀転換期におけるアメリカの国際政治への登場の意義を逸早く察知したラインシュは、極東問題や植民政策への関心が深かった。ウィルソン政権期にラインシュが駐華公使に任命されたのも、こうしたラインシュの経歴が評価されてのことであった(42)。

また日本においても、ラインシュの著作は早くから注目されていた。国際政治における中国問題を扱った『世界政治』は、原書の出版のすぐ翌年に、高田早苗によって抄訳が刊行された(43)。ラインシュは同書の冒頭で、ルネサンス以降、中世的世界統一国家の理想がナショナリズムに置き換えられていく趨勢を概観し、二〇世紀を国民帝国主義(national imperialism)の時代としつつも、領土の拡張が主たる内容であった一九世紀の帝国主義と異なり、新世紀の帝国主義は経済的膨張に関わるものと主張していた(44)。こうした新世紀の帝国主義の特色が最もよく現れているのは、中国問題をめぐる世界政治である。ラインシュは、租借地獲得競争のような欧州列強による中国における勢力圏設定を中国分割の前兆と見る見解を斥け、勢力圏内における商業的機会均等が保持されるならば、それは門戸開放政策と矛盾しないとした(45)。諸国民は自然に膨張する限りにおいては、互いに協力し得るものである。すなわち、領土獲得と区別された商業的膨張は、帝国主義的角逐という権力政治を生み出すのではなく、寧ろ国際協力の推進を齎す契機を内包する、とラインシュは考えたのである(46)。これは、各国が租借地獲得などそれぞれ勢力圏を設定しつつも、一国が中国全土に排他的支配権を及ぼすのではなく、複数の列国が最終的には多国間の条約構造によって全体として中国に影響力を行使する「集団非公式帝国(47)」のなかに、国際主義の契機を見出そうとする見解ともいえるだろう。

このようなラインシュの議論は、中国保全論を掲げながらアメリカと同じく新興帝国主義国として中国進出を図ろうとした日本の立場からも、共鳴し得るものであった筈である。それはまた、早稲田系の政治学者として高田早苗と関係の深かった浮田和民の、「倫理的帝国主義」の主張の背景にも、恐らくなっていたものと思われる(48)。実際、この時期の浮田の論説には、軍事的・侵略的膨張と経済的・自然的膨張の区別、低開発地域の富源の開発による相互利益の促進、といった、ラインシュの『世界政治』と重なる議論が散見される(49)。

同書を受けて、次にラインシュが取り組んだのは、『植民統治策』の出版である。この書物も、原著の四年後に台湾慣習研究会によって、台北で翻訳が刊行された(50)。ラインシュは、アメリカがフィリピンでとっていた同化政策に批判的であり、このような観点から、現地の旧慣を重視した植民政策のあり方を要領よく解説したのが同書であった。従って、本国と同一の法制を植民地にも適用することで議会・政党の発言権を植民地にまで及ぼそうとした内地延長主義に対抗して、総督府の自律性を主張する立場からは、ラインシュの同化主義批判は与しやすいものだったのである。ラインシュのこの著作は、日露戦後以降の日本の植民政策学に最も強い影響を与えたものの一つであり、「実に本邦斯学はランチ［ラインシュ――酒井］によって始めて体系化された」(51)とまで言われている。

だが、第一次大戦後の日本において、ラインシュの著作が持った意味は、単なる総督府の権限維持のためのものではなかった。大戦後の自由主義的思潮は植民地にまで波及し、何らかの形で現地住民の政治への参加要求に対応することの必要性を、当時の多くの植民政策学者達は感じていた。その際、彼らの主張は植民地議会設置論に集約されていく傾向が強かった。一九二〇年代には、台湾議会設置運動に代表されるように、実際そうした参加要求を掲げた運動が登場した。明治大学で植民政策学を講じていた泉のもとには、林呈禄・蔡式穀などこの運動に関与していた台湾人学生が数多くいた(52)。泉は、こうした雰囲気に触れながら、ラインシュの同化主義批判を「植民地本位」の植民政策を基礎づける議論として読み込んでいったのである。

そして、泉が植民地の将来を考えるうえで準拠枠組としたのは、やはりコモンウェルスに示される英帝国の再編であった。経済学とは異なる政治学の観点に立つ植民政策学者という自己規定を下していた泉は、帝国再編の制度論にまで踏み込み、植民地と本国との対等な関係性を樹立するため、英帝国の連邦組織の設計図まで描いている(53)。こうした議論が直ちに日本と朝鮮・台湾との関係に適用されるということまでを泉は主張していたわけではないが、泉の植民地議会設置論が長期的展望のもとではこのような視座のうちに位置づけられていたことは興味深い。連邦制や複合国家論は現代の日本人には馴染みにくい制度論であるが、大正デモクラシーと呼ばれる一九二〇年代の日本では、多くの論者が関心を示した議論であった。それは帝国再編の制度論であるとともに、当時強い影響力を持った多元的国家論のような主権の分散に関心を持つ理論装置にも馴染みやすかったからである。革命ロシアは小自治体の自由連合たるべきで中央集権的国民国家たるべきではないと喝破したアナキスト時代の山川均や、中国の連省自治運動に関心を寄せていた一九二〇年代前半の吉野作造など、同時代の他国の国家建設に向けた眼差しにも、この時期に特有の関心が窺われるのである(54)。

こうした大正デモクラシー期に擡頭した動向を、最も体系的に植民政策学において展開したのが、東京帝国大学における新渡戸稲造の後継者であった矢内原忠雄である。矢内原の議論の特色は、その独特の植民概念にある。矢内原は植民政策学の対象を、従来の植民政策学が前提にしてきた植民地領有に伴う統治政策に限定せず、社会群の移動に伴う政治的・経済的・社会的相互作用の解明にまで拡大すべく、広義の植民概念を採用した。これは、現代風に言えば、ヒトの広域的・越境的移動に伴う相互作用の解明を問題化したものであり、グローバリゼーション論の文脈で帝国論が読み返されるときに主題化されるような問題群に、矢内原が図らずも触れていたことを示唆している(55)。

それはまた、「社会の発見」と呼ばれるような、大正期の社会概念の析出状況とも密接な関連を持つものであった。第一次大戦後の日本では、社会概念の構成に依りながら、国家主権概念の絶対性を否定ないしは相対化しようという動向が強かった。そして揺籃期にあった当時の日本の国際政治学においても、非国家的社会集団が織り成す越境的な相互関係から国際関係を捉えようという視点は、提示されていた。本書第三章で論じたように、フェビアン協会の国際問題の専門家であったレナード・ウルフの議論に刺激を受けて、機能主義的統合論に繋がるような国際政治論を展開していた蠟山政道は、その代表であった。そして、第一次大戦直前のラインシュも、こうした議論と同様の趣旨を国際行政論として展開していたのである。(56) 矢内原による国家の統治政策と区別された広義の植民概念の採用も、帝国内における社会集団の移動に伴う相互作用を主題化した点で、蠟山の視点との重なりを読み込めるだろう。

植民政策学は、ともすれば極めて国家主義的な理論装置で固められた学問という印象を持たれやすいが、既に指摘したように、それは寧ろ植民政策学の実像からはずれた見解である。例えば、これまで再三言及してきたように、ラインシュが、同化主義批判を唱える植民政策学者であると同時に、機能主義的な国際行政論の主唱者でもありえたのは、彼がそもそもアメリカの革新主義に特徴的な、形式的国家制度論に対する批判的な態度を有しており、法や制度を社会集団の動的交渉過程や社会のなかに生きる慣習・規範から捉え直そうという一貫した関心を持っていたからである。(57) こうした関心が植民政策に適用されると、植民社会の実態から乖離した本国の制定法を機械的に適用することに対する批判へと発展し得る。またそれが、先進国間の相互依存的関係に適用されると、越境的な社会集団の活動と国際行政に親和的な政策領域の出現に目が向けられることになる。このように植民政策学には、形式的国家制度論には方法的に寧ろ対立する理論装置が、しばしば搭載されているのである。

なお今日では忘れられがちなことであるが、革新主義期のアメリカ政治学は、ドイツ国家学の圧倒的影響を受けた世代の業績から始まり、これをくぐりながら、社会集団論的視点を導入することで政治過程論的な視座が拓かれる形で発展していった。因みに、新渡戸はジョンズ・ホプキンスで、ラインシュはウィスコンシンで、ともに、アメリカ経済学会の創設者でありドイツ社会政策学派の議論をアメリカの文脈に導入しようとしたリチャード・イーリーから教えを受けた、いわば兄弟弟子の関係であった(58)。また、佐藤昌介・新渡戸稲造に次いで札幌農学校・北海道帝国大学における植民政策学を代表する存在となった高岡熊雄の卒業論文は、約百戸にわたる聞き取りを中心とした標本調査の手法による北海道拓殖の実態調査であり、当時としては世界的にも珍しい自然科学的な「顕微鏡的観察」による研究と評価されているが(59)、その際、同時代の農政学研究として高岡と並ぶ例外的な事例として挙げられているのは、まさしく「政治過程論」という用語の生みの親であるアーサー・ベントレーが若き日にジョンズ・ホプキンスで行った研究なのである(60)。後に、形式的国家制度論を批判して社会集団の競合としての動態的な政治過程を把握することを提唱したベントレーの知られざる処女作は、ネブラスカの町村調査を通して西部農民の「真の経済条件」に関する「現実的知識」を獲得することを目的にしたものであった(61)。その意味で、ドイツ国家学受容から「社会の発見」へという道程は、何も日本に限定されたものではなかったのである。

こうして、冒頭で独特の植民概念を掲げた矢内原の『植民及植民政策』は、最終章に「植民政策の理想」を配した。矢内原はここで、従属主義・同化主義に対して自主主義を植民政策の理想とし、自由主義も社会主義もその理想を満たすものではないとした。この部分は、いわば、冷戦期の東西体制選択の間で呻吟する知識人のイメージを投影する形で理解されてきた有名な箇所である。だが、実はこの後に矢内原は、国際連盟と英帝国の検討を置き、植民政策の理想を実現する方途として、国際連盟よりも英帝国をはるかに高く評価していた。コモンウェルスは、相互扶助的な協同体像を読み込まれることによって、いわば「国際協同体」のモデルとしての位置を与えられたのである。[62] 主権国家の集合体である国際連盟は植民地を構成員としては扱えず、それは西欧中心主義的な偏向を免れない。より包括性の高い秩序は、今日言うところの南北関係を含むコモンウェルスである。このような感覚は、矢内原に限らず、戦間期日本の知識人に広範に見られたものであった。世界秩序論としての帝国再編という主題が、あるべき国際主義を考えるためにも重要なものとして意識されていたのである。

とはいえ、国際連盟と帝国再編は必ずしも二律背反ではなく、少なくとも一九二〇年代においては、矢内原の頭のなかでは、同時進行的な現象として捉えられていたことであろう。また二〇年代には、ワシントン体制や太平洋問題調査会の活動に見られるように、アジア・太平洋における機能統合的・相互依存関係も進展しつつあった。帝国再編と国際主義の同時進行的な展開という自由主義的シナリオの可能性を、大正デモクラシー期の植民政策学者達は夢想したのであった。

四　植民地なき帝国主義——広域秩序のなかの植民政策学

しかるに、このような帝国再編と国際主義の自由主義的展開の可能性を奪ったのは、満州事変の勃発であった。中国政府は、日本が提示した日中両国の直接交渉による解決案を拒絶し、国際連盟に提訴する行動をとった。このため、日本側は、満州事変が既存の国際秩序に抵触するものでないことを弁証する義務を負うことになった。満州事変に際して日本政府のとった立場が、満州事変は自衛権の行使であり、連盟規約・九カ国条約・不戦条約違反にはあたらない、とするものであったことはよく知られている。そして、日本の国際法学界は概ね自国の政府の立場を追認する形で、論陣を張ったのであった(63)。

このような状況のなかで、国際法学者としての泉哲が満州事変に対してとった態度は、苦渋に満ちたものであった。泉は、連盟理事会にオブザーヴァーとしてアメリカを招請する案について、日本政府が理事会の全会一致を要求して反対したことに対して、この問題は単なる手続き事項であり全会一致を要求する事柄ではない、と間接的ながら日本政府を批判した。だが、日本の連盟脱退の直接的契機となった連盟総会の満州国不承認決議に対しては、国家の承認は各国の自由意思に委ねるべきもので、利害関係を異にする多数国が合同して不承認を宣言するのは不合理である、と連盟を批判した。

泉は徐々に、満州事変への慎重な批判者から端的な擁護者へと変化していった。[64]

泉はそもそも国際連盟に対して、冷笑的な態度をとっていたわけではない。泉は、連盟規約第一一条を最重視し、連盟理事会による斡旋・調停による国際紛争の解決に大きな期待を寄せていた。しかし同時に、連盟の紛争解決方法は、超国家的な制裁措置の発動によるのではなく、あくまでも独立国家の互譲協力によるものであると泉は理解していた。[65] このことは、満州事変前後を通して変化することのない、泉の連盟観であったといってよい。「国家主義と国際主義の調和」というのが、泉の一九二〇年代からの連盟観だったのである。連盟規約の精神を、第一次大戦前から存在した紛争の平和的解決の延長線上に理解する見解であったといえよう。[66] この点では、泉の連盟観は、本書第二章で論じたように、不戦条約を戦争放棄の文脈で捉えるのではなく、周旋・調停・仲裁裁判・司法的解決などの第一次大戦前から存在する国際紛争の平和的手段による解決策の延長線上にあるものと評価した、泉と同世代の国際法学者である信夫淳平の連盟観と、大きく異なるものではなかった。泉の満州事変に対する態度は、時期が下るにつれて日本政府の立場を擁護するものに変化していったが、そのことが泉の国際連盟観そのものの変質を意味するものであったか否かについては、留保の余地があるだろう。しかし、満州事変の勃発と日本の国際連盟脱退が、泉の抱懐していた自由主義的帝国再編のシナリオの障害になったことは、いずれにせよ明らかであろう。

新渡戸稲造もまた、国際連盟常任理事国たる日本自らが齎した混乱によって、難しい位置に立たされることになった。だが、「太平洋の橋」を自任した新渡戸のとった態度は、アメリカの「誤解」を解く方向であった。新渡戸は意を決し、一九三二(昭和七)年四月に訪米して、各地で満州事変における日本の立場に対して理解を求めるべく演説を試みた。それは、可能な限りアメリカ側に通じやすい表現と論理を駆使したものではあったが、聴衆の反応は控えめに言っても好意的とは言い難かった。[67]

だが新渡戸は、一九二〇年代を通して国際連盟が到達した成果に対して、決して否定的ではなかった。一九三一(昭和六)年二月に記した「連盟活動の拡大」と題する論説で、新渡戸は国際連盟の活動が、時間的にも空間的にも拡大しつつあることを力説していた。最初の六年は、主として「ヨーロッパの大戦の残骸の除去に忙殺されてゐた」連盟は、今や政治的性質のものというよりは、社会的・経済的・道徳的活動において注目を集める活動を行っている。そのことにより平和時における国際協調の制度として連盟は成熟し、連盟の機能もヨーロッパの外部へと広がっているのである。新渡戸はこう述べたうえで、中国における国際連盟事務局保健部長ライヒマンの活動や、極東における連盟による阿片や人身売買の禁止活動に注意を喚起している。[68]

新渡戸が国際連盟の政治的側面ではなく、経済・社会政策領域における活動を高く評価していたことの意義は忘れてはならないだろう。安全保障領域ではともすれば負の側面が強調されやすい連盟の活動において、比較的成功したと評価されることが多いのは、技術援助・公衆衛生・阿片禁止など、社会政策における国際協力の実績である。そして、それは、しばしば看過されがちな植民政策学の一つの顔でもあることに留意すべきだろう。既に指摘したように、植民政策学には、こうした越境的な政策領域の出現とこれをめぐる機能的国際協力の推進という主題に、親和性を持つ側面が存在したからである。植民政策学者新渡戸稲造の連盟を見つめる視座は、国際協力機関に新たな国際政治の展望を見出した第一次大戦直前のラインシュの関心に意外なまでに近いのである。「非政治的領域における国際協力」という主題が、植民政策学の国際主義に残した、目立たないが重要な遺産といえるかも知れない。

しかしながら、一九三〇年代は、まぎれもない「政治の季節」を迎えた時代であった。自由主義的回路を絶たれた植民政策学は、こうした「非政治的領域における国際協力」を成熟させるのではなく、相互扶助的な協同体の設計という帝国再編論の関心を、広域秩序論に読み込む形で新たに展開していった。それはまさしく、民族自決主義は総論的に採用されつつも実際には帝国秩序は清算されていない「植民地なき帝国主義」(69)と呼ばれる戦間期国際秩序論の変奏として、一九三〇年代の広域秩序論が位置していたことに他ならなかった。

それでは広域秩序論は、植民政策学における「帝国秩序」と「国際秩序」の媒介の論理にどのような影響を与えたのであろうか。広域秩序論は、国際秩序の基本的単位が主権国家から広域へと移行し、広域圏内においては主導国を中心とした秩序の維持がなされることを前提にしている。それは近代国際法の基本原理であった国家平等原理を、個別国家による抽象的かつ平板な原子論的契約説構成として斥け、主導国による広域圏の秩序維持を具体的かつ有機的協同体原理に基づくものとして称揚するものである。(70)従って、それは主導国原理に基づく垂直的な階層構造を予定している点で、これまで帝国秩序を支えた統治技術が総動員される契機を内包している。新たに占領地として広域圏に編入された地域を統治するためには、かつて公式帝国内の植民地で行った旧慣調査と同様の実態把握が先ず必要となる。実際、日中戦争以後、重点領域研究として予算が配分されたのは、まさしくこうした分野の共同研究であった(71)。

更にそれに加えて、広域内の人的・物的資源の移動・配分に関する計画的管理が必要になる。それは、広域的社会政策とも呼び得るような分野である(72)。矢内原忠雄がその自由主義的論調を問題視された筆禍事件により大学を追われた後、永雄策郎の短期間の担当を経て、東京帝国大学経済学部の植民政策講座を担当した東畑精一は、「逆植民」という概念を提唱し、本国から植民地への影響と同時に、植民地から本国への経済革新的作用の重要性を力説したが、こうした関心は、一九二〇年代の矢内原が相互扶助的な国際協同体としてのコモンウェルスに着目した視角を、改めて広域秩序論のなかで継承・発展させていったものと見ることも可能である(73)。コモンウェルスという語感が社会主義者をも魅了するものであったのと同様に、広域秩序論に頻出する協同主義的メタファーは、様々な福祉関心からする戦時変革の可能性を呼び覚ましたのであった。

こうして左右両翼にわたる様々な立場の人物を抱えながら、国際現象をめぐる学知は再編されていった。矢内原忠雄は、一九五一（昭和二六）年の学界展望において、満鉄調査部・東亜研究所・太平洋協会などの戦中期における地域調査研究を概観しながら、こう述べている。「以上は若干の例示にすぎないが、このほか外国の権威ある著書が数多く翻訳され、両者相まつてまことに偉観であつた。このことを、日本が中国に関するほとんど何らの科学的研究らしいものをもたずに、中日戦争に突入したことと思いあわせれば、隔世の感がある」[74]。

すなわち、日中戦争後に大学を追われた矢内原の眼にも、戦中期は地域研究の躍進時代と映っていたのである。この翌一九五二(昭和二七)年に、矢内原の手により、東京大学教養学部に日本で初めての「国際関係論」研究・教育のための機関が設立されたのは、象徴的である。

総力戦争が敵国の事情を把握するために地域研究の設立を促していった事情は、ある程度まではどの国にも妥当する現象である。ただし、日本の場合は、「大東亜共栄圏」に編入された地域の多くが、英蘭など旧宗主国の植民地であったため、これらの地域の処遇は外部化して済ませられる問題ではなかった。しかも、日本は太平洋戦争開戦後、戦争目的として「アジア解放」の大義名分を掲げたので、早晩東南アジア諸国の自決争点が浮上することは避け難かった。無論、戦争目的の決定は場当たり的なものに過ぎず迷走を続けたが、総力戦争が脱植民地化を推進する構造的力学を、日本も免れることはできなかったのである[75]。

脱植民地化争点の浮上を齎したアジア諸国による自決権の主張の擡頭は、主導国原理を中心とした広域秩序の構成が問い直されるということである。主導国原理にどこまで固執するか。新興独立国にどこまで国家平等を認めるか。本書第一章で詳細に論じたように、この対立こそが、太平洋戦争期の日本の政策決定者を原理的に規定したものであった。かくして広域秩序の内部矛盾は、広域秩序論の内側から、戦後の国際関係論研究の主要動機であった「帝国主義と民族」という問題設定を産んでいったのである。それは、国際法・外交史という「国際秩序」に関わる学知と、植民政策学という「帝

国秩序」に関わる学知という二本立ての編成が、「国際関係論」へと一本化される過程でもあった。(76)

おわりに

植民政策学における「植民」という概念は、論者によって広狭の両方の定義がある。すなわち、植民概念を公式帝国に編入された植民地と同義に捉え、植民地に対する統治政策を専ら植民政策学の対象とする考え方が一つである。もう一つの考え方は、植民を人口稀薄な地域への移住・入植と捉えるものであり、より一般化していえば、社会群の広域的・越境的移動を植民政策学の対象とするものである。後者の視点を採る論者の代表が矢内原忠雄であり、新渡戸稲造の植民政策学講義における植民概念は前者に相当する。(77)

こうした広狭の植民概念に対しては、その優劣について、これまで様々な評価がなされてきた。例えば、佐藤昌介の植民概念は、「殖民地ハ政治上ニ於テ本国ト関係ヲ有セザルモ殖民地タルニ妨ゲナシ」というもので、本国との政治的関係を有しない古代の植民地と近代の植民地を直結させることで、近代植民地に通有の政治的関係を捨象した非歴史的議論であるのに対して、新渡戸のそれは政治的関係を要件としたことで植民地を病的存在として見做す批判精神を獲得し得た、といった評価がある。(78)また矢内原の広義の植民概念に対しては、既に同時代に、現代の植民問題は植民国と植民地の権力関係であり、矢内原の把握では帝国主義支配の問題が曖昧になる、との批判が大内兵衛によってなされている。(79)これとは逆に、矢内原の議論は、例えば外国人労働者問題などグローバル化した現代の問題を考えるうえで寧ろ示唆的である、という見解も成り立ち得るであろう。(80)

しかしながら、「帝国秩序」と「国際秩序」の媒介の論理を考察する本章の視角からすれば、広狭の植民概念の存在は優劣の問題ではなく、植民政策学の持った多義的な性格の現れであるように思われる。すなわちそれは、植民政策学の対象が、国内と国外、公式帝国と非公式帝国、帝国秩序と国際秩序、といった二項対立に馴染まない、それらをまたがる重層的領域にあったことに由来するのである。それこそが、まさに「帝国」の学知としての植民政策学が持った特質であり、植民政策学の展開が今日顧みられるべき所以なのではあるまいか。

「国際主義」と「帝国主義」は紙一重であり、「社会的」なるものは直ちに「自由主義的」とは限らない。これは寧ろ、植民地なき現代のグローバリゼーション論において「帝国」概念が招請される際に、常に問われている問題である。その意味で、植民政策学を国際関係論の忘れられた系譜から救い出すことは、現代の国際秩序論に対する感受性を研ぎ澄ます一つの素材たり得るであろう。

(1) 本章と直接関連する拙稿には、「『植民政策学』から『国際関係論』へ」(浅野豊美・松田利彦編『植民地帝国日本の法的展開』信山社出版、二〇〇四年)、「戦間期における帝国再編と国際主義」(『国際問題』第五四六号、二〇〇五年九月)があり、重複した記述もある点をお断りしておく。

（2） Brian C. Schmidt, *The Political Discourse of Anarchy: A Disciplinary History of International Relations* (N.Y.: State University of New York, 1998), pp. 124-125.
（3） 植民政策学に関する代表的研究としては、金子文夫「日本における植民地研究の成立事情」（小島麗逸編『日本帝国主義と東アジア』アジア経済研究所、一九七九年）、原覺天『現代アジア研究成立史論』（勁草書房、一九八四年）、浅田喬二『日本植民地研究史論』（未來社、一九九〇年）。
（4） なお、国際法学者の言説を扱った研究におけるこのような視点の可能性を示したものとして、拙稿「書評・小林啓治『国際秩序の形成と近代日本』」（『歴史学研究』第七九八号、二〇〇五年）。
（5） このような問題設定から「帝国編成の系譜」をめぐる学知を再考察した論集として、酒井哲哉編『岩波講座・「帝国」日本の学知』第一巻「帝国」編成の系譜（岩波書店、二〇〇六年）。
（6） 飯沼二郎「新渡戸稲造は自由主義者か」（『毎日新聞』一九八一年八月二六日夕刊）、佐藤全弘「新渡戸稲造は『生粋の帝国主義者』か」（『毎日新聞』一九八一年九月四日夕刊）。
（7） 『陸羯南全集』第一巻（みすず書房、一九六八年）。ノヴィコウの著作と陸羯南『国際論』の関係については、本田逸夫「明治中期の『国際政治学』――陸羯南『国際論』とNovicow J., *La politique internationale* をめぐって」（『法学』［東北大］第五九巻第六号、一九九六年）が詳細に論じており、本章の叙述もこれに負うところが多い。
（8） Jacques Novicow, *La politique internationale* (Paris: Felix Alcan, 1886).
（9） 本田、前掲論文、一七―一八頁、朴羊信「陸羯南の政治認識と対外論（一）」（『北大法学論集』第四九巻第一号、一九九八年）九七―九九頁。
（10） 本田、前掲論文、二一―二三頁。
（11） フリートによるノヴィコウの独訳本には、J. Novicow, *Die Föderation Europas* (Berlin: Akademischer

Verlag für Soziale Wissenschaften, 1901); *Das Problem des Elends* (Leipzig: T. Thomas, 1909); *Der Krieg und seine angeblichen Wohltaten* (2. verb. Aufl., Zürich: Art. Institut Orell Fußli, 1915)などがある。吉野作造「近世平和運動論」(『国家学会雑誌』第二三巻第九号—第一二号、第二四巻第一号、第二号、一九〇九—一九一〇年)。なお吉野は、大日本平和協会の会員でもあったと推測される(三谷太一郎『新版 大正デモクラシー論』東京大学出版会、一九九五年、二〇二頁)。

(12) 建部遯吾『戦争論』(金港堂書籍、一九〇六年)二〇—二一頁。

(13) 小熊英二『〈日本人〉の境界——沖縄・アイヌ・台湾・朝鮮 植民地支配から復帰運動まで』(新曜社、一九九八年)第七章「差別即平等」。なお同書の書評として、拙稿「大胆な構図と入念な細部」(『相関社会科学』第九号、二〇〇〇年)。

(14) 宮村治雄「自由主義如何——陸羯南の政治思想」(同『開国経験の思想史——兆民と時代精神』東京大学出版会、一九九六年)二〇六—二〇九頁。

(15) この概念については、飯田泰三「吉野作造——〝ナショナルデモクラット〟と『社会の発見』」(小松茂夫・田中浩編『日本の国家思想(下)』青木書店、一九八〇年、飯田泰三『批判精神の航跡』筑摩書房、一九九七年、所収)。

(16) 拙稿「国際関係論と『忘れられた社会主義』——大正期日本における社会概念の析出状況とその遺産」(『思想』第九四五号、二〇〇三年一月)。

(17) その当事者による古典的整理として、蠟山政道『日本における近代政治学の発達』(実業之日本社、一九四九年)。

(18) John G. Gunnell, *The Descent of Political Theory* (Chicago: The University of Chicago Press, 1993), pp. 50–51. なお、明治憲法制定期に日本でよく参照されたブルンチュリの『一般国家学』(*Allgemeine Staatslehre*)

は、一八八五年に英訳が出版され、当時のアメリカの最も標準的な政治学の教科書となった。*Ibid.*, p. 35.

(19) ラインシュについては、Noel H. Pugach, *Paul S. Reinsch: Open Door Diplomat in Action* (New York: Kto Press, 1979)、篠原初枝「ポール・ラインシュとトーマス・ベイティ」(『外交時報』第一三〇八号、一九九四年五月)。

(20) 新渡戸は生前講義録を出版することはなく、没後の一九四二(昭和一七)年に、講座の後継者たる矢内原忠雄が聴講した大正五―六年度の講義ノートを基幹とし、高木八尺(大正三―四年度)、大内兵衛(大正元―二年度)のノートでこれを補充する形で、矢内原により講義録が編集され、『新渡戸博士 植民政策講義及論文集』として出版された。従って同書の内容は、ほぼ第一次大戦期の講義と同一のものと見做すことができる。

(21) 『新渡戸稲造全集』第四巻(教文館、一九六九年)一七―一八頁、一六七頁。

(22) 『日本の名著38 内村鑑三』(中央公論社、一九七一年、所収)。一八九七(明治三〇)年に刊行された同書は、日清戦争の最中に刊行された『地理学考』を改題したものである。改題に際して付せられた第二版の序文には、旧友新渡戸の「余のこの攻究に与えられし、少なからざる奨励と援助」に対して謝意が述べられている。

(23) 前掲『日本の名著38 内村鑑三』松沢弘陽解説。二九―三八頁。同右、三三〇頁、三三三頁。

(24) 松本三之介「国民的使命観の歴史的変遷」(『近代日本思想史講座』第八巻、筑摩書房、一九六一年)。また、国際文化交流において東西文明調和論が持った意味については、芝崎厚士『近代日本の国際文化交流――国際文化振興会の創設と展開』(有信堂高文社、一九九九年)第二章。

(25) なお、こうした「東洋」概念の構築が持った意義については、Stefan Tanaka, *Japan's Orient: Rendering Pasts into History* (L.A.: University of California Press, 1993), chap. 1が、示唆的である。この著作については、本書第六章第一節で再説する。

(26) 新渡戸稲造の対外思想については、太田雄三『〈太平洋の橋〉としての新渡戸稲造』(みすず書房、一九八六年)、北岡伸一「新渡戸稲造における帝国主義と国際主義」(『岩波講座・近代日本と植民地』第四巻、岩波書店、一九九三年)が、示唆的である。

(27) なお、戦前期日本における、植民政策学者の系譜と国際文化交流関係者の系譜を辿ると、その両者は多くの場合、後藤新平に連なる人脈へと還流する。このことの意味については、取り敢えず、拙稿「後藤新平論の現在――帝国秩序と国際秩序」(『環』第八号、「日米関係」再考・歴史と展望、藤原書店、二〇〇二年冬季)。

(28) 「植民の終極目的」(前掲『新渡戸稲造全集』第四巻)三六〇頁。

(29) 鈴木貞美『「生命」で読む日本近代』(日本放送出版協会、一九九六年)。なお、小熊英二は、新渡戸に関する先行研究を評して、「総じていえば、現在われわれが考える『人種差別主義者』『帝国主義者』のカテゴリーに新渡戸があてはまるか否かという基準で議論が行なわれる傾向があり、それとは別種の思想を持っていたのではないかという観点が少ないと思われる」と指摘している(小熊、前掲『〈日本人〉の境界』六九六頁)。この観点は、新渡戸に限らず、社会進化論・有機体論で構成された当時の議論を扱う場合、極めて重要な指摘である。なお、「生命主義」が、宇宙・人類・国家・社会・個人等の諸段階を備えており、当面する問題に応じて、人類普遍主義、アジア主義、日本主義といった雑多な様相を呈することについては、鈴木貞美「西田幾多郎『善の研究』を読む――生命主義哲学の形成」(国際日本文化研究センター紀要『日本研究』第一七集、一九九八年、角川書店)一三四頁。

(30) 田中耕太郎「新渡戸先生の思想と人」(『新渡戸稲造全集』別巻、教文館、一九八七年)二八八頁。

(31) なお、日本の進化論受容自体が、闘争説的側面よりも互助説的側面により傾く嫌いがあった。世界政治が高次の統合状態に至る「宇内統一国」論を説いた加藤弘之の後年における転換は、著名な例である(前掲、拙稿「『植民政策学』から『国際関係論』へ」一四頁、二五―二六頁)。

(32) ジョージ・アキタ、伊藤隆「山県有朋と『人種競争』論」(『年報・近代日本研究7　日本外交の危機認識』山川出版社、一九八五年)。
(33) 日本の政治学におけるアカデミズムの成立を象徴する人物である小野塚喜平次は、新渡戸の対外活動に甚だ批判的であったという(森戸辰男「教育者としての新渡戸稲造先生」、前掲『新渡戸稲造全集』別巻、三〇七―三〇八頁。北岡、前掲「新渡戸稲造における帝国主義と国際主義」一九二―一九三頁)。
(34) 前掲『新渡戸稲造全集』第四巻、三二八頁。
(35) 北岡伸一「二十一カ条再考」(前掲『年報・近代日本研究7』所収)。
(36) 前掲『新渡戸稲造全集』第四巻、一二〇頁。
(37) 「日本の植民」(『新渡戸稲造全集』第二一巻、教文館、一九八六年)四九二―四九三頁。一九一九(大正八)年一二月の日本協会における講演の一節である。
(38) 台湾総督府官僚であった東郷実は、クロポトキンの『相互扶助論』を援用しながら、本国と植民地の「共存共栄」の関係を弁証している(東郷実『植民政策と民族心理』岩波書店、一九二五年、三三七頁)。また、ピーター・ドウスは、一九一七(大正六)年初頭までに日本の対中政策には新たな変化が見られるようになり、政治的声明に戦略的・通商的「特殊の関係」という文言のほかに、「共存」「共栄」といった「利他主義的利益」を含めるようになった、と指摘している(ピーター・ドウス「日本/西欧列強/中国の半植民地」、前掲『岩波講座・近代日本と植民地』第四巻、七三頁)。
(39) 旦祐介「国際連盟をデザインした男」(『創文』第四三四号、二〇〇一年八月)。なお、スマッツは、近代諸科学を「全体論」(ホーリズム)的方法に基づき再統合する運動の主唱者でもあった(旦、前掲論文、六頁)。スマッツにおいては、世界秩序の再編自体が、こうした有機体的・全体論的認識論に定礎されていたのである。このような認識枠組の存在は、日本の事例を考えるうえでも興味深い。
(40) 泉哲については、浅田、前掲『日本植民地研究史論』第三章。

（41）　泉哲『植民地統治論』（有斐閣、一九二一年）「例言」。
（42）　ラインシュが一八九九年度にウィスコンシン大学で開講した「現代政治」（Contemporary Politics）は、合衆国で初めて世界政治を集中的に扱った科目とされている（Schmidt, *op. cit.*, p. 70）。なお、ラインシュの駐華公使就任の経緯については、Pugach, *op. cit.*, pp. 54-57.
（43）　Paul S. Reinsch, *World Politics: At the End of the Nineteenth Century* (New York: Macmillan, 1900). ラインシュ著・高田早苗抄訳『帝国主義論』（東京専門学校出版部、一九〇一年）。
（44）　*Ibid.*, pp. 3-14.
（45）　*Ibid.*, pp. 184-185.
（46）　*Ibid.*, pp. 256-257.
（47）　この概念については、ドウス、前掲「日本／西欧列強／中国の半植民地」六六頁。従って、中国は条約体系のなかでは従属的な位置を与えられつつも、国際政治における「中国問題」は、二国間的枠組によってではなく多国間的枠組で解決される傾向性を有していたことが、重要である。例えば、中国に対する国際借款団に対する評価が、ウィルソン主義的な「新外交」の理念に即応したものと高く評価される一方で、列国による中国の「国際共同管理」論に繋がる「帝国主義」的性格を持つものであると否定的評価を下されることがあるのは、こうした事情に由来する。この意味で、「中国問題」の位置づけを辿ることは、「帝国秩序」と「国際秩序」の相互関係を考察する際に、極めて興味深い主題となりえる。なお、酒井一臣「中国共同管理論の展開――『文明国標準』と協調外交」（浅野・松田、前掲『植民地帝国日本の法的展開』）。
（48）　朴羊信「陸羯南の政治認識と対外論（四）」（『北大法学論集』第五〇巻第一号、一九九九年）一〇三頁。
（49）　松田義男「浮田和民の倫理的帝国主義」（『早稲田政治公法研究』第一二号、一九八三年）九三―九六頁、清水靖久「二十世紀初頭日本の帝国主義」（『比較社会文化』［九州大］第六巻、二〇〇〇年）八―一二頁。なお、浮

田和民の「倫理的帝国主義」は、浮田自身の後年の言明によって、しばしばトライチュケの影響から説明されるが、それだけではなく、ラインシュを含む同時期の様々な帝国主義論が参照されていたのではないかと思われる。

(50) Paul S. Reinsch, *Colonial Government* (New York: Macmillan, 1902). 台湾慣習研究会訳『植民統治策』(台北、台湾慣習研究会、一九〇六年)。

(51) 金持一郎「我国に於ける植民政策学の発達」(『経済論叢』第三八巻第一号、一九三四年)四二二頁。なお、小熊、前掲『〈日本人〉の境界』一七八―一七九頁。

(52) 若林正丈『台湾抗日運動史研究』(研文出版、一九八三年)九六頁。

(53) 泉、前掲『植民地統治論』序、一頁、三七二―三七四頁。

(54) 三谷太一郎『大正デモクラシー論』[旧版](中央公論社、一九七四年)九九頁、藤村一郎「吉野作造とワシントン体制」(『久留米大学法学』第四四号、二〇〇二年)。また、帝国再編の文脈で吉野作造を再検討した刺激的な論稿として、平野敬和「帝国改造の政治思想――世界戦争期の吉野作造」(『待兼山論叢』第三四号、日本学篇、二〇〇〇年一二月)、米谷匡史「戦間期知識人の帝国改造論」(歴史学研究会・日本史研究会編『日本史講座第九巻 近代の転換』東京大学出版会、二〇〇五年)。本書第四章で検討した橘樸も、こうした事例の典型に属する。

(55) 村上勝彦「矢内原忠雄における植民論と植民政策」(前掲『岩波講座・近代日本と植民地』第四巻)、米谷匡史「矢内原忠雄の〈植民・社会政策〉論」(『思想』第九四五号、二〇〇三年一月)。なお、社会群の移動に伴う社会的・文化的相互作用の解明という矢内原の方法を、戦後日本の国際関係史研究で最もよく継承しているのは、Hirano Kenichiro, "The Japanese in Manchuria 1906–1931: A Study of the Historical Background of Manchukuo" (Ph.D. dissertation, Harvard University, 1983)である。「日本の対満州政策」ではなく、「満州における日本人」の活動が、産業・通貨・教育等様々な領域で満州の機能的統合を齎し、こうして形成された地域的一体性が満州における中国ナショナリズムを胚胎させる契機となることで、満州事変の序曲となっていくという同論文の視角は、矢内原が提示した非国家的主体たる社会群の移動による相互作用への着目を、カール・ドイッチュの機能統合論によって再構成する含意を持つものであったといえよう。また矢内原の植民政策学に内在する「資本の文明化作用」に対する肯定的評価と、一九六〇年代の合衆国で一世を風靡した近代化論の発想との間に親和性があったことも見逃せない。平野健一郎が、「満州研究から、最近の国際交流論までをつないでいるのは、結局、国境を越えたヒトの移動ということになるわけです」と述べているのは、象徴的である(『社會科學紀要』[東大]、一九九七年、三九頁)。

(56) Paul S. Reinsch, *Public International Union* (Boston: Ginn, 1911). なお同書は相互依存(interdependence)という用語を国際政治学に導入した最初期の例である。*Ibid.*, p. 6.

(57) なお、一八九九年に刊行されたラインシュの処女作は、独立前の植民地時代のアメリカにおいて、母国であるイギリスのコモン・ローがいかに適用されたかを歴史的に検討した著作であり、当時のアメリカにおいて、コモン・ローは機械的に適用されていたのではなく、民衆の慣行に合った法解釈がなされていたことを立証しようとしたものであった。そこには、既に後の植民統治論における同化主義批判と旧慣尊重の発想に繋がる関心が窺える。Paul S. Reinsch, *English Common Law in the Early American Colonies* (N.Y.: Decapo Press, 1970, reprinted).

(58) 田中慎一「植民学の成立」(『北大百年史通説』北海道大学、一九八二年)五八四—五八五頁。John G. Gunnell, *op. cit.*, pp. 45-48. ジョンズ・ホプキンスで教鞭をとっていたイーリーや政治史学者ハーバート・アダムスは、いずれもハイデルベルクで、国法学者ブルンチュリや歴史学派の経済学者クニースの指導を受けた人物であった。

(59)　高岡熊雄卒業論文「新植民地発達ノ順序」(奈井江植民地調査)。蝦名賢造「札幌農学校〝学派〟の形成と高岡熊雄博士の地位」(高岡熊雄著・蝦名賢造編『イタリア領リビア開発政策史論』北海学園大学、一九九五年)三六五頁。
(60)　蝦名、前掲「札幌農学校〝学派〟の形成と高岡熊雄博士の地位」三七九—三八〇頁。なお、高岡熊雄がドイツ留学から帰国後、一九〇九年に行ったことも、後の後藤新平の東京市政調査とチャールズ・ビアードの関係を想起させる、センサス(人口調査)を中心とする札幌区区政調査であり(同右、三七一—三七二頁)、「発見」された「社会」への眼差しが、統計・調査という社会工学的テクノロジーの創設を伴う典型例となっている。こうした関係性の見通しよい記述としては、有馬学『「国際化」の中の帝国日本　一九〇五—一九二四』(中央公論新社、一九九九年)二九三—三一一頁。
(61)　Arthur F. Bentley, *The Condition of the Western Farmer as illustrated by the Economic History of a Nebraska Township* (Baltimore: The Johns Hopkins Press, 1893), p. 7.
(62)　『矢内原忠雄全集』第一巻(岩波書店、一九六三年)四七八—四七九頁。
(63)　三谷、前掲『大正デモクラシー論』[旧版]第五章。
(64)　浅田、前掲『日本植民地研究史論』二七七—二九二頁。
(65)　同右、二七五頁。
(66)　泉哲『最近国際法批判』(日本評論社、一九二七年)三九九—四〇七頁。同「国際調停」(『立教授還暦祝賀国際法論文集』有斐閣、一九三四年)。
(67)　太田、前掲『〈太平洋の橋〉としての新渡戸稲造』九九頁、一〇五—一一三頁。
(68)　「編集余録」(『新渡戸稲造全集』第二〇巻、教文館、一九八五年)二二九頁。
(69)　ピーター・ドウス「植民地なき帝国主義——『大東亜共栄圏』の構想」(『思想』第八一四号、一九九二年四月)。

(70) なお、広域秩序論の構成については、本書第一章第二節、四七—四九頁。

(71) 盛田良治は、満州事変以降に出現したこのような一連の研究を「植民地社会科学」と呼んでいる(盛田良治「戦時期〈植民地社会科学〉の隘路」、『ライブラリ相関社会科学7 ネイションの軌跡』新世社、二〇〇一年)。

(72) この点については、米谷匡史「植民地/帝国の『世界史の哲学』」(『日本思想史学』第三七号、二〇〇五年)。

(73) 東畑精一「植民現象の本質」(『経済学論集』第一〇巻第八号、一九四〇年)。なお、東畑については、盛田良治「東畑精一における『植民政策学』の展開」(『大阪大学日本学報』第一七号、一九九八年)。

(74) 「わが国国際経済論の回顧と展望」(『矢内原忠雄全集』第五巻、岩波書店、一九六三年)三八二頁。

(75) この点に関する最も詳細な研究として、波多野澄雄『太平洋戦争とアジア外交』(東京大学出版会、一九九六年)。

(76) 拙稿「『国際関係論』の成立——近代日本研究の立場から考える」(『創文』第四三一号、二〇〇一年五月)。

(77) 新渡戸は、「植民地とは新領土なり」と定義し、本国と植民地との政治的関係をその要件とした(前掲『新渡戸稲造全集』第四巻、五六—六一頁)。

(78) 田中、前掲「植民学の成立」五九九—六〇二頁。

(79) 大内兵衛「矢内原教授の『植民及植民政策』」(『大内兵衛著作集』第九巻、岩波書店、一九七五年)。

(80) 村上、前掲「矢内原忠雄における植民論と植民政策」二三二頁。

第六章　日本外交史の「旧さ」と「新しさ」
――岡義武「国民的独立と国家理性」再訪

はじめに

外交史研究の危機が取り沙汰されるようになってから既に久しい。社会的文脈を視野の外に置き対象を政策決定者に限定するエリーティズム、理論と没交渉のまま外交文書の細部を穿つ実証主義、そして何よりも主権国家の対外的実践に関心を絞り込むリアリズム的偏向。こうした視野の狭隘さが外交史学を、控えめにいえば保守的領域に、大胆にいえば「絶滅寸前の種」に陥らせた、と非難されてきたのである。近年欧米の外交史学界において、社会史や文化研究の成果をも取り込んだ外交史学の領域拡大がしきりに主張されているのも、このような伝統的外交史学の在り方への批判を背景にしている(1)。これほど批判的な論者ではなくとも、外交史学は内政と外交の峻別を前提にした現実主義的国際政治論の系譜に連なるものであるというのが、先ずは通常の外交史像ではないだろうか。

翻って日本外交史研究の現状を瞥見したとき、このような批判はどこまで妥当性を持つか。この問いに答えることは意外に難しい。それは日本外交史研究の「伝統」とは何かという根本的問題に関わるからである。国際関係論研究者が日本外交史の業績に接すると、暗黙裡に想定していた外交史像との落差に驚くことがある。日本外交史研究には外交史の古典的分野とされる業績、例えば両国の外交文書を丹念に渉猟した二国間の外交交渉史は、実は予想外に数が少ない[2]。研究の蓄積が厚いのは、大陸政策の形成過程のような政策決定に関わる分野である。また政策決定といっても狭義の外交政策に限らず、大陸政策の展開と政党政治の形成、国際協調主義の挫折と国内民主制の崩壊といった、内政と外交の相互関係をマクロな構図から描きだすことがしばしば好まれる[3]。すなわち、伝統的外交史学が「政争は波打際で終わる」ことを前提にしたうえで外交指導の巧拙を第一義的関心にしてきたのに対して、日本外交史研究では内政と外交の不可分性が寧ろ主張されてきたのである。「日本政治外交史」という翻訳困難な名称の分野が学界で定着しているのも、こうした日本外交史研究の特殊性を物語っているといえよう。更にアジア主義研究のような分野までも外交史に含めるならば、外交史と思想史との間に明瞭な境界を設けることも困難になる。いささか曖昧な領域を抱え込んだ分野の総称として「日本外交史」が存在する、という現実から話を始めねばならないのである。

このことを念頭に置きつつ本章では、日本外交史の古典的業績で扱われた主題がその後の研究でどのように展開されてきたかを振り返ることで、日本外交史の現状と課題を考える一つの視座を提示することにしたい。ここでは先ず一九六一(昭和三六)年に発表された岡義武の論文「国民的独立と国家理性[4]」を取り上げ、これをその後の研究と対比させながら日本外交史におけるいわば「伝統」と「革新」を照射する形をとることにする。岡は『国際政治史』『近代日本政治史Ⅰ[5]』などの著作で知られる、戦後日本における政治史・外交史研究の草分け的存在である。表題の視角から近代日本の対外論を分析した上述の論文は、岡の長年にわたる日本外交史研究の蓄積が凝縮された作品であり、「狭義の歴史研究をこえた政治学的考察」として高い評価を与えられている(6)。古典的作品を史学史的文脈に置くことで日本外交史に関する展望が幾許かでも得られれば、本章の課題は達成されるであろう。

一　アジア主義・脱亜・ナショナリズム

「国民的独立と国家理性」は、「『西力東漸』と民族的危機感」、「『脱亜』の時代」、「アジアへの回帰」の三章からなる。「西力東漸」の危機感から誕生した明治国家は民族的独立を達成するとともに、脱亜すなわち西欧帝国主義陣営への参画を実現するが、一九三〇年代に入ると再びアジア主義的な主張を掲げて西欧列強に挑戦するに至る。こうした経緯が、各章ごとにそれぞれの時期の対外論を通して論述されている。章立てからも窺えるように、この論文を貫く主題の一つは、近代日本の対外論における「アジア主義」と「脱亜」の対置構図である。そこで先ず、この問題をめぐる議論を紹介したうえで、アジア主義／脱亜という構図が持つ射程を論じてみよう。

一九六〇年代初め頃までの多くの論者がそうであったように、民族自決ナショナリズムに対する岡の評価は頗る高い。それは何よりも岡の明治維新の位置づけに表れている。岡は幕末の尊皇攘夷運動を西力東漸に対する民族的危機感から生まれたものとしつつ、明治維新の性格を「民族革命」と規定している。(7) 明治期の対外論を貫いているのは民族の独立確保への強い関心であり、それは征韓論に典型的に示されるような、対外膨張による西欧列強との力の均衡の創設という主張を生んだ。だが明治初期においては、西力東漸の舞台である中国に対する一種の連帯感情が見られ、それは日清提携論として表出された。日清提携論を支える前提の一つは中国の国力に対する伝統的な高い評価であったが、明治維新による日本の近代化の進展と比べて清韓両国の近代化の遅れは否定し難いものとなる。ここから清韓両国の国内改造を促すことで西力東漸に対抗しようとする、清韓改造論が発生する。岡はその典型として福沢諭吉の一八八一(明治一四)年の『時事小言』を挙げている。しかしながら、朝鮮半島をめぐる日清両国の対抗関係は、やがて日清提携論と衝突せざるを得ない。清国との関係で昂進するナショナリズムに支えられた大陸進出論が胎動してくる所以である。一八八五(明治一八)年に『時事新報』に掲載された福沢の論説「脱亜論」は、清韓改造論から大陸進出論への移行を象徴している。かくて日清戦争を経て「脱亜」の時代が到来する。このように岡は、日清提携論→清韓改造論→大陸進出論という図式で明治期の対外論の変遷を把握し、民族の独立確保という関心が帝国主義的膨張へと転化していく経緯を説明したのである。

こうした理解に対して疑問を呈したのが、一九七七(昭和五二)年に刊行された坂野潤治『明治・思想の実像』である。同書は脱亜とアジア連帯論という主張が同一人格において短期間のうちに頻繁に交代する事実に着目したうえで、アジア主義的言説の背景にある権力政治的判断を徹底的に読み解き、アジア主義／脱亜という構図の有効性を否定した。例えば、『時事小言』においてたとえ清韓改造論の表現が用いられたとしても、福沢が真に関心を持っているのは朝鮮内部の親日派勢力による政権獲得であり、清国と朝鮮に対する福沢の態度は同一視できないこと、また有名な福沢の論説「脱亜論」は、甲申事変におけるクーデターの挫折による朝鮮親日派政権樹立の展望喪失を背景にしていること、を明快に論じたのである。(8) この観点からすれば、福沢の「脱亜論」はアジア諸国は頼むに足らずという激烈な表現とは裏腹に、その内実は中国の実力に対する挫折感の表明であり、福沢の「負け惜しみ」の文句に研究者は振り回されてきたことになる。アジア主義とは「思想」ではなく単なる「表現」に過ぎず、その「実像」は論者の権力政治的な状況判断の分析を通して初めて理解できるのだ、というのが著者の主張といってよいだろう。

坂野の分析は対外論の背景にある権力政治的状況判断に関する限り、誠に的確である。本来国際政治における権力の布置状況に敏感な外交史研究者が坂野の提示する見取り図の魅力に引きつけられたことは、何ら不思議ではない。こうして同書の主題は後進の外交史研究者によって、より実証的な対外政策の分析へと受け継がれていった。(9) そこにはイデオロギーをリアリズムで砕く「外交史の快楽」も、幾分かはあったかも知れない。そもそも外交政策の現実的選択肢としてアジア主義が成立するためには、連帯したアジアと西欧列強との間に極端な勢力の差がないことが必要であるが、そうした条件は少なくとも一九三〇年代を待たねば実現しなかった。従って外交政策としてのアジア主義は、日中戦争期までは成立する余地がなかったといえよう。

それではこれまでアジア主義の名の下に理解されてきた領域は、研究対象として価値を失ってしまうのであろうか。恐らくそうではあるまい。この点については、坂野自身も無自覚ではなかったように思われる。坂野は『明治・思想の実像』の結論において、アジア主義／脱亜の図式の有効性を否定しつつも、それにも拘らず、誰も信じていない筈の「アジア連帯」や「脱亜」という「言葉」が明治初期から大正初年まで好んで使われ続けたのは何故か、という疑問を自らの分析に対して呈したのである。(10)この指摘は重要である。「言葉」は社会的文脈のなかに位置しているものであり、ある「言葉」が反復されて使用されることは、それによって構成される言説空間が存在することを意味する。ここで坂野が触れているのは、「アジア連帯」と「脱亜」という「言葉」が相互互換的に使用されながら、対外的領域におけるナショナル・アイデンティティが表明されるような言説空間である。坂野はアジア主義／脱亜の二項対立図式を権力政治的分析から批判したのであるが、こうした分析の後で最後に自らが提起した問題に答えるためには、それにとどまらず、アジア主義と脱亜がコインの表裏をなすようなアイデンティティの言説的構成がどのように歴史的に形成されたかを、踏み込んで考察せねばならなかったのである。

この問題を考えるためには、ひとまず現実政治を離れて、福沢の文明論の構成を振り返ってみる必要がある。この点については、『文明論之概略』の周到な読みによって福沢の文明概念の複雑さを描きだした、松沢弘陽の研究(11)が示唆的である。福沢は西欧文明論の使徒であり、「脱亜入欧」は『文明論之概略』の延長線上にあるという通念に対して、松沢は「事実はその反対の面を含むのではないか」と反論する。(12)よく知られているように、西欧文明論は、欧米文明を頂点として全世界を貫く文明概念を措定したうえで、世界にわたる諸文明を、一方では文明進歩の諸段階という歴史的観点から、他方では地理的に分布する諸類型の比較という観点から統一的に把握する、「進歩＝比較的文明論」という性格を有していた[13]。福沢も一応はこうした文明概念を受け入れているが、その際福沢は、西欧文明論の受容がナショナル・アイデンティティの危機を齎すことに極めて敏感であった。福沢は西欧文明論が内包する決定論的なアジア停滞論に反発するとともに、西欧における文明進歩の行程を唯一のモデルとしてこれへの同化を説く森有礼等洋学派知識人の態度に警鐘を鳴らした。森等は西欧文明への崇拝的態度故に、日本における民衆の進歩の段階と改革の見通しについて悲観的態度をとり、福沢と対立していたのである。

『文明論之概略』が構想されたのは、このような背景においてであった。福沢は、文明史の視点をとりつつも地理的決定論の色彩がより薄いギゾーの著作に依りながら、バックルのアジア的停滞論を相対化したうえで、西欧文明論の単系的発展論をより多系的なそれへと修正しようとした。福沢は日本における「権力偏重」の事実を認めつつも、その原因を自然的条件に解消するのではなく、それを齎した歴史的条件を闡明することで変革の可能性を示したのである。こうした試みには、日本の文明化の先行条件を徳川封建社会のなかに探り、日本の文明発展の独自の行程を示すことも含まれていた。すなわち、福沢は西欧文明論のオリエンタリズムに敏感であったが故に西欧文明論への同化に警戒的であり、日本が国民国家として「独立」するために国産の文明論を「始造」せねばならなかった、と松沢は結論づけるのである[14]。この意味で福沢の関心は、寧ろ西欧的社会理論をくぐったうえで「欧化」に批判的になった陸羯南・三宅雪嶺等「国民論派」の知識人に近かったとされる[15]。

ここで福沢と陸・三宅との関心の同型性が指摘されているのは興味深い。陸は「国民主義」の名の下に「国民的独立」と「国民的統一」の課題を達成することを主張したが、その際陸においてネイションとは何よりも文化的統一体として意識されていた[16]。近代日本における国際関係論の古典でもある陸の『国際論』[17]は、国家を主体とした意図的な侵略である「狼呑」(absorption)と私人を主体とし意図せずして他国民の統合を解体する「蚕食」(elimination)を区別したうえで、とりわけ言語・学術・宗教等の文化的浸透による「心理的蚕食」の危険性を訴えた書だったのである。このような文化防衛論的関心は、彼らの文明概念にも波及した。「国民論派」の知識人には、「世界の文明」という概念を西欧文明の世界化ではなく、それぞれに独自の個性を有する諸文化の有機的統一として捉える視点があった。そこには、西欧中心の単系的発展論への同化を超える多系的発展論に結びつく可能性があった、とされる[18]。だとすれば次に問われるべきことは、このような多系的発展論への潜在的指向性が、彼らのあるいは彼ら以後のアジア論の構成にどのように織り込まれたか、ということであろう。この点についての松沢の見解は、必ずしも明らかではない。福沢においては、西欧文明論からの自立性を確保するために日本の文明発展の独自性が主張されるが、他方その朝鮮・中国論では、朝鮮・中国は日本の文明化と同一の行程を辿るという日本の立場からの単系的発展論が展開されている。松沢はこうした福沢の文明論の二重性を、日本の近代化の進展とともに多系的発展論に対する福沢の関心が後退したためと捉え、どちらかといえば両者を時系列的に異なる段階のものとして把握しているように思われる。[19] だが、西欧諸国に対する日本の独自性の主張と、アジア諸国に対する日本の近代化を模範とする文明化の論理は、しばしば共時的に存在するものだったのではあるまいか。そこにおいてこそ、脱亜とアジア主義が共振する心性があったのではなかろうか。

構成主義的な文化研究の立場からこの問題に切り込んだのが、ステファン・タナカの著作である。[20] タナカは明治啓蒙期の文明史のアポリアが、西欧中心主義的な進歩概念のなかにどのように非西欧圏に属する日本を位置づけるかという問題であったことを確認したうえで、このようなアポリアを解決したものとして、明治二〇年代以降の「東洋」概念の構築の重要性を指摘した。このことにより、西欧諸国に対する「西洋」と「東洋」の「差異における対等性」[21]の主張が可能になるとともに、「東洋」内部、すなわち近隣のアジア諸国に対しては、文化的アイデンティティを保持しつつ近代化に成功した日本文明の優越性が説かれることになった。西欧諸国に対する文化相対主義とアジア諸国に対する文明化の論理を両立させる言説的構成が、こうして明治中期に誕生したのである。明治二〇年代に擡頭してきた「国民論派」がネイションを文化的統一体として捉える視点を強調した点は既に指摘したが、このように洗練された文化ディスクールでネイションを定義できるようになるのは国民国家形成がある程度進んだ段階においてである。その意味で、福沢が自覚しつつも充分に言葉にできなかった領域が、ようやく幕末維新期から一世代経て安定的な表現を与えられたといえようか。

タナカの著作は、これまでのアジア主義／脱亜の二項対立図式に代えて、両者が共振するような言説空間の構造を問題にした点で啓発的である。そもそも一九三〇年代を別にすれば、日本の対外論において端的にアジア主義が公式的に主張されることは意外に少なく、「東西文明調和論」を「国民的使命感」とともに説くという形が寧ろ一般的であった、と思われる。(22)とすれば例えば、明治中期以降の「東西文明調和論」の展開を追いながら、ナショナル・アイデンティティの構築、文明概念と文化概念の相互関係、多系的発展論の帝国的言説への組み替え、といった一連の問題を丹念に分析する課題がここからは生まれるであろう。だが残念なことに、タナカの分析は、その著書の冒頭で提示した魅力的な展望から少しはずれたところで自己完結している印象を受ける。タナカは本論の大半を日本における東洋史学の開祖であった白鳥庫吉の言説の分析にあてているが、それはサイードのオリエンタリズム論と同型の構造が日本の東洋学にも見いだされるという、いわゆる「日本型オリエンタリズム論」(23)の検証に終始している。しかしながら、本来タナカの見解の独創性は、こうしたやや平板な脱亜＝文明化という理解にではなく、西欧―日本―アジアの三者関係に伴うアイデンティティの揺らぎが「東洋」概念の構築によって調整される認識論的機制の発見にあったのではあるまいか。(24)この機制の分析こそが、今後の研究課題といわねばならない。

このようにアジア主義／脱亜という問題群は、一旦はリアリズム的分析によってその有効性が疑われつつも、対外論を文化ディスクールから分析する視角により再度その重要性に光があてられるようになった。このことを踏まえたうえで、最後に、岡義武自身がそのなかにあった一九五〇年代におけるこの問題の位相を瞥見し、本節の結びとしよう。アジア主義／脱亜といえば今日殆どの人が、福沢の論説「脱亜論」を想起するであろう。だが、福沢の「脱亜論」が著名になったのは実は比較的最近のことである。一九五〇年代初頭に刊行された全八巻の『福沢諭吉選集』には「脱亜論」は採録されておらず、この時点では特に重要な論説として見做されていなかったことが窺われる。[25] すなわち「脱亜論」は、サンフランシスコ講和後の知的雰囲気のなかで「発見」されたテキストだったのである。

言うまでもなくこの「発見」は、戦後日本のアイデンティティ形成に関わっていた。戦前の帝国主義的遺産を断ち切るとともに、戦中期に萌芽的にあった問題設定を戦後の文脈で活かすこと、これが一九五〇年代のアジア主義研究の根底にあった関心といってよい。ここから一九三〇年代のような偽りのアジア主義ではない、真に対等な主権国家間の「アジア連帯」の思想を帝国主義成立前の歴史のなかに探し求めるという方向が生まれた。福沢の「脱亜論」は、その陰画として新たに発見されたのである。だが、その際暗黙の前提になっている一九三〇年代の日中関係と日清戦争前のそれとは、そもそも条件が全く異なる。先ず日清戦争前の中国は朝鮮半島の覇権を競う、日本のライヴァルであり「大国」であった。坂野のアジア主義研究批判がこうした中国要因の見直しに基づいていたことは既に述べたが、岡もまた大国としての中国像が日清戦争までの日本の対外認識に影を落としていたことを見逃してはいない。[26] また日清戦争前において日清提携論を貫くことは、何らかの形で主権国家の論理と異なる宗属関係の設定を中国の周辺領域において認めることである。それが「対等な主権国家間」の連帯の論理であるかどうかについては、議論の余地があるだろう。

しかしながら、このことは岡の古典的研究がもはや無価値になった、ということを意味するものではない。戦後ネイションの立ち上げの段階にあったこの時期の研究は、近代日本のアイデンティティ形成に伴う葛藤に総じて敏感である。その後の研究がある意味で伝統的外交史研究の型に回帰し、政策決定者の権力政治的判断を読み込むことや政策決定の微視的分析にともすれば終始しがちになったのに対して、寧ろ岡の研究は通常の外交史研究者が対象としないような領域に視野が届いているからである。アジア主義/脱亜のように岡が鋭い直感によって触れていた問題領域を、岡とは異なった方法と視角から外交史の対象とすることは、依然残された課題であるといわねばならないであろう。

二　大正デモクラシーと国際協調主義

岡の論文の第二章は、「脱亜」の時代、すなわち日清戦争後からパリ講和会議までの時期を扱っている。「脱亜」が名実ともに日本が欧米先進諸国と肩をならべることを意味するとすれば、戦前における「脱亜」の頂点は、日本が国際連盟の常任理事国として世界秩序の一角を担うことが認知された一九二〇年代に置かれる筈である。こう考えて岡の論文を再読してみると、一九二〇年代に割かれた紙幅の少なさにいささか驚くことになる。九節あるこの章のうち、第一次大戦後の展開を扱ったのはパリ講和会議を論じた最後の節だけであり、ワシントン体制下の日本外交についても次章の冒頭で、孫文の大アジア主義との対比で必要最小限の事実が述べられているに過ぎない。パリ講和会議の評価にしても、「戦後のヨーロッパの人心がパリ平和会議に限りない期待を寄せ、やがて会議の推移と成果とをみて深い幻滅にとらえられたのに対して、わが国側は当初から一般的にはパリ平和会議をいわゆるナショナル・インテレストを実現する場とみて、冷かな現実主義的態度でこれに対した」[27]ことが力説される。吉野作造のようにパリ講和会議の時点から国際連盟の設立に積極的であった例もないわけではないが、これは全くの少数意見に過ぎなかったとするのである。[28]岡はなぜこのように、一九二〇年代の日本外交に冷淡なのであろうか。

一九二〇年代に対する低い評価は、実は岡に限らず一九三〇年代から一九五〇年代にかけての知識界において、洋の東西を問わず広範に共有されていたイメージであった。一九三九年に出版されたE・H・カーの『危機の二十年』[29]が典型的に示したように、それは一九世紀の古典的自由主義が行き詰まりを迎えた時代において表見的安定を達成した時期に過ぎず、一九二〇年代に提示された構想はいずれも問題の本質的解答にはならなかった、とされたのである。こうした一九二〇年代に対する否定的評価は、ファシズムのような全体主義的解決が否定された第二次大戦後にも、基本的には持ち越されたといってよい。一九〇二(明治三五)年生まれの岡にとって戦間期はまさに同時代史であり、こうした評価は岡自身の歴史的経験によって裏打ちされていたのである。

戦後の歴史研究において一九二〇年代の政治に対する見直しが起きるのは、一九六〇年代に入ってからである。これは体制選択という争点が事実上先進国においては消滅し、アメリカ主導の国際政治経済体制のもとでの繁栄と戦後民主制の安定が肯定的に評価されるようになり始めた時期と照応している。「生産性の政治[30]」という概念で戦後の政治経済体制を鋭く分析したことで知られるチャールズ・マイアーの一九二〇年代研究が開始されたのも、一九六〇年代半ばである。[31] こうして一九二〇年代史は、次第に現代的政治経済体制の起源を探る問題関心によって再解釈されるようになった。国際関係論の領域でいえば、相互依存やトランスナショナル・リレーションズに関わる争点や行為主体に次第に関心が移り始めたといってよいだろう。勿論その際でも、一九二〇年代の国際協調主義が一九三〇年代において最終的には挫折したことは無視されていないが、それをア・プリオリに定められた行程として描かず、いくつかの政策的選択の帰結として描きだすところに特徴がある。国際協調主義の捉え方も、軍縮・安全保障から貿易・金融、延いては文化交流に至るまで、幅広い分野にわたるものになっていることに注意すべきであろう。[32]

このような現代先進国間の国際協調体制を念頭に置いた一九二〇年代史の再解釈は、岡の論文が発表された一九六一(昭和三六)年以降の日本政治史・外交史研究にどのような影響を与えたのであろうか。その複雑さを知るためには、日本近代史研究における大正デモクラシー概念の位相を振り返ってみる必要がある。大正デモクラシーという用語は同時代的に存在したものではなく、戦後の造語であるが、恐らく学界で広範に使用されるようになったのは一九六〇年代に入ってからと思われる。その最も早い使用例としては一九五四(昭和二九)年に出版された信夫清三郎の著書を挙げることができる。[33] それ以前の日本近代史研究においては、明治期の自由民権運動は称揚されても、大正期の自由主義・民主主義が顧みられることは極めて少なかった。岡自身も大正デモクラシーという用語を使って歴史分析をしたことは、決して多くはなかったように思われる。[34] 一九五〇年代末までは、先に述べたような否定的な一九二〇年代像が、論者に共有されていたからである。

一九六〇年代に入り大正デモクラシーという用語が頻繁に使われるようになった背景には、六〇年安保改定時の民主主義擁護運動に象徴されるような市民的政治意識の成長があった。大正デモクラシー研究が、このような背景のもとに、戦後民主主義の萌芽を戦前期に探るという問題関心から開始されたことは疑い得ない。このことから逆に、大正デモクラシー概念は戦後民主主義の理念を恣意的に過去に投影したものであり、同時代的文脈を無視した史料解釈を行っているという批判がなされることがある。(35) こうした指摘は、大正デモクラシー概念が戦後の構築物であるという点においては間違いではないが、その際大正デモクラシー概念をとる論者においても(あるいは同一論者の内部においてすら)、そこで想定されている「戦後」像にかなりの幅があることを見落とすならば、今度は逆に批判者の想定する「戦後」像を一方的に踏み絵とするようなバランスを欠いた議論に陥る可能性があるだろう。

このことを考えるためには、そもそも大正デモクラシー概念には、普選運動・労働運動等に焦点をあてる運動概念としての大正デモクラシーと、政党政治・立憲主義・協調外交等に焦点をあてる体制概念としての大正デモクラシーがあり、この両者の間には緊張関係があることに留意する必要がある。(36) 前者の観点に立てば、大正デモクラシーは普通選挙法を治安維持法と抱き合わせて成立させた護憲三派内閣の時点で終結することになるが、(37) 政党政治の展開を中心とする後者の観点に立てば、寧ろ護憲三派内閣以降の政党内閣による政権交代システムの確立こそが、大正デモクラシーの帰結となる。(38) こうした問題は時期区分に限らない。体制概念としての大正デモクラシー概念をとる論者の場合、そこにおける大正デモクラシー体制は、先に述べたような現代先進国間の国際協調体制を念頭に置いた一九二〇年代史の再解釈と密接な関連のもとに捉えられているように思われる。例えば、こうした観点を代表する三谷太一郎の研究においては、政党政治の安定はその国際環境をなすワシントン体制の安定と密接不可分であり、そのようなワシントン体制の安定を支えた条件として、国際金融資本による協調体制のなかに一九二〇年代の日本が緊密に組み込まれていたことが、日英米の銀行家の軌跡を通して詳細に位置づけられている(39)。資本の国際移動に伴う相互依存の拡大が国際協調を齎すという論理は、国際関係論におけるリベラリズムの知的系譜としては馴染み深いものであろう。だが、「国際金融資本の活動こそが民主主義の前提条件をなす」という議論を、マルクス主義者は勿論のこと、いわゆる戦後啓蒙ないし市民社会派と呼ばれる論者達が一九五〇年代において堂々と展開できたかは、かなり疑わしい。そこには、国際政治経済に対する態度はもとより、戦後日本あるいは日本の「近代」に対する理解について断層が存在するのである。

一九六〇年代に入り、戦後に高等教育を受けた世代によって大正デモクラシー研究が開始された際に、彼らが先行する世代から予想外の反発を受けたことはこの点と密接に関連している。一口でいえば、大正デモクラシー研究は、戦後に高等教育を受けた論者が師と仰ぐ人々からは、「保守」の議論としてひとまずは敬遠されたのである。戦前期の日本に戦後の民主化の先行条件があったという議論は、ライシャワーの「近代化論」を補完するものとして批判された(40)。大正デモクラシー研究自体、六〇年安保後の民主主義擁護運動の余韻と高度経済成長の実感とが微妙に交錯する場であった、といえようか。戦後のある時期までの日本政治史・外交史研究者は、マルクス主義との緊張関係のなかで自立的な研究領域を確保することを課題としてきたのであるが、その際彼らの努力は二つの方向に向けられていた。その一つは、一枚岩の「支配層」の存在を設定するマルクス主義史学に対して、明治憲法体制の割拠的・分立的構造を指摘しつつ官僚・政党・軍部といった様々な行為主体の多次元的競合関係を対置させることであり、もう一つは、日本における近代化の特殊性を強調する講座派的見解に対して、いくつかの側面において逸脱があるとしても、日本の歴史的経験は基本的には欧米諸国のそれと対比可能なものとして扱えることを示す点である(41)。こうして見れば、当事者同士によっては必ずしも意識されていないものの、一九七〇年代以降の日本政治外交史研究の隆盛とは、実は同時代の政治学における現代日本政治研究の動向と裏表の関係にあったのではないか、という感を禁じ得ない。ライト・ミルズに代表されるようなパワー・エリート論に多元主義的なエリート・モデルを対置しつつ、自民党政治を先進国政治の典型の一つとして位置づけ、市民社会派的な規範的関心に基づく日本政治の後進性を強調する議論を締め出していく指向性は(42)、まさに一九七〇年代以降の日本政治外交史研究で生じたことと同型の構造を持っている。前節でも触れたように、ある時期からの日本外交史研究が、対外論とアイデンティティの解釈学的分析から、政策決定に関する実証主義的研究に傾斜していったのも、この観点からすれば当然の流れであった、といえるだろう。

このように一九二〇年代の日本外交に関する研究は、相互依存論やトランスナショナル・リレーシヨンズ論をも取り込みながら多彩な成果を生み出していった。一九八〇年代初めまでの研究に限っても、帝国主義が自明性を失った一九二〇年代における国際秩序の模索過程を分析した入江昭の研究[43]を皮切りに、ワシントン体制を国際協調システムとして捉えその安定化要因を緻密に分析した細谷千博[44]、中国への投資を対象とする新四国借款団の形成と展開を通して国際政治経済的側面からワシントン体制の機能を分析する視角を拓いた三谷太一郎[45]など、重要な研究がすぐ思い浮かぶ。これらは力点の置き方について違いはあるものの、一九二〇年代に対する相対的に高い評価を共有している。本章は、日本外交史研究は通常の意味での外交史研究と少し異なった発展をしてきたのではないかという前提に立って議論を進めているが、戦前期の日本において欧米先進諸国と同様の政治を持つことが最も可能であった一九二〇年代に関する研究については、比較的その「特殊性」は薄いといってよいのかも知れない。

岡の一九二〇年代に関する否定的理解は、こうして完膚なきまでに論駁されたような感を受ける。だが少なくとも一つの問題が、そこには残されている。それは一九二〇年代の日本外交における国際連盟の位置づけをどう考えるか、という問題である。国際連盟と日本外交の関わりを系統的に分析した研究は、実は近年に至るまで極めて少なかった[46]。満州事変史において連盟脱退の経緯は一通り触れられることはあっても、国際連盟とは日本の対外認識と実践にどのような意味を持つものであったのか、という問いそのものが稀薄であったという印象を受ける。そして興味深いことに、この主題を扱った数少ない近年の研究は、いずれも前述した日本の国際連盟観に関する岡の否定的評価を、寧ろ支持するような結論を導いているのである。

国際連盟の設立が提起した問題が、主権国家体系のアナーキー構成をどのように考えるかという問題に最終的には帰着するものであったことは、言うまでもないであろう。国際政治学における理想主義と現実主義の古典的対立構図が、国際連盟の評価をめぐり生じたことは研究史の常識に属する。(47)なかでも、第一次大戦前までは国際法の一般的原則として認められていた無差別戦争観に代わる戦争違法化の流れをどのように考えるかという問題は、第一次大戦後における国際秩序の転換の評価に関わる重要な争点であった。同時代の日本において、こうした戦争違法化の流れを最も肯定的に評価したのは、国際法学者横田喜三郎である。新カント派的な存在と当為の峻別に基づいて主権論を否定することで国家の相対化を図り、国際法の国内法に対する優位を前提として法の認識的統一を説く純粋法学が、実践的には国際連盟体制の擁護に結びつく典型的事例を、横田の議論に見いだすことができる。満州事変における横田の日本政府批判も、このような立場に根ざすものであった。(48)

だが満州事変時における横田の孤立に示されるように、横田の見解は当時決して多数派であったわけではない。特に日本外務省及び外務省に近い立場の国際法学者達の見解は、いずれも戦争違法化の流れには消極的であった。篠原初枝の研究によれば、日本外務省の実質的法律顧問といわれた国際法学者立作太郎は、国際連盟の設立そのものには賛成したものの、国際連盟は国際社会全体とは同一視できず、あくまで個別国家の集合体に過ぎないという態度をとっていた。立は更に戦時国際法の有効性を否定する第一次大戦後の国際法学界の動向にも批判的であった。(49)日本の外務省はアメリカからの不戦条約の提議に対して、考慮の末結局いかなる留保も付せずこれに応じたが、この背景には、松平恒雄駐米大使がケロッグ国務長官から「日本ガ何レノ場所ニ於テモ自己ノ利益ヲ保護スルタメ必要ノ措置ヲ取ルコトハ何ラ差支エ無キ次第」という言質を得ていたことがあった。このことに加えて、国際法における自衛権概念の曖昧さ故に、不戦条約は将来における日本の対中政策の障害にはならないだろうと外務省は判断したのである。従って外務省は不戦条約の拘束性を強める方向には一貫して反対であり、この点については国際協調主義で知られる幣原外交も変わりはなかった、という。[50]周知のように満州事変に際して、日本の外務省は、自衛権の行使という論理で現地軍の行動を対外的に正当化したのであるが、[51]右のような指摘を前提にすれば、恰も外務省は、日中間の紛争が国際連盟に持ち込まれた場合に備えてあらかじめ作成された想定問答集に沿って答弁を繰り返したかのような印象すら受ける。無論外務省にとっても外務省の立場を支持した立にとっても、紛争の規模と性格は想定したものとは大きく異なるものだったことであろうが。

このように国際協調主義の対象をワシントン体制から国際連盟に移してみると、一九二〇年代の日本外交史像もより否定的なものにならざるを得なくなる。この点に関して、岡によりパリ講和会議の時点から肯定的な国際連盟観を抱いていた例外的な人物として位置づけがなされている吉野作造と岡自身の同時代像を対比するならば、そこには興味深い事実を見いだすことができよう。既に本書第一章第一節で述べたように、欧州政治史の研究者として出発した岡が最初に書いた日本政治史の論文は、一九三五(昭和一〇)年に発表された「明治初期の自由民権論者の眼に映じたる当時の国際情勢」である。そこで岡は、明治の自由民権論者がほぼ例外なく国際関係の本質を弱肉強食の世界として捉え、万国公法に対して否定的な評価を下していたことを紹介しながら、「このような議論のなされたことは、――その議論の正否は別として、――国際社会の現実についてかなりハッキリした認識がもたれていたことを証拠立てるもの」と位置づけていた。民権論者のなかには万国公法に対して「稀には」好意的態度を示すものもあったが、「これは、恐らくは、国際情勢に対する前時代の無理解が未だ全く完全に清算されてはいなかったことを物語るものと見るべきであろう」と、岡は結論づけたのである。[52]岡は吉野から東京帝国大学法学部の政治史講座を引き継いだのであるが、この部分は明らかに吉野の議論に対する批判である。吉野はその明治文化史研究の集大成とも呼ぶべき論文において、幕末における自然法的な万国公法観念の受容の分析を通して、日本における近代的政治意識の形成を位置づけようとしていたからである。[53]両者の国際連盟体制に対する同時代的評価の相違をそこに読み込むことは、決して困難ではないだろう。[54]

かくして、一九二〇年代の日本外交の現実主義的側面の指摘から始まって、相互依存論的立場からの修正主義的解釈がこれに続き、再度現実主義的理解への回帰が起きる、というように、本節の議論は一巡したように思われる。ここからわれわれは、一九二〇年代の日本外交に関する相互依存論的解釈には限界があり、国家主権の絶対性に固執した第一次大戦前の帝国主義外交の連続性こそが強調されるべきである、という結論を導くべきなのであろうか。国際関係論研究者に馴染み深い、リアリズム/リベラリズムの二項対立図式からすれば議論はそのような方向に進んでいるかのように見える。

だが戦間期日本における主権論の位相は、実はこうした二項対立に収まりきれない、より複雑な側面を持っている。そして注目すべきことにその事実は、岡自身によっても気づかれているように思われるのである。次節では、このことの意味を検討してみたい。

三　協同体的社会構成と主権国家秩序

「アジアへの回帰」と題される「国民的独立と国家理性」の最終章は、一九二四(大正一三)年一一月に神戸で行われた有名な孫文の大アジア主義演説から始まる。ヨーロッパの「覇道の文化」にアジアの「王道の文化」を対置させ、アジア連帯を呼び掛けたこの孫文の訴えにも拘らず、満州事変以後の日本は再度膨張主義への傾斜を急速に深めていった。表題も示唆するように、一九三〇年代の日本外交は一面では「アジアへの回帰」の時代であったが、それはアジアにおける日本の覇権的地位の確立を意味したに過ぎない。「そうであるとすれば、わが国が『脱亜』の道からアジアに立戻ったとしても、このアジアへの回帰は、アジアの擁護者としてではない。アジアの唯一の支配者をめざしての回帰であった。それは、実は『脱亜』の道程を辿った過去の意図を十全に貫こうと企てたものともみることができる」(55)。岡の結論がこのように否定的評価に帰着するのは、満州事変以後の日本外交の展開を考えれば、半ば当然のことともいえよう。

しかしながら、岡のこの論文を再読したときに改めて気づくのは、岡の一九三〇年代のアジア主義に対する評価が寧ろ両義的なものであるという事実である。岡は、日中戦争期の東亜新秩序論に比較的多くの紙数を割いてその内容を検討しているが、東亜連盟論や東亜協同体論に対する岡の評価は意外に高い。岡は東亜連盟の思想を、東亜連盟協会の理論的指導者とも評された宮崎正義の著作を中心に分析しているが、そこでは「東亜連盟の発想が満州在住の漢民族への配慮に起源をもつ点、連盟を加盟国の平等を基礎とした連合と一応規定している点、連盟の思想的基礎を王道……に置いている点」(56)に、注意が喚起されている。また東亜協同体論については、「比較的に現状肯定的に傾いたものから、批判と抵抗との意図をその立論に潜めたものまである程度陰影《ニュアンス》の差がみとめられる」ことが指摘されたうえで、後者の代表的な一例として、三木清の場合が挙げられている。そして、東亜連盟あるいは東亜協同体の名で唱えられた新秩序構想が、「いずれもある限度フェデラリズムに立つもの」であり、それゆえ右翼勢力と抗争関係にあったことが示されるのである。(57)ここでは先ず、岡の東亜連盟論や東亜協同体論に対する相対的に高い評価が、新秩序の構成員の対等性やフェデラリズム的構成という基準に照らし合わせたうえでの判断であることに、注意を促しておきたい。岡はなぜ、こうした判断基準で思考しているのであろうか。

このことを考えるためには、先ず当時の典型的な国際秩序論の内容を頭に入れておく必要がある。日中戦争期の国際秩序論に共通するのは、契約説的社会構成に対する強い批判である。そこでは、抽象的自然権の保持者としての個人を想定し、社会を原子論的個人の契約によって導出する近代市民社会論は、自由放任経済の破綻に象徴されるように行き詰まりを迎え、それに代わる有機的社会構成の必然性が先ず確認される。そのうえで国際秩序論においても、近代主権国家による原子論的社会構成と機械的民族自決主義が世界秩序の無政府的状態を現出させたことが強く批判される。かくして近代主権国家による契約説的構成の限界を超えた協同体的原理に基づく国際秩序の樹立が説かれたのである。広域秩序原理が「近代の超克」として要請された所以である(58)。

こうした議論が日本の覇権的地位の正当化のためになされたことは、余りにも明らかである。だが、そうした時事的文脈を一旦離れて、純粋に社会構成と国際秩序の原理的問題として東亜協同体論を見たとき、それが社会構成から近代主権国家秩序を捉える典型的な発想の一つであることにも注意が払われる必要があるように思われる。国際関係論におけるコンストラクティヴィズムの旗手であるN・オヌフは、『国際関係思想における共和主義の遺産』において、北米圏における現代社会理論の動向を念頭に置きながら、共和主義とリベラリズムの対置構図の国際秩序論における有効性を論じている。オヌフは、社会構成におけるリベラリズムと共和主義との違いを、前者が個人や国家という自己関心的(self-regarding)な独立的主体を先ず想定したうえで、社会を道具主義的に導出するのに対して、後者が社会的結合関係を独立的主体に先行するものと考える点に求める。国際関係論において通常リベラリズムに対置されるリアリズムは、自己関心的な主体の無制約性を強調する点で、実はリベラリズム以上に強力なリベラリズムである。オヌフはこのように、国際関係論におけるリアリズム／リベラリズムという周知の二項対立図式を相対化したうえで、新たに、共和主義／リベラリズムという対置構図の国際秩序論における有効性を強調するのである。主権の制約を説いた従来「理想主義」と呼ばれた主張の多くは寧ろリベラリズムの前提に反対しているのであり、共和主義という用語を使うのがより正確である、とオヌフは指摘している。[59] かくして、オヌフは従来殆ど無視されていた共和主義的な国際秩序論の系譜を辿ることで、近代・主権・リベラリズムの相互関係の再検討を促している。

ここはオヌフの主張の当否を検討する場ではないが、本章の関心から興味をひくのは、東亜協同体論が、社会構成の論理としては、リアリズム／リベラリズムというよりは、寧ろオヌフのいう共和主義の特徴を共有している点である。[60] だとすれば、東亜協同体論を単に日中戦争期の時局的文脈のなかに解消するのではなく、近代日本における社会構成と主権概念の関連についての系譜学的考察のなかに位置づけ直す試みが必要であろう。そもそも戦間期の主権概念批判には、大別すると二つの流れがある。[61] その一つは、これまで国家主権の専管事項とされていた領域を何らかの形でより上位の国際機構に吸収していこうとする「普遍主義」的方向である。前節で触れた、主権概念を否定し国際法上位構成を取った場合の純粋法学は、こうした系譜に属するものとしてよいだろう。もう一つの方向は、国家を教会・都市・職能団体という社会集団と並列的に扱うことで、国家主権の絶対性を剝奪していこうとする「多元主義」的方向である。多元的国家論における連合主権論がこのような典型的事例であることはいうまでもない。大正期の日本においてこのような主権概念批判は、何よりも「社会の発見」と呼ばれるような、国家主権に回収されない社会領域の自律性の主張と結びついたように思われる。自らはカトリシズム自然法の立場をとっていた法学者田中耕太郎は一九三二(昭和七)年に出版された『世界法の理論』第一巻において、「近時の法律思想」を、歴史法学・社会法学・自由法学・新自然法学等が「相互の主義傾向間に大なる間隔あるにしても、国家的法律観に対し共同戦線を張つてゐるもの」として描きだしているが、[62]このように国家主権概念の相対化は、明治国家の絶対性が否定された大正期の思想界における社会概念の析出と裏表の現象にあるものとして、理解されていたのである。

だとすれば問題は、こうした社会概念の析出が大正期以降の日本の国際秩序論にどのような影響を与えたのか、ということに絞られてくる。大正期の社会概念の析出状況に関して真っ先に参照すべきものは飯田泰三の研究である。[63]飯田はT・H・グリーンからH・ラスキに到るまでのイギリス政治思想の展開と対比しつつ、吉野作造における「社会の発見」の意義を論じている。多元的国家論と大正期日本の政治思想を重ねあわせる飯田の啓発的な視角は、飯田は直接の研究対象としてはいないが、政治学者蠟山政道の国際秩序論を分析する際にも示唆的である。一九二〇年代の蠟山はイギリスにおける多元的国家論の展開を視野に置きながら、機能主義的な国際政治論を展開していたからである。多元的国家論は第二次大戦後のアメリカ政治学においては政治過程における利益集団論として継承・発展され、政治学における多元主義理論が形成された。国際関係論においては必ずしも明示的に論じられているわけではないが、このような多元主義的な国内政治像を前提にしたうえで、主として機能主義的統合論やレジーム論へその発想が織り込まれているように思われる。従って、国際関係論における多元主義はリベラリズムの議論としてリアリズムに対置されるのが、先ずは通常の理解であろう。[64]

冷戦後の国際関係論におけるガヴァナンス論への関心の高まりを反映して、これまで等閑視されてきた第二次大戦前の国際行政論が近年再び積極的に取り上げられるようになっているが[65]、一九二八(昭和三)年に出版された蠟山の『国際政治と国際行政』はこのような関心に基づく先駆的業績として高く評価することができる。蠟山は本書第一章及び第三章において詳述したように、後に東亜協同体論の理論的指導者の一人になるが、一九二〇年代における蠟山の国際政治論は、同時代の日本における他の論者と比べても、リベラリズムの系譜を最も強く引くものであった、といってよいだろう[66]。

しかしながら、大正期における社会概念の析出はこのような意味でのリベラリズムに一元化されるものではない。社会主義者は勿論、通常「リベラル」と呼ばれている人物においてもそれはあてはまる。そのような典型的事例としては、植民政策学者矢内原忠雄の議論を取り上げることができる。一九二六(大正一五)年に出版された矢内原の『植民及植民政策』の終章は、これまで「リベラリスト」矢内原の苦悩を示したものとして位置づけが与えられてきたように思われる。「植民政策の理想」と題されたこの章で、矢内原は植民政策を従属主義・同化主義・自主主義と類型化したうえで、自主主義的植民政策の理想の実現可能性を論じた。そして矢内原は、自由主義も社会主義もこの理想を完全に実現するものではないことを論じたうえで、「自主主義植民政策理想の実現に対する確実なる保障は科学的にも歴史的にも与へられない。……たゞ一事は確かである。即ち人類は之に対する希望を有することを。虐げらるゝものの解放、沈めるものの向上、而して自主独立なるものの平和的結合、人類は昔し望み今望み将来も之を望むであらう[67]」と結論づけた。冷戦期にこれを読んだ研究者の大半は、ここに東西陣営の合間で人間の解放を模索するリベラリストの苦衷を読み込んだことであろう。

だが今日この章を再読してみると、いささか印象は異なる。表題に示されるように矢内原はここで、自らが抱く国際関係の理想について語ったのではないかと思われるのである。矢内原の自主主義の議論を先ず見てみよう。「自主主義の政策は、各社会群が独立の集団的人格(Group Personality)を有することを認め、各々がその歴史的条件の下に能ふ限りの発達完成を遂げ、しかして相互間の協同提携により以て人類社会の世界的結合を完くするを以てその理想となす。自主主義は必ずしも各社会群の平均化を意味せず、又個性を没却するものにあらず、たゞ独立の社会群相互間に於て闘争的状態に代ふるに互助的関係を生ずるを理想とするのである。……社会は結合によりて存在し維持せらる。自主独立は結合するが為めの自主独立でなければならない。……何となれば恰も個人が社会内にありて始めて生存し得る如く、社会群も社会群社会内にありて始めて生存し発展するを得るからである(68)」。これは、人格主義を社会内の多元的な集団に適用しつつ相互扶助的社会構成を説く、大正期に典型的な議論である。

矢内原は更にこうした社会構成を国際関係に読み込んでいく。確かに矢内原は自由主義も社会主義もこのような理想を実現するものではないことを論じているが、実はこの後には、国際連盟と英帝国についての検討が続くのである。しかも矢内原の英帝国に対する評価は、国際連盟に対するそれよりも高い。「英帝国は国際聯盟内の国際聯盟、国際聯盟の結合更に鞏固なるものとして見らる。各ドミニオンは一の自主国民であつて英本国は之に対し植民地領有関係を有するものでない。……かくして植民地と本国とはもはや領有支配関係に基かず、さりとて孤立的関係にもあらず、自主的結合による一大共同団体たるの組織を実現すること、英帝国の示せる傾向に赴くべきことは、近世経済の発展が一大経済地域の基礎を要求するによりて推察し得られる。かくの如き自主的結合は功利的立場よりいふも植民地本国連結の唯一合理的基礎たるのみならず、又集団的人格の尊貴を尊重する社会的正義の要求する処である」[69]。英帝国に代表されるコモンウェルス的結合関係が、協同体的社会構成の理想に最も親和的な国際関係のモデルとして位置づけられていることが知られるであろう。「利己心と協同心」[70]という問題設定に示されるように、矢内原の国際秩序論が、オヌフの分類を借りれば、リベラリズムというよりは共和主義としての特徴を持っていることに、より関心が注がれるべきである。なお一般に戦前期の日本外交思想史研究において、「リベラリズム」は「反軍国主義」と結びつけて解釈される傾向が強いように思われるが、「反軍国主義」であって「リベラリズム」ではない事例は数多く存在することに留意する必要があろう。

このように大正期における社会概念の析出状況は、従来考えられていたよりも遥かに複雑な性格を持っているが、このことを最も問題的な形で示したのは平野義太郎の事例である。戦前期における平野義太郎を論じたこれまでの研究は、講座派マルクス主義の理論的指導者であった平野が何故に戦中期は大アジア主義の信奉者に「転向」したのか、という視角からなされてきた[71]。だが、「転向前」と「転向後」を貫く平野の発想を理解するためには、これまであまり顧みられることのなかった一九二四(大正一三)年に出版された平野の処女作『民法に於けるローマ思想とゲルマン思想』[72]を振り返る必要がある。シュペングラーの『西欧の没落』第二巻の引用から始まるこの本は、ギールケの『ドイツ団体法論』に依りながら、ドイツ民法におけるローマ思想とゲルマン思想の対立を、明治期の法実証主義と大正期の社会法学との対立に重ねあわせた著作である。周知のように、ドイツ私法学におけるゲルマニステンは、ローマ思想を、具体的な社会生活を離れた抽象的権利保持者としての個人を想定し、個人と国家の間に介在する団体結合の実在性を否定する原子論的契約構成を取るものとして排撃し、これに対してゲルマン法の団体主義的伝統を対置させたが、このようにゲルマニステンによって否定されたロマニステンの法思想の影響下に成立した明治期の法学は、硬直した国家的統一的成文法の至上主義と社会全体の安寧福祉を阻害する権利の絶対性の主張を生み出した、と平野は激しく非難したのである。社会法学的観点からの法実証主義批判を通して明治国家の否定とリベラリズム批判が同時に追求される視座を、そこに窺うことができよう。そしてこの視座には、シュペングラーとギールケという結びつきに象徴されるように、協同体的社会構成による契約説的社会構成の置換のなかに「近代の超克」を読み込んでいく指向性が内包されていたのである。

このことは近代日本における「多元主義」の位相を考えるうえでも重要である。ギールケの『ドイツ団体法論』はその第三巻が一九〇〇年にメートランドの手により英訳され、イギリスの多元的国家論の形成に多大な影響を及ぼした。言うまでもなく、国家に対する中間団体の自律性を強調するギールケの議論が、国家主権の絶対性を否定する多元的国家論の視座に極めて適合的な側面を持っていたからである。[73] 先に述べたように、現代政治学においては「多元主義」を利益集団論の文脈に位置づけ直したうえで英米圏の自由民主主義と等置する傾向が強いため、「多元主義」を無条件に「リベラリズム」に結びつけることに疑問が呈されることは少ない。だが戦間期における「多元主義」の位相は、良きにつけ悪しきにつけ、もっと複雑なものだったのではなかろうか。ギールケの主張自体、社会の自律性の主張と契約説的社会構成批判という性格を合わせ持つ点で、それがリベラリズムに対して持つ含意はすぐれて両義的である。日本の場合、多元的国家論が提起したような問題は、協同体的社会構成に引きつけて理解される傾向が恐らく強かったのではないか。その意味では、寧ろアナキズム的な大正社会主義の視点から、「多元主義」を読み直す発想が必要ではないかと思われる。(74)

社会概念の構成による国家主権の相対化。これが多元的国家論の提起した問題の一つである。主権論の文脈では、これは主権の唯一・不可分性を主張したボダン＝ホッブズ的主権論ではなく、社会における各種団体の連合に主権を基礎づけたアルトゥジウス主権論の系譜に連なる。(75)国際秩序論における「多元主義」の意義は、こうした類型の主権論を国際社会の構成のなかにどのように読み込むかということに関わる。多元的国家論の主唱者達がしばしば国際連盟論の熱心な支持者であったことに示されるように、国家を経由しない社会集団のトランスナショナルな交流を国際機構のなかに読み込めば、それは典型的な「国際主義」の主張になりうる。(76)イギリスの多元的国家論者のなかで、一人の人間が同時に、国際連盟論者であり、欧州統合論者であり、コモンウェルス的な円卓会議論者であるような事例は、恐らく少なくはなかっただろう。だが戦間期日本の場合、このような主権論は単純には「国際主義」の主張と結びつかない点に特徴がある。平野義太郎に典型的に示されたように、それは寧ろしばしば「アジア主義」に結びついたのである。勿論、一九二〇年代の蠟山の機能主義的国際政治論や矢内原の英帝国論に見られるような例はないわけではないが、前節で指摘したように、一九二〇年代の日本外交においてはワシントン体制は評価されても、国際連盟はアジア・太平洋の地域秩序と必ずしも有機的関連を持つものとは受けとめられておらず、また矢内原の構想したような大日本帝国のコモンウェルス的再編も画餅に帰したことは否定できない。従ってワシントン体制の崩壊と国際連盟脱退の後には、このような社会概念の構成による国家主権の相対化という発想は、通常の意味での「国際主義」とは異なる方向に動員されたのである。その方向とはアジア主義的な「地域主義」の論理に他ならない(77)。

平野義太郎の大アジア主義が、アジア社会に内在する協同体原理を高く評価し、こうした基底の共同体から地域秩序を構想する論理構成を取るものであったことはよく知られている(78)。しかしながら、こうした近代の社会構成を超克する協同体原理を民族共同体の歴史のなかに求めていくという発想自体が、歴史法学の流れを汲むギールケの強い影響の下にあった初期の平野の思惟様式に伏在していたことは、しばしば見過ごされているように思われる。平野が大アジア主義の論理を全面展開し始める直前に、いわば跳躍台として出版したヴント『民族心理より見たる政治的社会』の翻訳(79)も、もとをただせば処女作における平野の関心のなかにあったものである(80)。しかも、近世以来主権国家からなる地域秩序の伝統を持っていた「ヨーロッパ秩序」に対して、「帝国」秩序の残存していた東アジアにおいては地域に内在した主権国家が未形成であり、主権概念批判は本来「帝国」的言説に回収されやすい構造があった。[81] 東アジアの広範な領域を占める中国が、日清戦争前は「帝国」として、辛亥革命のある段階以後は「国家」ではない「社会」として表象され得る存在であったことは、主権国家からなる「国際」秩序のイメージの本質的な不安定さを、近代日本の対外認識に齎したように思われる。「国家」ではない「社会」という広範囲にわたる地理的空間を表象することは、裏を返せば、社会構成の原理がそのまま地域秩序の構成原理へと転化する認識論的機制を生む。[82] 中国の基層をなす村落社会構造の解明という、主権国家秩序の論理からすれば、「地域研究」の対象とはなりえても「国際関係論研究」の対象とはおよそ無関係に思われる領域が、国家主権を迂回して「国際共同体」の構成原理に直結してしまうところに、実は東アジアの国際関係の複雑さがあったことを知らねばならない。近年のアジア主義研究には、アジア主義のなかに「国民国家を超える」指向性を読み込んでいこうとする傾向があるが、[83] 国際関係論の観点からいえば、なぜ戦前期の日本においてはトランスナショナルな指向性が、通常のリベラリズム的な「国際主義」ではなく共和主義的な「アジア主義」に傾斜していくのか、その認識論的機制を分析することが、今後の課題になるべきだろう。

さて、このように戦間期日本における主権概念の位相を確認したうえで、再び本節の冒頭で提起した疑問、すなわち岡はなぜ東亜連盟論や東亜協同体論におけるフェデラリズム的契機を探り出そうとしたのか、という問題に立ち返ることにしよう。フェデラリズムは様々な秩序像と結びつき得るが、社会における各種団体の連合に主権を基礎づける多元主義的な発想からすれば、水平的な団体間の連合像を国家間結合に読み込むことを許すフェデラリズムは、望ましい国際秩序として捉えられることが比較的多いように思われる。アジア主義のなかにこうした類型の主権論が屈折した形で流れ込んでいたことを考えると、東亜連盟論が限られた意味においてであるがフェデラリズム的構成を取ろうとしたことは不思議ではない。だがこのような事例は、日中戦争以後の日本に澎湃として現れた「地域主義」においては、少数派に過ぎなかった。岡義武の同級生にして同僚であった政治学者矢部貞治が述べたように、「国家間の関係を、絶対主権国家の併立乃至連合か、否らずんば一体的な統一国家乃至連邦国家かの、何れか以外には認めないのは……二者択一の平面的固定的考へ方であつて、かかる考へ方を以ては広域圏の本質を端的に把握するを得ぬ(84)」というのが当時の典型的な議論だったのである。岡が東亜連盟における加盟国の脱退の自由に注意を払っているのも(85)、当時の広域秩序論においては、広域圏の有機的一体性を強調することで広域圏の構成員が離脱する可能性を事実上封ずる議論が存在したからである(86)。

このことは広域秩序の正統的解釈と密接に関連している。広域秩序原理は、広域・主導国・圏外国家の不干渉という三要素から構成されているが、その際中心とされるのは主導国概念であって広域概念ではない。すなわち、その「地域主義」的外観にも拘らず、広域秩序原理においては、主導国の自存・自衛の論理が地域秩序に優先する論理構成が取られていたのである。こうした広域秩序原理は、太平洋戦争期に入り圏内諸国の独立争点が浮上するにつれ動揺をきたしはじめる。この点についての詳細は本書第一章で詳述したが、こうした状況のもとで「大東亜国際法」論内部で論争が起き、近代国際法の根本原理である国家平等原則の再評価が生まれていったのである(87)。この論争の背景には大東亜会議をめぐる位置づけについての政府内政治があり、普遍的理念を唱えた地域憲章を掲げ形式的にはその理念に日本外交も拘束されるとした外務省と、自存・自衛の論理を掲げ主導国原理に固執した海軍・大東亜省との対立があった。外務省は太平洋戦争が始まると地域的平和機構の創設を主張し、こうした機構創設のイニシャティヴを執ることで、戦時外交の主導権を軍部から奪還しようとしていたのである。[88] そもそも「大東亜国際法」論なるものが、このような地域的平和機構創設のために予想される諸問題を解決するべく外務省の梃子入れで始められた重点領域研究としての性格を濃厚に持っていたことを忘れてはならない。[89] 有名な大東亜国際法叢書にしても、本来は横田喜三郎などごく一部の研究者を除いた当時の殆どの国際法学者を網羅した一二巻からなる構成を取っており、地域的平和機構創設のために予測される理論的・実務的問題を考察する青写真となるものであった。[90] 戦後の国際機構論には、明示されてはいないものの、戦中期における論争の痕跡が随所に見られる筈である。

このことを念頭に置いて岡の議論を再読すれば、「国民的独立と国家理性」の最終章の叙述が、同時代の広域秩序をめぐる論争を踏まえて執筆されたことは今や明らかなことのように思われる。戦時外交に関する波多野澄雄の画期的な研究が詳細に明らかにしたように、地域的平和機構における形式的な国家平等を認め、その意味では幾分かはフェデラリズムに近い構成を取ろうとしたのが、戦中期の重光外交の基本的な構想であった。[91] そこに来るべき国際秩序の姿を読み込もうとしたのが、当時の知識人の一つの典型的な発想であったといえよう。一面においては、醒めた眼差しで国際政治を凝視しつづけてきた岡が、太平洋戦争下の日本外交をどのように見つめていたのか、そのことを具体的に知る手がかりは極めて少ない。だが、岡の日本近代史研究が「民族革命説」を基礎に組み立てられ、またそのアジア主義理解が、今日から見れば資質も専攻も大きく異なる竹内好のそれと同型の構造を持っているように思われることは、改めてわれわれに、ネイションの自意識の学としての外交史の運命に思いを馳せさせるのである。

おわりに

以上、一九六一(昭和三六)年に発表された岡義武の論文「国民的独立と国家理性」をその後の研究と対比させながら、日本外交史の現状を瞥見してきた。その表題が端的に示すように、岡の論文は、対外論を素材にしつつ近代日本における「主権」と「ネイション」に関する一種の精神史を描きだそうとしたもの、といえるだろう。それを貫く関心が、人民主権に支えられたナショナリズムと市民社会論的関心を重ねあわせる、主権論をめぐる戦後の典型的な発想と呼応したものであることも、もはや明らかである。一面では権力政治について醒めた洞察を示した岡も、この点では今日「革新ナショナリズム」と呼ばれる問題関心を共有していたといえよう。マルクス主義全盛の当時の歴史学界において、政治史・外交史研究に専心する岡は「保守的」歴史家という評価を一般には受けていたが、現時点で振り返ってみれば、寧ろ同時代の知的雰囲気のなかに岡の日本外交史研究も置かれていたことのほうが印象に残る。岡にとって外交史は、何よりも先ずネイションの自意識の学だったのであろう。その意味で当時とは違った文脈で、岡の日本外交史理解にある「旧さ」を問題にすることは極めて容易である。そもそも岡の論文に散見される「わが国」という表現自体、現在の多くの読者にとって、何らかの違和感なしには読めないものであろう。

岡の論文の発表された後の日本外交史研究は、それぞれの分野で大きな成果をあげてきた。それに伴い岡の論文も、様々な形で後続の研究者によって乗り越えられていったといえよう。本章で挙げた例をとれば、権力政治的分析は岡のアジア主義理解を歴史の「実像」に触れていないものと批判したし、相互依存論的分析は岡の大正デモクラシー期の国際協調主義理解の幅の狭さを修正したことになる。それらの研究が日本外交史についての理解を彫りの深いものにしたことの意義は、充分に認めねばならない。だがそのことを認めたうえで、岡の古典的論文で扱われた主題は未だ完全には解答を与えられていないことを指摘するのは、あながち不当ではないだろう。本論で述べたように、政策としてのアジア主義の実在性を否定することは、アジア主義／脱亜、という言葉で語られるアイデンティティ構築の重要性を消去するものではなかった。また相互依存論的分析も、戦間期における主権論の位相の複雑さを把握するには充分な視点を提供しなかった。それは現代政治学や国際関係論における「多元主義」が、その問題構成の出発点に遡ってみるといかに複雑な側面を持っていたかを想起すれば明らかである。権力政治的分析も相互依存論的分析もそれぞれに日本外交史研究に新しい領域を切り開いたが、それと同時に残された領域の存在も次第に意識されてきたというのが、取り敢えずの現状であろうか。

翻って考えてみれば、岡が主題とした「主権」も「ネイション」も、いずれも国際関係論の最も基本的な概念である。だがそうであるが故に、これらが正面から国際関係論研究の主題とされることは実は意外に少なかった。冷戦後の国際関係論における様々な実証主義批判が、こうした基本概念の歴史的・社会的構成それ自体を問い直すことを研究課題に掲げたことは記憶に新しい[92]。解釈学から脱構築に到るまで、このような試みは多岐にわたりその立場も決して一枚岩的なものではないが、そこに共通するのは、脱構築派に属するある論者の言葉を借りれば、「政治理論としての国際関係論[93]」への指向性である。冷戦後における秩序への問いが、それらの雑多な動向に底流として存在しているといえよう。典型的な二〇世紀の構築物である国際関係論の生成点にあたる第一次大戦後の主権論の位相が、今日あらためて振り返られねばならないのは、このことと密接に関連している。冷戦期の国際政治学の歴史は、奇妙なことに、その知的起源であった戦間期の主権論の「忘却の歴史」であったようにも思えるからである[94]。

自らは実証主義的歴史家を任じた岡は、歴史と理論を混同することには終始否定的であった。だが、岡の日本外交史研究の到達点にあったこの論文が、「狭義の歴史研究をこえた政治学的考察」たりえているとすれば、それは岡がそのなかに身を置いていた日本における人文主義的社会科学の知的雰囲気を、岡の論文が反映していたからであろう。そうした日本外交史の反省的・批判的伝統に、筆者は敢えて日本外交史の「新しさ」を読みたいのである。もとより歴史学の課題は、異なる世代の経験・

記憶・希望が幾重にも折り重なった層を歴史家が自らの想像力を頼りに読み解いていくことにある。「旧さ」のなかに「新しさ」を見、「新しさ」のなかに「旧さ」を見ること。こうした迂回路を通して、もし幾許かの展望が得られたとすれば、本章の、そして本書の課題は充分達成されたといえよう。

（1） こうした傾向の概観としては、例えば、Emily S. Rosenberg, "Walking the Boundaries," in Michael J. Hogan and Thomas J. Paterson eds., *Explaining the History of American Foreign Relations* (Cambridge: Cambridge University Press, 1991).

（2） ただし戦前期に行われた研究においては、このような古典的な外交史研究のほうが寧ろ主流であったように思われる。また近年の戦後日本外交史については、複数の当事国の外交史料を渉猟した研究の比重が相対的には高い。尤も、これは日本側の史料公開が欧米の基準で考えたときかなり見劣りする状況にあったことが、一因かも知れない。

（3） 北岡伸一『日本陸軍と大陸政策――一九〇六―一九一八年』（東京大学出版会、一九七八年）、小林道彦『日本の大陸政策 一八九五―一九一四――桂太郎と後藤新平』（南窓社、一九九六年）、拙著『大正デモクラシー体制の崩壊――内政と外交』（東京大学出版会、一九九二年）など。

（4） 『近代日本思想史講座』第八巻（筑摩書房、一九六一年）。後に『岡義武著作集』第六巻（岩波書店、一九九三年）に所収。

（5） 岡義武『国際政治史』（岩波書店、一九五五年）、同『近代日本政治史Ⅰ』（創文社、一九六二年）。それぞれ『岡義武著作集』第七巻、第一巻（岩波書店、一九九三年、一九九二年）に所収。なお、内政と外交の相互連関という視点は、岡自身においても明確な自覚が持たれていた（前掲『岡義武著作集』第七巻・解説を参照）。

(6)『丸山眞男集』第一五巻(岩波書店、一九九六年)一二二頁。
(7) 前掲『岡義武著作集』第六巻、二四二頁。
(8) 坂野潤治『明治・思想の実像』(創文社、一九七七年)第一章第一節。
(9) 例えば、日清戦争に関する大澤博明の研究や、日露戦後の大陸政策に関する北岡伸一の研究が挙げられる。大澤博明「天津条約体制の形成と崩壊(一)(二)」(『社会科学研究』第四三巻第三号、第四号、一九九一年)、北岡、前掲『日本陸軍と大陸政策』。
(10) 坂野、前掲『明治・思想の実像』一七九頁。
(11) 松沢弘陽『近代日本の形成と西洋経験』(岩波書店、一九九三年)V章「文明論における『始造』と『独立』」。
(12) 同右、四〇六頁。
(13) 同右、三一〇頁。
(14) 同右、四〇六―四〇七頁。
(15) 同右、三八〇―三八一頁。
(16) なお、陸羯南の対外論については、朴羊信「陸羯南の政治認識と対外論――公益と経済膨張(一)(二)(三)(四)」(『北大法学論集』第四九巻第一号、第二号、第五号、第五〇巻第一号、一九九八年、一九九九年)が、最も包括的な分析を行っている。
(17)『陸羯南全集』第一巻(みすず書房、一九六八年)一四五―一八一頁。同書の国際関係論における意義については、渡邉昭夫「近代日本における対外関係の諸特徴」(中村隆英・伊藤隆編『近代日本研究入門』東京大学出版会、一九九七年)。
(18) 松沢、前掲『近代日本の形成と西洋経験』三七五頁。
(19) 同右、三八一頁。

（20） Stefan Tanaka, *Japan's Orient: Rendering Pasts into History* (L.A.: University of California Press, 1993).

（21） *Ibid*., p. 47.

（22） この点については、丸山眞男『「文明論之概略」を読む（上）』（岩波新書、一九八六年）一六頁に指摘がある。国民的使命感については、松本三之介「国民的使命観の歴史的変遷」、野村浩一「国民的使命観の諸類型とその特質」（前掲『近代日本思想史講座』第八巻、所収）。

（23） 「日本型オリエンタリズム論」の代表的業績としては、姜尚中『オリエンタリズムの彼方へ』（岩波書店、一九九六年）。なお同書第四章は、タナカの議論に全面的に依拠している。

（24） こうした三者関係の視点からの「日本型オリエンタリズム論」への批判としては、小熊英二『〈日本人〉の境界』（新曜社、一九九八年）七―九頁。なお同書の書評として、拙稿「大胆な構図と入念な細部」（『相関社会科学』第九号、二〇〇〇年）をも参照。

（25） 『橋川文三著作集』第七巻（筑摩書房、一九八六年）三―四頁。

（26） 「日清戦争にいたる期間においては清国はわが国側にとって警戒すべき大国とみられていた」ため、朝鮮の宗属問題をめぐる紛糾が絶えなかったのは勿論のこと（前掲『岡義武著作集』第六巻、二五四―二五五頁）、開戦当初の人心の緊張が清国の国力の高い評価に発していただけに、やがて現出した連続の戦勝が独特の昂揚感を生み出したこと、しかも、清国の実力に対する高い評価は講和会議をめぐって行われた議論の根底にも見いだせること（同右、二六〇―二六二頁）、が指摘されている。

（27） 同右、二八九―二九〇頁。

（28） 同右、二九〇―二九一頁。

（29） E. H. Carr, *The Twenty Years' Crisis* (London: Macmillan, 1939).

（30） Charles Maier, *In Search of Stability* (Cambridge: Cambridge University Press, 1987), chap. 3.

（31）その成果としては、Charles Maier, *Recasting Bourgeois Europe* (Princeton: Princeton University Press, 1975).
（32）例えば、一九七六年にハワイで行われた国際会議の成果である、細谷千博・斎藤眞編『ワシントン体制と日米関係』（東京大学出版会、一九七八年）では、外交・軍事といった伝統的領域のほかに、「金融・通商・技術」、「文化接触と文化受容」という独立の章が置かれている。
（33）信夫清三郎『大正デモクラシー史』第一巻（日本評論社、一九五四年）。
（34）この点については、『岡義武著作集』第三巻（岩波書店、一九九二年）解説、三〇九—三一一頁。
（35）例えば、伊藤隆・有馬学「書評・松尾尊兊『大正デモクラシー』、鹿野政直『大正デモクラシーの底流』、金原左門『大正期の政党と国民』、三谷太一郎『大正デモクラシー論』」（『史学雑誌』第八四巻第三号、一九七五年）。
（36）前者の代表としては、松尾尊兊、後者の代表としては、三谷太一郎の研究を挙げることができる。
（37）松尾尊兊『大正デモクラシーの群像』（岩波書店、一九九〇年）一八—二二頁。
（38）三谷太一郎「政党内閣期の条件」（中村・伊藤、前掲『近代日本研究入門』所収）。
（39）三谷太一郎「『転換期』の外交指導とその帰結」（同『日本政党政治の形成』東京大学出版会、一九六七年、所収）、同「ウォール・ストリートと満蒙」（細谷・斎藤、前掲『ワシントン体制と日米関係』所収）、同「国際金融資本とアジアの戦争」（『年報・近代日本研究2　近代日本と東アジア』山川出版社、一九八〇年）。
（40）このような雰囲気を伝えるものとして、以下の石田雄の回想を参照。「座談会・一つの個人史」（『社会科学研究』第三五巻第五号、一九八四年）三〇〇—三〇一頁。この点は、本書第三章で触れた、戦前・戦中期の思想家と戦後の近代化論をめぐる複雑な知的系譜を考えるうえでも重要である。
（41）拙稿「一九三〇年代の日本政治——方法論的考察」（『年報・近代日本研究10　近代日本研究の検討と課題』

山川出版社、一九八九年、安田浩・源川真希編『展望・日本歴史19　明治憲法体制』東京堂出版、二〇〇二年、再録）。

(42)　このような観点からの戦後日本の政治学史の検討として、大嶽秀夫『高度成長期の政治学』（東京大学出版会、一九九九年）。

(43)　入江昭『極東新秩序の模索』（原書房、一九六八年）。

(44)　細谷千博「ワシントン体制と日・米・英」（細谷・斎藤、前掲『ワシントン体制と日米関係』所収）。

(45)　註(39)に同じ。

(46)　早い時期の例外的研究として、海野芳郎『国際連盟と日本』（原書房、一九七二年）。

(47)　なお、戦間期国際関係思想史におけるこの問題の奥行きについては、本書第一章参照。

(48)　三谷太一郎『大正デモクラシー論』［旧版］（中央公論社、一九七四年）二三四―二三六頁。

(49)　篠原初枝『戦争の法から平和の法へ――戦間期のアメリカ国際法学者』（東京大学出版会、二〇〇三年）五六―五七頁。なお同書については、拙稿「書評・篠原初枝『戦争の法から平和の法へ――戦間期のアメリカ国際法学者』」（『国際法外交雑誌』第一〇三巻第三号、二〇〇四年）。

(50)　篠原、前掲『戦争の法から平和の法へ』一二〇―一二三頁、一三七―一三九頁。同様に、戦争違法化に対する消極的態度という点では田中外交も幣原外交も基本的な差異はなかったと指摘するものとして、伊香俊哉『近代日本と戦争違法化体制』（吉川弘文館、二〇〇二年）六一頁。

(51)　三谷、前掲『大正デモクラシー論』［旧版］二三二―二三四頁。

(52)　前掲『岡義武著作集』第六巻、八七―八九頁。

(53)　吉野作造「我国近代史に於ける政治意識の発生」（『吉野作造選集』第一一巻、岩波書店、一九九五年）。

(54)　なお、この点に関しては、前掲『岡義武著作集』第六巻・解説に明確な指摘がある（同書、三一〇―三一一一頁）。また、岡の国際政治観にE・H・カーに共通するニヒリズムを見る丸山眞男の回想も参照（『丸山眞男座談』第九巻、岩波書店、一九九八年、二六六―二六七頁）。

（55）前掲『岡義武著作集』第六巻、三〇八頁。

（56）同右、三〇一頁。

（57）同右、三〇二―三〇三頁。

（58）この点については、拙稿「戦後思想と国際政治論の交錯」（『国際政治　安全保障理論と政策』第一一七号、有斐閣、一九九八年）一二四―一二五頁。

（59）Nicholas Greenwood Onuf, *The Republican Legacy in International Thought* (Cambridge: Cambridge University Press, 1998), pp. 3-6. なお、オヌフは触れていないが、E・H・カーの国際政治論に対する評価が分裂するのも、この点と密接に関連しているように思われる。本書第一章でも指摘したように、カーのリアリズムとユートピアニズムを繋ぐのはカーの社会主義思想を抜きにしては論じ得ない。社会主義に基づく協同体倫理への問いがカーの国際政治論の根底にあり、その意味でカーの国際政治論は、リベラリズムの空洞化した規範に対するリアリスティックなイデオロギー批判という屈折した形をとりつつも、その議論の中核はオヌフの図式に依れば、共和主義の系譜に連なるものとして理解すべきものと考える。リアリズム／リベラリズムという既存の二項対立図式にカーの議論を無理にはめこもうとしたことが、混乱を招いたものといえよう。冷戦的な「社会主義陣営」としての分析は別にして、国際関係思想における「社会」主義とは何かという問題は、実は正面から考察されたことが少ないことを付言しておく。このような国際関係思想史における空隙については、拙稿「国際関係論と『忘れられた社会主義』――大正期日本における社会概念の析出状況とその遺産」（『思想』第九四五号、特集「帝国・戦争・平和」、二〇〇三年一月）。

（60）オヌフの指摘する、リアリズム／リベラリズムの同型的構造についても、契約説的構成批判のコロラリーとして、ホッブズの議論が絶対的個人主義を前提にしている点でリベラリズムの盾の半面をなすものであることが示され、両者に共通する「無政府」的傾向が批判されている(矢部貞治『新秩序の研究』弘文堂、一九四五年、六〇―六二頁)。
(61) この点については、石川健治「国家・国民主権と多元的社会」(樋口陽一編『講座憲法学2 主権と国際社会』日本評論社、一九九四年)。
(62) 田中耕太郎『世界法の理論』第一巻(岩波書店、一九三二年)九四頁。
(63) 飯田泰三「吉野作造――〝ナショナルデモクラット〟と『社会の発見』」(小松茂夫・田中浩編『日本の国家思想(下)』青木書店、一九八〇年、飯田泰三『批判精神の航跡』筑摩書房、一九九七年、所収)。
(64) Richard Little, "The growing relevance of pluralism?" in Steve Smith, Ken Booth and Marysia Zalewski, *International Theory: Positivism and Beyond* (Cambridge: Cambridge University Press, 1996).
(65) 城山英明『国際行政の構造』(東京大学出版会、一九九七年)第一章第一節・第二節。Brian C. Schmidt, *The Political Discourse of Anarchy: A Disciplinary History of International Relations* (N.Y.: State University of New York Press, 1998), chap. 6.
(66) なお、蠟山政道の国際政治論については、本書第三章を参照。
(67) 『矢内原忠雄全集』第一巻(岩波書店、一九六三年)四八三頁。
(68) 同右、四七〇頁。
(69) 同右、四七八頁、四八二―四八三頁。
(70) 同右、四八〇頁。
(71) 秋定嘉和「社会科学者の戦時下のアジア論――平野義太郎を中心に」(古屋哲夫編『近代日本のアジア認識』緑蔭書房、一九九六年)、盛田良治「平野義太郎の『転向』とアジア社会論の変容」(『レヴィジオン』第二輯、社会評論社、一九九九年)。
(72) 平野義太郎『民法に於けるローマ思想とゲルマン思想』(有斐閣、一九二四年)。
(73) Avigail Eisenbeg, *Reconstructing Political Pluralism* (N.Y.: State University of New York Press, 1995), pp. 65-71. なお、平野、前掲『民法に於けるローマ思想とゲルマン思想』一〇五頁。
(74) この点、飯田、前掲「吉野作造――〝ナショナルデモクラット〟と『社会の発見』」は、大正期日本における「多元主義」をややリベラリズムに引きつけて解釈しすぎる嫌いがあるように思われる。飯田論文では過渡的なものとして扱われている大正期におけるギールケやデュギー受容(飯田、前掲『批判精神の航跡』一七二頁)は、より重視されて然るべきではないかと考える。
(75) 政治思想史におけるアルトゥジウス主権論の位置については、柴田寿子『スピノザの政治思想――デモクラシーのもう一つの可能性』(未來社、二〇〇〇年)第三章補論「多極共存型連邦制とアルトゥジウス」を参照。また、ヨーロッパ共同体における補完性(subsidiarity)原則の系譜のなかにアルトゥジウス主権論を位置づけた研究として、Ken Endo, "The Principle of Subsidiarity: From Johannes Althusius to Jacques Delors"(『北大法学論集』第四四巻第六号、一九九四年)。なお、オヌフはアルトゥジウス主権論を「大陸共和主義」の文脈に位置づけている(Onuf, *op. cit.*, p. 49)。
(76) Schmidt, *op. cit.*, p. 171.
(77) 一九三〇年代の日本における地域主義の議論については、三谷、前掲『大正デモクラシー論』[旧版]二四〇―二四一頁。
(78) 例えば、盛田、前掲「平野義太郎の『転向』とアジア社会論の変容」一〇二―一〇六頁。
(79) ヴィルヘルム・ヴント[平野義太郎訳]『民族心理より見たる政治的社会』(日本評論社、一九三八年)。
(80) 平野、前掲『民法に於けるローマ思想とゲルマン思想』九八頁、一〇〇―一〇一頁。

(81) なお、本書第五章でも触れたように、小熊、前掲『〈日本人〉の境界』第七章は、陸羯南の愛読書であったルロワ＝ボリューから平野の発想の底流にあったギールケに到るまで、社会の自律性という主題が植民地主義的視点と共振関係を持つことを指摘しており、差異性を称揚する言説が階層的な協同体的社会構成に織り込まれるメカニズムを考える点で示唆的である。

(82) なお、「国家」ではない「社会」としての中国という議論は、中国の主権国家形成能力に懐疑的な、いわゆる「中国非国家論」が代表的であるが、「社会」としての中国という表象が大正期以降微妙な意味変容を遂げていくことには、従来の研究は概して無関心であったように思われる。すなわち、大正期の社会概念の析出に伴い、国家主権と近代性の結合関係が所与のものではなくなることで、「社会」としての中国に近代国家の構成原理を超える要素を見いだそうとする指向性が生じてきたことに、従来の研究は充分な意味づけを与えていないように思われるのである。本書第四章で論じた橘樸の例に示されるように、「社会」としての中国という表象は、いわばアナキズム的想像力を解放する装置になったのではないか、と考えられる。

(83) 山室信一「日本外交とアジア主義の交錯」(『年報政治学・一九九八　日本外交におけるアジア主義』岩波書店、一九九九年、所収)

(84) 矢部、前掲『新秩序の研究』二六六頁。

(85) 前掲『岡義武著作集』第六巻、三〇〇頁。

(86) 松下正寿稿「大東亜共栄圏の法的理念」(土井章監修『昭和社会経済史料集成』第一七巻、巌南堂書店、一九八二年)四二頁。

(87) 本書第一章第二節、五二―五七頁。

(88) 波多野澄雄『太平洋戦争とアジア外交』(東京大学出版会、一九九六年)第七章。

(89) 戦中期の国際法学会の動向については、竹中佳彦「国際法学者の戦後構想」(『国際政治　終戦外交と戦後

構想』第一〇九号、有斐閣、一九九五年）。

（90）『国際法外交雑誌』第四二巻第一一号、一九四三年、一〇七頁。

（91）波多野、前掲『太平洋戦争とアジア外交』一六九頁。

（92）例えば、Jens Bartelson, *A Genealogy of Sovereignty* (Cambridge: Cambridge University Press, 1995), Thomas J. Biersteker and Cynthia Weber eds., *State Sovereignty as Social Construct* (Cambridge: Cambridge University Press, 1996).

（93）R. B. J. Walker, *Inside/Outside: International Relations as Political Theory* (Cambridge: Cambridge University Press, 1993).

（94）第二次大戦前のアメリカ国際政治学の動向を分析したSchmidt, *op. cit.* は、本来国際関係におけるアナーキー構成を論ずる際の中核に来るべき主権論の重要性を指摘し、アメリカ国際政治学におけるこの問題の位相を追跡しており、参照に値する。また本書第一章は、このような問題系の日本的展開を扱ったものである。

あとがき

本書は、私が北海道大学法学部から東京大学教養学部に赴任して以来、ここ十年余の間に発表した論稿を纏めたものである。初出は左記の通りである。ただし、本書を纏めるまでの様々な機会に、研究報告を行ったり原稿執筆の依頼を受けたりしたために、これ以外にも本書に採録された論文と論旨の重なるものや内容を要約したものがある。これらについては、各章の冒頭の注で触れている。なお採録された論文は、内容的には初出のものと殆ど変わりはないが、一冊の書物に纏めるに際して最低限必要な表記上の統一をほどこした。また研究の遂行に際しては、科学研究費補助金・萌芽的研究「戦後日本における国際秩序論の形成と展開」及び、科学研究費補助金・基盤研究C「戦間期日本における植民政策学の展開とその遺産」の研究助成を得た。

序　章　「国際関係論の成立——近代日本研究の立場から考える」(『創文』第四三一号、二〇〇一年五月)、「国際関係論と『忘れられた社会主義』——大正期日本における社会概念の析出状況とその遺産」(『思想』第九四五号、特集「帝国・戦争・平和」、二〇〇三年一月)、「戦間期

第一章　日本の国際秩序論」(『歴史学研究』増刊号「二〇〇四年度歴史学研究大会報告・グローバル権力としての『帝国』」、二〇〇四年一〇月、青木書店)、「国際秩序論と近代日本研究」(『レヴァイアサン』第四〇号、木鐸社、二〇〇七年春季)をもとに、書き下ろし

第二章　「戦後外交論の形成」(北岡伸一・御厨貴編『戦争・復興・発展——昭和政治史における権力と構想』東京大学出版会、二〇〇〇年)

第三章　「古典外交論者と戦間期国際秩序——信夫淳平の場合」(『国際政治　日本外交の国際認識と秩序構想』第一三九号、有斐閣、二〇〇四年)

第四章　「『東亜協同体論』から『近代化論』へ——蠟山政道における地域・開発・ナショナリズム論の位相」(『年報政治学・一九九八　日本外交におけるアジア主義』岩波書店、一九九九年)

第五章　「アナキズム的想像力と国際秩序——橘樸の場合」(『ライブラリ相関社会科学7　ネイションの軌跡』新世社、二〇〇一年)

第六章　「『帝国秩序』と『国際秩序』——植民政策学における媒介の論理」(酒井哲哉編『岩波講座・「帝国」日本の学知』第一巻「帝国」編成の系譜、岩波書店、二〇〇六年)

第六章　「日本外交史の『古さ』と『新しさ』——岡義武『国民的独立と国家理性』・再訪」(『国際関係論研究』第一三号、国際関係論研究会、一九九九年)

本来私は、近代日本の政治史・外交史の研究から出発したのであるが、東京大学教養学部では「国

際関係」部会に配属となったこともあり、また折角異分野の専門家が集うキャンパスで勉学を続けるのだからとも思い、赴任時に一念発起して、これからは日本近代史・政治思想史・国際関係論の三者の交錯する領域で研究を進めようと決意した。正直なところ、随分欲張りなことを考えたものだな、という気も今となってはするが、当初は大まじめであった。恐らく私の内面では、冷戦終焉後の地点から日本近代史を研究することは、「戦後」の終わりから歴史を書くことの意味を考えることであり、近代日本の国際秩序論はその手がかりとなる筈だ、という直感があったのであろう。本書の輪郭が整っていく間に、世の中はすっかり実学ブームとなり、社会科学研究においても、歴史や思想を重視する人文主義は時代遅れだと言わんばかりの雰囲気が漂っていたが、旧いもの好きの私は却って天邪鬼になり、ここはひとつ「もしかしたら戦前の人が書いたのではないか」と疑われるような論文を書いてやろうと思ったりもした。初出の順序はずれているが執筆順序では一番早い第一章が、無闇と重厚長大な文体になっているのはそのせいかも知れない。

尤も、本書の構想を最初に提示した短い論稿を発表したときから、意外にも多くの方が関心を寄せてくださり、貴重な御助言をくださった。また様々な研究会や学会などを通して、これまで付き合いのなかった分野の研究者達とも率直な意見交換の場を持つことができたことも、忘れがたい経験となった。本書を作成する過程で知り合ったすべての方々に、この場を借りて厚く御礼を申し上げたい。

私は今年で、ちょうど大学入学から三十年経つ。最近は、大学一年のときに読んだテキストで論文を書いているせいか、自分が進歩したという感じはあまりしないが、一冊の書物で随分楽しめるものだな、という思いはある。多分、一番安価で長持ちする娯楽は読書ではないか。教養学部という場所も悪くはないと思う日々である。

二〇〇七年四月

新入生を迎えながら

酒井哲哉

人名索引

【あ 行】

安倍能成　58
有賀長雄　92-93
有澤廣巳　68
飯田泰三　259
飯塚浩二　157
飯沼二郎　196
石田雄　157, 275
石原莞爾　177
泉哲　195, 207-208, 210-211, 215-216, 227
板垣征四郎　177
板垣興一　158
入江昭　251
于冲漢　179
上山春平　120, 151
鵜飼信成　65, 68
浮田和民　209, 228-229
内村鑑三　25, 203, 204
袁金鎧　179
袁世凱　92, 163
大内兵衛　222, 225
大河内一男　39
大杉栄　185
大塚久雄　39, 157
岡義武　14-15, 26-27, 66-67, 235-237, 243-247, 251, 253-256, 266-271, 277
小熊英二　199, 226
尾崎秀実　46
織田萬　164
尾高邦雄　120
小野塚喜平次　227

【か 行】

片山哲　58
加藤弘之　226
神川彦松　93, 104, 105
河合栄治郎　154
川上俊彦　92
陸羯南　4-6, 197, 199, 241, 280
高坂正堯　116
孔子　174
高山岩男　44
後藤新平　92, 164, 165, 226, 231
近衛文麿　36, 42
小村寿太郎　109, 116

【さ 行】

蔡式穀　210
佐藤一斎　202
佐藤昌介　201, 213, 221
佐藤全弘　196
志賀重昂　166
重光葵　9, 50-51, 54, 55, 81, 82, 178, 268
篠原初枝　252
信夫淳平　12, 90-105, 107-112, 113, 114, 115, 216

信夫清三郎　247
渋沢栄一　116
清水幾太郎　65, 185
蔣介石　46, 171, 176
白鳥庫吉　243
鈴江言一　171
曾国藩　167
孫文　174-175, 183, 245, 255

【た 行】

戴天仇　174
田岡良一　106-108, 109, 116
高岡熊雄　213, 231
高木八尺　225
高田早苗　208, 209
高田保馬　185
竹内好　269
建部遯吾　198
立作太郎　93, 103, 105, 117, 125, 252
橘樸　13, 14, 162-180, 182-186, 188, 189, 190, 280
田中耕太郎　192, 204, 258
田畑茂二郎　27, 28, 35, 51-57, 59-64, 65, 82, 83, 84-85, 87
段祺瑞　173
張作霖　102
都留重人　65, 68
東郷実　199, 227
東條英機　50
東畑精一　158, 219

【な 行】

内藤湖南　166-169, 188
永雄策郎　219
中山伊知郎　120, 158
新渡戸稲造　196-197, 200, 201, 202-207, 208, 211, 213, 216-218, 221, 225, 226, 227, 232

【は 行】

長谷川如是閑　13, 163, 169, 179, 189
波多野澄雄　268
林房雄　151
坂野潤治　237-239, 244
平野健一郎　230
平野義太郎　165, 181, 199-200, 262-263, 264, 265, 280
福沢諭吉　2, 144, 237, 238, 239-240, 241, 242, 243, 244
細谷千博　251

【ま 行】

松尾尊兊　275
松沢弘陽　239-240, 241
松下正寿　48
松平恒雄　253
丸山眞男　17, 35, 57, 65, 66, 68, 70, 75, 76, 88, 142, 144, 157, 277
三浦梅園　169
三木清　42, 43, 44, 45, 256
三谷太一郎　249, 251, 275

箕浦勝人　26
蓑田胸喜　44
三宅雪嶺　166, 241
宮崎正義　256
宮沢俊義　70
森有礼　240

【や 行】

安井郁　27, 28, 34, 35, 40, 41
矢内原忠雄　7, 8, 211–212, 213–214, 219–220, 221–222, 230, 260–262, 265
矢部貞治　36–38, 44, 48, 56, 85, 86–87, 267
山川均　189–190, 211
横田喜三郎　26, 34, 58–59, 64–65, 66, 70, 85, 252, 268
吉田茂　64
吉野作造　23–25, 26, 70, 96, 198, 211, 229, 246, 253, 254, 259

【ら・わ行】

梁啓超　168
林呈禄　210
蠟山政道　7, 12–13, 14, 44–46, 93, 104–105, 120–134, 136–150, 151, 152, 153, 154, 155, 156, 158, 191, 212, 259–260, 265, 278
我妻栄　70
渡邉昭夫　6
和辻哲郎　58

＊　＊　＊

【ア 行】

アダムス，ハーバート（Adams, Herbert）　230
アリストテレス（Aristotle）　60
アルトゥジウス（Althusius, Johannes）　181, 186, 264, 279
アロン（Aron, Raymond）　74
イェリネック（Jellinek, Georg）　30, 143
イーリー，リチャード（Ely, Richard Theodore）　213, 230
ヴァッテル（Vattel, Emmerich de）　62, 63
ヴァルツ（Walz, Gustav Adolf）　53, 84
ウィルソン（Wilson, Woodrow）　94, 103, 205, 208
ウルフ，レナード（Woolf, Leonard）　7, 125, 127, 141, 192, 212
ヴント（Wundt, Wilhelm）　265
エリオット（Elliott, William Yandell）　136, 155
エンジェル，ノーマン（Angell, Norman）　24
オストワルド（Ostwald, Friedrich Wilhelm）　202

オヌフ(Onuf, Nicholas Greenwood)　257–258, 262, 277, 279

【カ 行】

カー(Carr, Edward Hallett)　7, 29, 32–33, 34, 35, 36–39, 63–64, 73, 76, 79, 86–87, 141, 246, 277
ギゾー(Guizot, François Pierre Guillaume)　240
ギールケ(Gierke, Otto Friedrich von)　181, 200, 263–264, 265, 279, 280
キルヒハイマー，オットー(Kirchheimer, Otto)　75
クニース(Knies, Karl Gustav Adolf)　230
グリーン，トーマス・ヒル(Green, Thomas Hill)　123, 124, 259
グロティウス(Grotius, Hugo)　60, 82
クロポトキン(Kropotkin, Pyotr Alekseevich)　199, 227
ケネディ(Kennedy, John F.)　120, 151
ケルゼン，ハンス(Kelsen, Hans)　7, 26, 28, 30, 31, 32, 33, 34, 68, 73
ケロッグ(Kellogg, Frank B.)　253
コール(Cole, George Douglas Howard)　192
コローヴィン(Korovin, Evgenii A.)　64
コーン，ハンス(Kohn, Hans)　67

【サ 行】

シャハト(Schacht, Hjalmar)　37
シュトレーゼマン(Stresemann, Gustav)　39–40
シュペングラー(Spengler, Oswald)　263
シューマン(Schuman, Frederick L.)　88
シュミット，B.(Schmidt, Brian C.)　194, 281
シュミット，カール(Schmitt, Carl)　7, 30, 31, 32, 33, 34, 35, 40, 41, 42, 68, 72–73, 75, 77–79, 134–135, 136
スティムソン(Stimson, Henry L.)　132
スペンサー(Spencer, Herbert)　202
スマッツ(Smuts, Jan C.)　207, 227
スメント(Smend, Rudolf)　30

【タ 行】

タナカ，ステファン(Tanaka, Stefan)　242, 243, 274
チェンバレン(Chamberlain, Jo-

seph)　206
デュギー(Duguit, Léon)　279
ドイッチュ，カール(Deutsch, Karl W.)　230
トライチュケ(Treitschke, Heinrich Gotthard von)　229
ドラッカー(Drucker, Peter F.)　37, 76

【ナ 行】

ナポレオン(Napoléon Bonaparte)　36
ニコルソン(Nicolson, Harold G.)　98
ニーバー(Niebuhr, Reinhold)　37
ネーミア，ルイス(Namier, Lewis B.)　73
ノヴィコウ(Novicow J.)　197-198, 223

【ハ 行】

パウンド(Pound, Roscoe)　76
バックル(Buckle, Henry Thomas)　240
バーリン，アイザィア(Berlin, Isaiah)　76
ビアード，チャールズ(Beard, Charles A.)　231
ヒトラー(Hitler, Adolf)　36
ビーバリッジ(Beveridge, William Henry)　158
フェアドロス(Verdross, Alfred von)　27
プーフェンドルフ(Pufendorf, Samuel Freiherr von)　60-61
ブライアン(Bryan, William J.)　103, 115
プラトー(Plato)　123
フリート，アルフレッド(Fried, Alfred Hermann)　198, 223
ブルンチュリ(Bluntschli, Johann Caspar)　143, 224, 230
ヘーゲル(Hegel, Georg Wilhelm Friedrich)　62, 123
ベルグソン(Bergson, Henri)　204
ベントレー，アーサー(Bentley, Arthur F.)　213
ボサンケ(Bosanquet, Bernard)　123, 124
ボダン(Bodin, Jean)　181, 264
ホッブズ(Hobbes, Thomas)　31, 34, 61, 181, 264, 278
ホブソン(Hobson, John Atkinson)　97
ホブハウス(Hobhouse, Leonard T.)　189, 192
ホルツェンドルフ(Holtzendorff, Franz von)　112

【マ 行】

マイアー，チャールズ(Maier, Charles S.)　246-247
マルクス(Marx, Karl Heinrich)

33, 34, 36, 42, 68, 75
マンハイム，カール(Mannheim, Karl)　37
ミトラニー(Mitrany, David)　125, 192
ミュラー，アダム(Müller, Adam Heinrich von)　78
ミュルダール(Myrdal, Karl Gunnar)　149
ミルズ，ライト(Mills, Charles Wright)　250
メートランド(Maitland, Frederic William)　263
モーゲンソー(Morgenthau, Hans J.)　7, 29–32, 34, 35, 39–40, 71–72, 74, 78–79, 86

【ヤ 行】

ヤング(Young, C. Walter)　103
ユンガー，エルンスト(Jünger, Ernst)　76

【ラ 行】

ライシャワー(Reischauer, Edwin O.)　120, 148, 149, 249
ライヒマン(Rajchman, Ludwik)　217
ラインシュ，ポール(Reinsch, Paul S.)　195, 201, 205, 208–210, 212, 213, 218, 225, 228, 229, 230
ラスキ(Laski, Harold Joseph)　7, 192, 259
ラッセル(Russell, Bertrand)　168–169
リーヴス，エメリー(Reves, Emery)　59, 85
ルウェリン(Llewellyn, Karl N.)　76
ルロワ＝ボリュー(Leroy-Beaulieu, Paul)　199, 280
レーヴィット，カール(Löwith, Karl)　79
レーニン(Lenin, Vladimir Iliich)　36
ロストウ(Rostow, Walt Whitman)　120, 149

■岩波オンデマンドブックス■

近代日本の国際秩序論

2007 年 7 月 5 日　第 1 刷発行
2016 年 1 月13日　オンデマンド版発行

著　者　酒井哲哉《さかいてつや》

発行者　岡本　厚

発行所　株式会社 岩波書店
〒 101-8002 東京都千代田区一ツ橋 2-5-5
電話案内 03-5210-4000
http://www.iwanami.co.jp/

印刷／製本・法令印刷

ISBN 978-4-00-730363-0　　Printed in Japan